现代体育文化体系
分析与发展研究

周 辉◎著

中国水利水电出版社
www.waterpub.com.cn
·北京·

内 容 提 要

体育文化是人类自身需求的一种特殊反映，它所具有的特征随着社会的不断发展而表现得愈发明显，其涉及的范围也更加广泛。

本书先从整体上对现代体育文化体系的基本知识及理论进行了详细的论述，然后对现代体育文化体系的构成要素，即对竞技体育文化、奥林匹克体育文化、民族传统体育文化、休闲体育文化和校园体育文化及其发展进行了分析和研究，这对促进我国体育文化体系的不断丰富和完善、传承和发展我国体育文化事业都具有非常重要的现实意义。

本书结构合理，论述严谨，层次清晰，是一本值得学习研究的著作。

图书在版编目(CIP)数据

现代体育文化体系分析与发展研究/周辉著. —北京：中国水利水电出版社，2017.7 （2024.10重印）
ISBN 978-7-5170-5748-2

Ⅰ.①现… Ⅱ.①周… Ⅲ.①体育文化－研究－中国－现代 Ⅳ.①G812

中国版本图书馆 CIP 数据核字(2017)第 193598 号

书　　名	现代体育文化体系分析与发展研究 XIANDAI TIYU WENHUA TIXI FFNXI YU FAZHAN YANJIU
作　　者	周　辉　著
出版发行	中国水利水电出版社 (北京市海淀区玉渊潭南路 1 号 D 座 100038) 网址：www.waterpub.com.cn E-mail：sales@waterpub.com.cn 电话：(010)68367658(营销中心)
经　　售	北京科水图书销售中心(零售) 电话：(010)88383994、63202643、68545874 全国各地新华书店和相关出版物销售网点
排　　版	北京亚吉飞数码科技有限公司
印　　刷	三河市天润建兴印务有限公司
规　　格	170mm×240mm　16 开本　18.25 印张　327 千字
版　　次	2018 年 1 月第 1 版　2024 年 10 月第 3 次印刷
印　　数	0001—2000 册
定　　价	85.00 元

前　言

随着世界全球化趋势的发展,体育也进入了全球化的时代,并且逐渐发展成为人们社会生活中不可缺少的重要组成部分。体育运动的发展和繁荣同人们的生活有着非常密切的关系,人们对于体育的关注和参与也变得日趋频繁。作为人类所特有的一种社会活动形式,体育是随着人类社会的不断发展而得以逐步建立和完善的,它是社会文化的重要组成部分,也体现了人类在对客观世界进行改造过程中的文明发展程度。

体育文化是人类自身需求的一种特殊反映,体育文化所具有的特征随着社会的不断发展而表现得愈发明显,其所涉及的范围也更加广泛。从文化的层面来对体育进行认识,是人们对体育和体育文化进行全面了解和认识的必然要求。因此,特撰写《现代体育文化体系分析与发展研究》一书。

当前体育文化体系发展得日趋完善,包含了众多类型的体育文化。其中,竞技体育文化和奥林匹克体育文化是一直以来最受人们喜爱的体育文化,是人们关注的焦点;民族传统体育文化是历史最为悠久的体育文化,也是人类最为宝贵的财富;休闲体育文化是当前比较流行的体育文化,受到广大人民群众的欢迎和喜爱;校园体育文化在我国有着非常高的普及程度。

本书共九章。第一章至第四章,对体育文化的基本知识、体育文化的发展前提、中西方体育文化的比较以及世界体育文化的全球化发展进行了详细分析和论述。第一章体育文化概述,主要阐述了体育文化的起源与发展、分类与构成、价值与特性;第二章体育文化发展的重要前提,对体育文化的交流、传播以及冲突与变迁进行了阐述;第三章中西方体育文化对比分析,主要从中西方体育文化的特征、差异以及交流与融合等方面来展开论述;第四章世界体育文化的全球化发展,内容包括世界体育全球化景况、世界体育文化的基本态势以及全球化背景下世界体育文化的交融。第五章至第九章,分别对竞技体育文化、奥林匹克体育文化、民族传统体育文化、休闲体育文化和校园体育文化等各个形式的体育文化及其发展进行了详细分析和研究。

总的来说,本书结构安排合理,层次清晰,集科学性、实用性、系统性、新颖性于一体,先是从整体上对现代体育文化体系的基本知识及理论进行了详细论述，然后从局部对现代体育文化体系构成要素，即对竞技体育文化、奥林匹克体育文化、民族传统体育文化、休闲体育文化和校园体育文化及其发展进行了分析和研究，这对促进我国体育文化体系的不断丰富和完善，对人们认识、传承和发展我国体育文化事业都具有非常重要的现实意义。

　　本书在撰写的过程中，参考和借鉴了一些专家、学者的研究成果，在此表示衷心的感谢！由于知识结构和时间所限，书中难免存在疏漏与不妥之处，恳请广大读者批评指正。

作　者

2017 年 6 月

目　　录

第一章　体育文化概述

体育文化是随着体育运动的产生和发展而得以形成的,而其内涵的不断丰富和完善也进一步促进了体育运动的发展,并为体育运动的组织和开展提供科学指导。本章就体育文化基本知识进行阐述,内容包括体育文化的起源与发展、体育文化的分类与构成以及体育文化的价值与特性。

第一节　体育文化的起源与发展

一、文化的概念

(一)广义文化

所谓广义的文化是指人类作用于社会和自然界的所有成果的总和。它包括所有精神和物质财富。着眼于人类社会与自然界的本质区别,涵盖面非常广泛,所以又被称为"大文化"。通常来说,这种看法受到文化哲学、文化人类学等学科研究工作者的广泛认同。梁漱溟在《中国文化要义》中指出:"文化,就是吾人生活所依靠之一切。文化之本义,应在经济、政治,乃至一切无所不包"。[①]

对于文化的结构,存在很多学说。其中包括:物质文化与精神文化两分说;物质、制度、精神三层次说;物质、制度、风俗习惯、思想与价值四层次说;物质、社会关系、精神、艺术、语言符号、风俗习惯六大子系统说等。

下面主要就四层次说来对文化的概念进行阐述。

1.物态文化

物态文化层主要由物化的知识力量所组成,它是人的物质生产活动以

---

① 梁漱溟.中国文化要义[M].上海:上海人民出版社,2011.

及相关产品的总和,是可感知的、具有物质实体的文化事物,构成整个文化创造的基础。物态文化以满足人类最基本的生存需要——衣、食、住、行为目标,直接反映人与自然的关系,反映人类对自然界认识、把握、利用、改造的深入程度,反映社会生产力的发展水平。

2.制度文化

制度文化主要是由社会实践过程中人类所建立起来的各类社会规范所构成的。人类与动物最大的不同之处在于,他们在创造物质财富的同时,又创造了一个属于他们自己、服务于他们自己、同时又约束他们自己的社会环境,创造出一系列的处理人与人相互关系的准则,并将它们规范成为社会经济制度、婚姻制度、家族制度、政治法律制度,家族、民族、国家,经济、政治、宗教社团,教育、科技、艺术组织等等。这一部分成果虽然不直接与自然界发生关系,但它们的特质、发育水平归根结底是由人与自然进行物质交换的一定方式所决定的。

3.行为文化

行为文化层以民风民俗、风俗习惯的形态出现,见之于人们日常起居动作之中,是最具有鲜明的民族、地域特色的行为模式。由人类在社会实践,尤其是在人际交往中约定俗成的习惯性定式构成。它是一种社会的、集体的行为,不是个人的随心所欲。

4.心态文化

所谓心态文化是指在长期发展过程中从人类社会实践和意识活动中所形成的审美情趣、价值观念、思维方式等,它是文化的核心部分,同时也是文化的精华部分。

(二)狭义文化

狭义的文化指意识形态所创造的精神财富,包括宗教、信仰、风俗习惯、道德情操、学术思想、文学艺术、科学技术、各种制度等。

狭义文化将人类活动中有关物质创造活动及其结果的内容剔除掉,重点放在精神创造活动及其结果方面,因此又被称为"小文化"。英国文化学家泰罗在《原始文化》一书中提出,文化"乃是包括知识、信仰、艺术、道德、法律、习俗和任何人作为一名社会成员而获得的能力和习惯在内的复杂整体"。这是狭义文化早期的经典解说。作为意识形态的产品,狭义文化是对社会的政治和经济的反映,又反作用于一定社会的政治和经济。不同的社会形态都有着各自适应的文化,每一种文化都会随着社会物质生产的变化而发展,不断丰富。

一般来说,根据研究者的学科、课题、内容来界定广义文化和狭义文化的概念。但不管如何进行取舍,狭义文化从逻辑方面来说都是归属于广义文化的,两者是不可分割的。对人类精神创造的研究中,我们绝不能忽视物质创造活动的基础意义及其产生的决定性作用;对心态文化的研究中,也绝不能忽视物态文化、制度文化、行为文化的影响及作用。总而言之,任何对狭义文化与广义文化进行割裂的做法都是有失偏颇的。

二、体育文化的含义

(一)体育文化相关概念

为了便于理解体育文化,下面首先对体育文化的相关概念进行阐述。

1.体育文化丛

体育文化丛是指在一定时空中产生和发展起来的一组功能上相互整合的体育文化特质丛体,是一个研究体育文化特质的单位。例如,武术文化作为传统体育文化的一个特定的内容在其历史发展中受到文化的辐射,从单纯军事需要的实用性的局限中解脱出来,既保留着攻防技击的精髓,又发展了健身和审美的方面,建立起完善的武术文化丛体。体育文化丛是各种文化特质持续发展、相互整合的结果,共同形成了文化特质交错的体系。

2.体育文化冲突

伴随着现代社会的不断发展,体育文化逐步形成了不同的模式和不同的类型。这些不同模式和不同类型的体育文化在价值观念方面存在一定差异,甚至相互冲突,这便是体育文化冲突。在体育文化交流中,体育文化冲突是常见的现象。

体育文化冲突表达了渊源于传统文化的体育运动方式,在与自身文化具有不同的思维方式、行为模式,甚至游戏规则的别样的体育运动接触时,导致消极反应等心理不适应状态。引起体育文化冲突的原因有很多,主要包括以下两个方面。

(1)文化区域上的差异

体育运动发生的源头是以民族区域为基点的,体育文化先于体育交流而存在。身体活动方式尽管有其体质学意义上的共同性和一致性,然而组成各种运动的思路和情趣则蕴含着民族区域的文化观念。

（2）不可超越的时代特征

体育运动是社会文化主体的部分，必然与时代文化合拍。我们可以恢复奥林匹克运动，然而古奥运会的意义和现代奥林匹克运动有别；一百年的现代奥林匹克运动，也因不同的时段而给人们不同的感觉。体育文化冲突中的时代性典型地反映了体育运动的社会性特征。

3.体育文化交流

体育文化交流构成了世界体育演进的历程，在交往的进程中，触发了一系列体育文化观念的比较、冲突和变迁，为此而推动了世界体育总体发展的步伐。

体育文化交流抗拒了本民族的某些保守性。体育文化交流成为进步的表征，这是体育文化动力精神力量的使然。因此，体育文化交流的含义包括以下几个部分。

（1）体育文化的共享性。体育运动建立在简洁明了的游戏规则基础上，这种游戏规则作为文化符号，具备了广泛交流的前提。为此，不同语言、不同肤色的民族的运动员可以同场竞技而无障碍。

（2）体育运动区别于其他社会文化方式或形态，其本身就是以交流而存在的。体育运动的竞技性决定了它的"开放性"主流趋势。这种竞技性不仅仅局限于体能上、技艺上和以胜负得分的竞争中，且充分体现以交流而涵盖的体育文化，表现在价值观念、组织制度、竞赛规则，甚至与体育运动有关的依附于体育运动而存在的器物层面等诸多方面。

（3）体育文化交流体现出文化关系，具体的表现为融合、冲突、干涉、影响，且是双向互动的。中国人接受以西方体育为代表的奥林匹克运动和武术冲出亚洲走向世界的过程，都表明了体育文化交流中的文化关系。

（4）体育交流具有文化载体的性质。体育文化交流中从来就不是单纯的体育文化行为，政治、经济、社会文化的多重意义附加在体育文化交流中，而形成文化载体的作用。

（二）体育文化的基本含义

体育文化与体育不是同一个概念，前者是结构性的，而后者是动力性的。体育文化同一般文化概念也不是一个概念，因为在体育文化中，结构不仅是行动的中介工具，也是行动本身。不是对竞争和进取的制约，而是竞争和进取的条件和保证。换句话说，体育文化不是要束缚、压制人类狂野强悍的原始生命力，而是要把它纳入互相促进而不是互相破坏的轨道。再换句话说,体育文化精神的根本在于使人类的理性结构成为感性力量借以进行的最有利的方式。

体育文化之所以有价值和值得发扬,就在于它有助于形成进取性道德和竞争心,有助于克服懦怯、乖巧、卑劣等等缺乏竞争能力者的心态,从而纠正我国传统文化心理结构的倾斜不平衡状态,对于改善我们个人的和民族的精神素质和身体素质,增强我们民族的生命力,起到它自己的作用。这个作用,对于社会的进步,对于当前正在进行的改革和现代化,也是一种推动。

三、体育文化产生的动因及根源

体育文化是伴随着人类社会的产生和发展而出现的。关于体育文化的起源,学术界具有不同的看法。有人认为,"体育的产生不是一源,而是多源",生产劳动只是产生体育的"主要源泉",但不是"唯一源泉";也有人认为"体育产生于人类社会生活的两种需要,一种是社会生产活动的需要,另一种是人类自身生理、心理活动的需要"。除此,还有人提出了"体育起源于娱乐活动说""体育起源于原始宗教说""体育起源于部落战争说"等。

(一)体育文化产生的动因

探讨体育文化产生的动因,首先应当从人的需要入手。在原始社会,人类的身体活动大致可分为三种,具体如下。

(1)与生产直接有关的活动,如捕鱼、狩猎、农耕等。

(2)原始武力活动所必需的技能,如攻防、格斗等。

(3)既不与生产、攻防直接有关,又非生活必需的技能,而仅仅是为了满足人的某种需要,如游戏、竞技、舞蹈、娱乐等。

以上三种活动的界限常常难以截然分开。体育这种社会活动的主体和客体都是人,而人是具有社会性(文化性)和生物性的综合体。因此,我们探讨体育文化起源时,必须考虑人的社会因素和自身因素。

社会心理学认为,人的一切行为的产生,都有其心理(动因、动机)依据。所谓动机,就是指引起、推动个体活动以达到一定目标的内部动力。动力是在需要的基础上产生的。如果没有强烈的欲望或需要,个体的动机也就无从产生。需要是个体的一种主观状态,它是个体在"感到缺乏什么"和"期望得到什么"这两种状态下形成的一种心理状态。动机产生行为。在社会生活中,不存在没有动机的行为。

马克思把需要看作是社会和个人积极性的动力,是人类一切活动的激活剂。如果没有生存和繁衍的需要,经济活动的发展是根本不可能的;如果没有性本能的冲动,婚姻家庭和民族的形成及其发展是难以想象的;如果人们没有互相传递信息、交流情感的需要,语言就不会发生,等等。可见,"需要"是人类一切活动的动因。

体育的产生起源于人类的生产劳动,因为生产劳动是人类最基本的实践活动,这一实践活动的基本内容就是生产:满足人们生存和发展所需要的生活资料。但只讲体育文化产生于生产则又是不全面的,因为原始人不仅需要劳动,而且还需要生活。他们有思想感情、喜怒哀乐,由于集群而居,有交往的需要,尽管这种交往水平很低。单就体育产生的动因而言,除了劳动的需要外,还需要改善环境,改善人体机能以弥补某些生理缺陷的需要,对付野兽的防卫需要,同疾病做斗争的需要,表达和抒发内心各种感情的需要等等。因此可以说,体育文化的产生不单纯是生产劳动的需要,而是在很大程度上表达了人们的生理和心理的需要。

(二)体育文化产生的根源

1. 人的需要

体育的产生是满足人的需要。人的需要是多方面的,除了生产的需要外,还有生理、心理、安全、娱乐、社交、信仰等各种各样的需要。这些需要都在体育文化产生之初给它打下了印记。因此,军事格斗、宗教祭祀、舞蹈娱乐、医疗保健等活动都推动了体育文化的产生。

2. 人类超生物肢体的健全完善和经验的传递交流过程

体育文化起源于劳动,但体育社会学的研究不能仅仅满足于这一简单的结论。在考察人类起源时,首先应注意到一种超生物肢体——手的形成。手的发达,表明人类已经发展了一种借助自然物延长自己肢体的能力,这种肢体可用来对抗并征服自然,实现自己的目的。手的形成,标志着人的社会属性的形成,手的形成和以后人们使用的各种工具具有同等重要的价值。并且由于手的形成,也逐渐改变了人的其他肢体的形态和功能,如人的腿和脚不再仅仅用来支撑和移动身体,也可以用来掌握工具,进行劳动。人类的这些超生物肢体需要不断地健全和完善,提高活动能力,也需要不断地开发新的功能。因此,体育文化应运而生。

在从猿到人的转变过程中,随着超生物肢体的形成而发展的另一个质变,就是超生物经验的积累。这些经验不仅包括使用劳动工具,进行集体劳动的知识、技术、技能,也包括他们的情感体验和意志指向等。这些积累下来的经验需要世代延续和彼此交流。在语言产生之前,这些经验的交流、传播、延续,主要依靠体育文化来进行。这是体育文化产生的根本原因。

3.体育文化同体力劳动相区别

体育文化虽产生于体力劳动,但它并非劳动。劳动是作用于自然或其他物质,目的在于改造客观物质的自然属性。而体育是以人自身的活动改变人自身的自然属性和社会属性。在体育活动中,主体和客体是统一的。劳动的结果是产生使用价值,而体育运动的结果则是产生锻炼效果和竞技价值。因此,体育文化自产生之日起就逐渐与物质文化体系相分离,成为社会上层建筑的一部分。

四、体育文化的起源

(一)宗教起源论

原始社会后期,由于生产力水平低下,又受到四季和环境的困扰,原始人为求助于自然恩施,祭祀天地而形成的原始宗教活动,并以体育形式进行求助祭拜。

(二)劳动起源论

从总体上说,人类的文化是通过人类自己的双手和大脑的思维创造出来的。早期人类在求生存中学会了奔跑、跳跃等技能,并在追捕猎物等活动中,发展了速度、耐力、力量、灵敏等各种身体素质。这个时候的体育鲜明的体现是以生存为直接目的,进行着各种能力的训练。

(三)游戏起源论

这是当原始人在获得丰富猎物后,特别是当丰收之后,聚集在一起以游戏歌舞的方式庆贺,也表明了体育是在跑、跳、投等劳动形态中演化出来的,并以欢唱和舞蹈表达内心的喜悦。

(四)军事起源论

这是由于个人之间为争夺狩猎得来的猎物而产生的冲突到后来发展到部落之间的武装冲突,各部落为了提高自己的力量进行了有组织的身体训练,其中还包括摔跤、飞镖、棍棒等技能。

（五）教育起源论

生产劳动的发展以及在军事、游戏中演变出来的运动技能、技巧，以劳动教育的方式传授给后代。既发展了上述各种技能和身体素质，又逐步脱离了动物野性，向人性方向进化，形成了具有文化内涵的体育生活。

综上可知，体育文化的产生是人类由动物的野性转变为人性的过程中以上诸多因素相互综合进行演化的结果。换句话说，体育文化就是指人类在对自身加以改造的过程中，从动物本能转变为自觉行为人性时，是原始的野性、进攻性通过劳动和游戏、教育以及合理的竞争方式逐步地形成了人类社会特有的文化现象，即体育文化。

五、体育文化的发展

同人类历史一样，体育同样具有非常悠久的历史，体育文化在人类文明的历史长河之中是一个不断发展的过程，它是整个人类文化的重要组成内容。然而人类在与自然的斗争中，在很长一段时间里对体育文化的认识处在不知不觉之中。

历史资料表明，真正感受到体育文化对人类社会发展产生直接影响，还是在19世纪中叶的欧洲文艺复兴之后。特别是20世纪中叶以来，伴随着世界科学的整体快速发展，体育科技工作者也从中获得了很多新的启示。从此，许多学者更多地从体育哲学、人文社会学角度开展了广泛的研究，并逐步地由感性认识向理性方面发展。

早期的体育，尽管人们生活在不同的地域环境，有着不同的生活习惯，但创造的体育形态、性质和目的基本上是相同的。人类为了生存和延续，学会了跑、跳、投、攀爬等技能和生产劳动知识，并作为一种社会文化现象代代相传。随着时间的推移，逐渐形成了今天如此灿烂夺目的体育文化。

第二节　体育文化的分类与构成

一、体育文化的分类

根据文化类型的相关划分原则，体育文化可以被划分成以下几个类型。

（一）不同地理条件的体育文化

人类生活在不同的地域,其所面临的生存条件和生存环境也存在很大差异,这就造成了人们的生产劳动方式和生活条件存在差异,出现了不同的社会行为方式和社会心理,从而形成了不同的文化心态和文化形态。体育文化,作为社会文化形态之一,在不同的地理环境中也呈现出不同的特色和发展过程。

1.河流体育文化

河流体育文化是文化早期发展中的一般形态,在河流文化板块中,体育文化所获得的相应的发展机制是:河流流域的劳动、生产方式哺育了早期体育形式;国家机构的调节作用促进了体育文化的发展和沉淀。

古代河流体育文化的主要特征为:整合性、内向性、竞艺性、情感性、礼仪性。

河流体育文化衰落的征象是:囚入宫廷、步入市井、耽于寺观、流于民间。

2.海域体育文化

在人类体育文化发展中,海域体育文化是其后期形态。海域体育文化的发展主要经历了以下几个阶段。

爱琴海——海域体育文化产生。

地中海——海域体育文化复兴。

大不列颠——海域体育的确立。

海域体育文化的特征为:两重性、竞技性、外向性、规范性、胜汰性。

3.洋际体育文化

洋际体育文化,其关键点主要包括以下几个方面:苏伊士运河的开通打通了通向大洋的走廊;巴拿马运河使封闭圈被彻底打破;美国成为洋际体育文化的集散地。

洋际体育文化的特点为:一体化、泛社会、高科技、大规模。

洋际体育文化同样也存在一些不足之处,主要表现为:目的与手段的分离、竞技体育与大众体育的背离、肉体与精神的背离、规模与容量的背离。未来很有可能是河流体育文化的复兴。

值得强调的是,地理条件常常与体育文化的发展方向与属性有内在的联系。如希腊人的祖先亚蒂克人先是适应草原生活的民族,主要是以骑射为主的草原性体育文化。后来由于土地干旱,草原大面积枯死,希腊人只能发展种植业和开发地下矿藏来维持生活。为了适应林业和种植业的生活方式,其体育文化特征转变为发展人的体力、力量和耐力,由此产生了古希腊以跑、跳、投、掷为主的竞技体育,这说明地理条件与生产和生活方式等的内在关联往往影响着体育文化的发展路径。

(二)不同民族、不同地缘的体育文化

大和民族、日尔曼民族、斯拉夫民族等体育文化,中国、英国、美国、德国、日本等国体育文化,伊斯兰教、基督教、佛教等体育文化,中国北京、广东、上海等体育文化。这些体育文化分别带有浓厚的民族心理、国民性、宗教信仰和地域色彩。许多体育文化都成为其所在民族、国家、宗教信仰圈、地域文化的有机组成部分。

古代希腊诞生了世界上最早最完备的奥林匹克文化,通过对其原因进行剖析,对于一个国家和民族体育文化特性形成的根源,我们可以有一个更为深刻的理解。此前我国的许多研究成果从宗教、法律、哲学等角度都做出过各种阐述。然而,有学者认为希腊人恰恰是因为处理不好城邦间关系和城邦内不同利益集团间的关系,或者说因为城邦间、城邦内旷日持久的内斗,才使希腊人在历史舞台上方才登场即被赶下去。如果我们注意到古代奥运会起源及其发展阶段上的神圣休战条例,我们就能发现恰恰是无休止的斗争催生了古代奥运会。

就地缘层面来看,其视角也是不一样的。古希腊人因散裂的地缘分布而一直以来比较习惯于城邦制小国寡民的政治格局,甚至形成了一种城邦崇拜的情结(这就好像民族主义的现代化人有着一种国族崇拜情结那样),以至于历史发展将建立大型政治共同体的任务提到议事日程上时,他们仍然是小家子气十足,根本未能表现出实现任何形式的政治统一的能力。如果从这个角度看,古代希腊盛行奥运会长达 1 000 年以上,其本身就不是一项能够积极和正向评价的历史事实,而可能是由于先天不足的地缘和政治条件促使希腊人不得不举办古代奥运会。换句话说,地理条件和社会条件同奥运会之间的关系可以形象的比喻为"苦痛与抗争"。

(三)不同运动项目文化

很多有着非常广泛范围和较长流行时间的体育项目都孕育了非常浓厚的体育文化,根据项目本身都可建立一整套的体育文化规范,这将社会文化某一方面的稳定规律予以反映出来。风靡全球的健美操,意蕴深远的拳击,民族风格鲜明的斗牛,反映美国国民性的棒球、篮球、橄榄球、冰球,北欧国

家地域色彩明显的冰雪体育,世界第一运动足球,标志中国人存在方式的武术,浸润了历史智慧的刀、剑、枪、射箭、棍,寻求和把握生命的养生,直接追求生命的导引、行气、服食、房中养生,满足游戏精神的宫廷娱乐、节令娱乐、龙舟、秋千、风筝等等,这些都可以在自身体系中构建一系列的可以称之为体育文化的内容。

很明显,项目体育文化并不只是项目所特有的运动形式所组成和决定的,它也包含了项目得以形成和发展的社会文化背景,项目组织的相关制度和规范,项目兴盛的社会心理原因等多种文化因素。所以,在对项目体育文化的内涵进行探讨时,不能将项目的运动方式之中所蕴含的文化特质排除在外,如东方和西方传统的体育文化体现在项目上的差异鲜明,东方盛行武术和气功、瑜伽等,而西方盛行拳击、摔跤等,除了项目运动形式的差异外,我们还不难挖掘出这种差异背后的社会文化因素。如新中国成立以后乒乓球长盛不衰,除了有中国人比较适合从事这种运动的原因外,还有1958年中国退出国际奥委会和多数国际体育组织但未退出国际乒乓球联合会的原因。当时的国际乒乓球联合会不被国际奥委会承认,但其主席英国共产党员蒙塔古支持中国留在国际乒乓球联合会,使中国乒乓球运动员有机会参加世界乒乓球比赛。

(四)不同性质的体育文化

体育文化根据其表现形式和层次等可以被划分成不同性质的文化,如竞技体育和群众体育、运动看台和运动服等都可以展现出不同的体育文化特性。由于目的、载体以及依托群体的不同,以上这些体育文化表现出了不同的特性。

下面主要就几种常见的不同性质的体育文化进行阐述。

1.竞技体育文化

竞技体育文化具有有形价值和无形价值。其有形价值表现为以下几个方面。

(1)标志人体的潜能

在同自然进行斗争的过程中,人类也在不断地认识自我、改造自我,竞技体育充分展现出了人类自我力量的不断发挥。在这一过程中,每个竞技体育的参加者向新的高度和新的纪录冲击,人类身体的潜能也一次次得到提高。更重要的是,竞技场上的竞争不仅取决于运动员的体能、技能,而且需要他们在训练过程中的智慧。这也促使竞技体育实力成为一个社会文明重要的显性标志。

（2）愉悦人的情感

对于人们来说，尤其是观众来说，竞技体育是娱乐文化的一个重要组成部分。通过欣赏比赛，人们能够从中获得娱乐和消遣，同时还能够得到很多时空变幻所带来的身心体验，进而获得美的感受。合乎社会规范的体育欣赏还可以净化和升华社会情感，提高民众的审美情趣和鉴赏力。无数依托于其中的体育物质文化也从众多层面提升了社会的情感水平。

（3）规范人的言行

经过大规模的体育比赛形式，竞技体育规则也逐步演化成了社会法规，这既能够使参加者在公平竞争的原则下进行比赛，而且将守法思想和行为迁移到生活中，不仅在体育场馆使观众乐于接受，而且使得观众对奖赏、处罚的理解也延伸到生活中。体育道德确立了一种在竞争中守法的规范，这是一个现代人必不可少的规范。

（4）确立社会的仪式

竞技体育往往伴随着升国旗、奏国歌以及圣火传递、裁判员和运动员宣誓等仪式，对社会心理的聚合和民族尊严的维护都十分重要。它往往成为一种留存竞技体育的文化痕迹，礼仪庆典总是联系着大型运动会。

（5）体现文明的建筑

在竞技体育比赛中，对于高级别的赛事来说，通常都是需要在现代化的体育设施中进行开展，体育建筑设施以及配套的公路交通、通讯广播、旅馆饭店的水平直接反映出城市的现代化水平和发达程度。

对于城市管理者来说，他们都非常重视和珍惜举办大型运动会的机会，来更好地促进城市建设。大型的全国运动会、洲际运动会、奥运会使一批城市迅速振兴起来。由于体育建筑的社会容量大，国际影响大，它们摊得开，举得高，又有体育雕塑、壁画烘托，它们是城市建设的"时装模特儿"。体育建筑的形式和风格反映着社会的风貌，常常作为一种文化影响人们的心理。

作为一种价值观念的载体，竞技体育所宣扬的竞争、成就、民主、效益、开放等观念都可以迁移到其他社会生活中去。同有形的价值相比，这种无形的价值更加具有意义，这主要是因为在造就一代现代人时，这些都是他们非常可贵的心理品质。这些价值主要体现为进取态度、竞争观念、规则意识、求实精神。

2. 运动服文化

运动服是一种专门为运动员所设计的服装，按理来说，应遵循实用的原则，它在适用范围方面比较局限，但就具体实际来说，并非如此。在历史发展的长河中，许多情况下的运动服并不是以实用为准则，其运动服适应性之强、流行范围之广,是众多样式的服装所不能比拟的。围绕着人类体育运动的发展,一种运动服文化现象已经形成:早期运动服是美感与实用交织的产物,女式运动服是性别特征的表现和展示,男式运动服则往往是社会地位的象征,现代运动服逐步融入时装的潮流中。中国在 20 世纪 80 年代的运动服装是那个年代体育文化向社会其他领域渗透的写照,而 20 世纪 90 年代在美国,高级运动服饰的穿戴居然是穷人和下层人突显自身社会地位的一种努力,这个反差本身就说明运动服文化自身具有值得研究的深刻的时代内涵和文化价值。

3.运动看台文化

观众在运动比赛中形成了一个临时的群体,他们与运动员形成了双向关系,对竞技体育的发展有着直接影响,这一临时管体有着自己特殊的构成方式、心态和行为表现,从而构成了一种比较特定的群体文化。西方在了解了球迷心理和行为时提出了"Stands Culture"一词,可以翻译成看台文化或观众文化。看台一般是指室外运动竞技或表演场中的长排观众坐席,主要有竞技、马戏两大类。竞技中以运动竞技为主,所以在人们的观念中看台概指运动竞技的观众坐席,看台通常就可以代指运动竞技的观众,具有特指性;看台是历史发展的产物,本身就表示一定的社会文化关系;一定看台的主体和灵魂是观众,观众的地位、身份、心理和行为,形成了一种复杂的社会文化现象,也是一种社会关系的体现。因此,通过使用运动看台文化这一概念来表示竞技体育比赛进程中入场直观或非直观的观众行为和心理的总体,是一个由看台和传媒联结起来的具有共同心理需求的特殊社会集群和社会文化现象。看台文化作为一个文化统一体,它主要是由物质的看台建筑和观众守则、观众的行为和心态等方面构成,可以说,它是体育文化中所必不可少的重要组成内容。

二、体育文化的构成

体育文化主要包括以下三个层面。

一是体育文化的物质要素,也是文化的物质的实体层面,有时又称为物质文化,包括凝结体育文化特质的各种物质产品。

二是体育精神文化,也就是体育文化的心理要素,属于文化的精神、观念层面。

三是体育制度文化,是指体育文化的行为要素,也就是体育文化的行为方式,指的是制度规范层面。

(一)体育物质文化

为了达成体育目的,满足体育需要而对自然客体产生作用的文化,即为体育物质文化。由于人自身便是体育文化的客体,所以除了体育用品、体育器材等物质之外,体育运动技术的表现也都归属于体育物质文化的范畴。物质是通过制度和精神而物化的产物,因此体育物质文化往往在与第一和第二(人工自然)以及其他文化形态的交织中产生和发展。

在传播、娱乐的功效等方面,体育与文艺具有共通性,这使得体育文艺成了一个非常重要的体育物质文化。体育理论与文艺理论相结合,共同揭示体育的文化内蕴,阐明体育与雕塑、绘画、音乐、影视、相声、小品、摄影、戏剧、舞蹈、书法、文学(诗歌、小说、报告文学、散文)等的联系,这对于体育文化功能和价值的拓展具有重大的意义。另外,体育实践与文艺实践的关系也很密切。挖掘体育的文化价值,加强对体育相声、体育小品、体育文学、体育电影、体育雕塑、体育歌曲、体育戏剧、体育舞蹈、体育绘画、体育摄影、体育书法、体育博物馆文物、体育邮票、运动会吉祥物、运动会招贴画、运动会会徽、运动队队徽的特点与规律、宣传与开发的探索,可以使之为体育与文艺,为社会的物质和精神文明服务。

当前,我国体育物质文化的发展还存在着一定程度的欠缺,主要包括以下几个方面:第一,体育理论研究与文艺理论的结合不够;第二,宏观研究和泛泛而谈多,具体细致的深入探讨少;第三,体育事实列举多,原因揭示少。另外,现实中体育活动与文艺的结合也不够,文艺介入体育而不是体育主动去开拓文艺。在文化市场化和大众化的现时代背景下,应该强化并且在当前某些文艺项目不大景气的状况下去寻求突破,以体育的魅力去拯救影视文艺。同时,还应积极引入文学艺术等介入体育,大力挖掘体育的文艺价值,丰富体育的文化内涵。

所有的艺术都具有物质和精神文化的双重属性,体育文艺也不例外。当我们把体育文艺作为物质文化来审视时,更多地是从体育文艺产品的物质实体和功利性角度出发的。当前,国内外都出现了体育艺术化的倾向。其主要表现以下几点。

(1)艺术家将体育运动作为他们选择题材的重要内容,因为运动就是一代新人青春、活力、能量和高度的精神情操的体现,所以体育运动得到艺术家的格外垂青。

(2)体育电影和运动会会徽等对体育人物形象的揭示、对体育精神的阐释使体育深入人心,丰富和活跃了人们的文化生活。人们争相购买体育艺术作品和观赏体育文艺活动,形成了一种特殊的经济现象。

（3）音乐为体育运动创造愉快和欢乐气氛，而体育动作、技巧和姿态等又给音乐以特殊的启迪，体育运动成为丰富繁荣音乐创作的极重要的依据，体育音乐受到群众的广泛欢迎。

总的来说，体育的魅力和底蕴要通过文艺来挖掘和展现，传播文艺的内容、形式和思想性要通过体育来丰富和拓展、升华。体育文艺作为一种特殊的体育物质文化，始终离不开来自体育文艺理论、哲学等体育精神文化的滋养，体育文艺要吸取一切有利于自己发展的营养，从而得到进一步的发展。

（二）体育精神文化

体育界体育文艺研究的价值表现为：揭示体育对文化表现的力度、深度、广度，提高体育文化意识，促使体育的社会化与科学化；挖掘体育的文化价值，开拓和活跃体育文艺市场，在市场经济条件下为体育争取良好的社会和经济效益，提升体育文化的经济价值；吸引文艺界的目光，解决部分文艺项目不景气状况，为体育与文艺的结合提供范式，为当代中国文化振兴做出贡献。

严格说来，体育就是文化。无论从艺术、音乐、影视、审美角度去观赏与分析，还是从体育运动自身的规律、节奏、形象、特征去研究，都可以得出这样的结论。任国际奥委会文化与奥林匹克教育委员会主席的何振梁同志于1996年11月4日在北京体育大学举行的"世纪之交的奥林匹克运动研讨会"上说：奥林匹克原来提"体育加文化"，现在强调"体育就是文化"，显示了力图扩展奥林匹克文化价值的远见卓识。

（三）体育制度文化

体育制度文化在体育文化系统中处于中介层面。而体育体制则在体育制度文化中处于最高层面，是统领体育一般规范与体育机构的桥梁。这主要表现在体育科研管理体制、学校体育体制、竞技体育体制、体育场馆管理体制、足球联赛管理体制、篮球训练及竞赛体制、运动协会管理体制等。属于通过制度调动人的主观作用来进行体育文化创造的范畴。

例如，世界竞技体育管理体制大体分为直接管理型、间接干预型和综合型，苏联、美国、西班牙分别是这三种竞技体育管理体制的典型代表。目前，世界各国的竞技体育管理体制主要向着综合型过渡，即采取政府和社会相结合的办法管理竞技体育。

在许多具体的体育制度文化方面，世界上存在多种不同风格的体育文化类型。例如，中国和德国的体育科研体制的差别为：德国主要通过联邦体育科研所,而中国则由国家体委科教司来领导本国的体育科研工作;德国体育科研机构的设置是少而精,经费充足,人员结构合理,设备先进,科研能力较强,而中国是数量多,经费短缺,人员素质欠佳,科研条件较差。这在很大程度上制约了我国体育文化的发展。

中国与韩国体育管理组织立法的不同特点表现在以下几个方面。

第一,韩国体育立法早于中国(第二次世界大战以后)。

第二,韩国体育组织管理以政府决策为主,民间体育管理组织为辅,中国以中央集权制方式为主。

第三,韩国民间体育组织有法可依,中国民间体育组织缺乏法律依据。

上述两例中的体育制度文化虽风格不同,但都具备了前述的体育制度文化特征。在体育文化系统中处于十分重要的地位,这些体育体制的改善和发展往往极大地推动体育文化的发展。

第三节　体育文化的价值与特性

一、体育文化的价值

现代体育教育和世界教育发展潮流是一致的,一百多年来,其不但极大地丰富了体育文化,提高了体育在社会中的地位和价值,而且在促进人的"全面发展""协调发展""完善发展"中起到了重要作用。

(一)奥林匹克文化的价值

经过 100 多年的发展,现代奥运会已经成为世界上无与伦比的非常广泛的社会文化现象。现代奥运会精神文化的设计,是对古代奥运会的简单继承和发展。古希腊的竞技运动受到社会各界的广泛支持和尊重。在竞技场上,优胜者不仅能够获得橄榄桂冠、棕榈花环和塑像等奖励,而且还会向英雄那般受到故乡人民的崇拜,并为他们举办盛大的庆典仪式。

"更高、更快、更强"是奥林匹克的格言,它激励青年人奋发向上、超越自我,向着更高的目标迈进。运动员们勇于克服各种艰难险阻,付出辛勤的汗水去争取胜利的意志和品质对所有人都是一种启迪。

奥林匹克精神是:互相理解、友谊、团结和公平竞争。

奥林匹克最终目的是:为建立一个和平美好的世界做出贡献。现代奥运会的五环设计要比 20 世纪二三十年代推进了一大步。体育文化的任务由感性深入到理性,从形体美深入到心灵美。体育文化的理性任务要求锻炼者在身体健美、均衡和体态端正的基础上达到意志品质高尚、身心尽善尽美的境地,并与艺术相结合。这种深入的心灵美,是一种更高层次的体育文化的理性价值。

(二)竞技体育文化的价值

体育与人类的生存、发展紧密相连,人类创造了体育,也创造了体育文化。体育文化是一种竞技运动文化。正是人类对这种竞技运动文化进行了改造,竞技文化才不断地获得创新与发展。然而这些创新与发展,是在众人不断的实践中完成的,并经历了与西方学者的社会变革的历史里程相对应的三个阶段,即宗教体育文化阶段、科学体育文化阶段和正在进行中的艺术体育文化阶段。

艺术体育摆脱了人类求生存的宗教体育文化和强身健体适应环境的科学化和功利性体育文化的特征之后,向着竞技与艺术相结合、形体美与心灵美相结合的形态发展。

(三)大众体育文化的价值

为了满足人类共同的需要,在人类文明进程中,对人类自身生存、发展、享受的关注和追求始终都没有停止过,也正是因为这种大众体育文化在教育全球化的浪潮之中的推动力最大,产生的影响也是最为深刻、最为广泛的。大众体育文化给人类带来快感和美感,并给社会带来健康和活力。无论中国的大众体育,还是西方的大众体育,都是以全面发展和和谐发展为根基的。

(四)中国传统体育文化的价值

中国有着非常悠久的历史传统文化,有着博大精深的光辉篇章,这些正是中华民族自强不息的象征。

自古以来,中国传统体育都是围绕养生开展的。人与自然的结合在于通过与自然的交换排除身体内部的浊气、吸取真气、五脏通达、六腑调和,并认为决定健康和长寿的根本在于人体的内部而不在于外部;中国传统体育文化在体育形态上强调整体观和意念感受、动作简单而内涵深刻,很少有强烈的肌肉运动,因此缺少激进和冒险行为。随着东西方文化的交流,中国传统体育文化这种整体修炼和内在和谐之美,正在和现代科学相结合,形成新的独特风格并走向市场。

（五）校园体育文化的价值

在学校教育中,校园体育文化是其中非常重要的组成部分,在德、智、体、美、劳全面发展的教育方针中,在培养身心健康和具有创新精神和实践能力的社会主义现代化合格人才中有着非常重要的作用。

1.古代校园体育文化

古代体育尚处在原始教育阶段,因此并没有形成规模性的学校体育,也自然就没有校园体育文化,但它也将不同时代的体育文化现象予以表现出来。

2.近代校园体育文化

从孕育到诞生,我国学校体育经历了一段漫长的历史过程。从1840年开始,帝国主义用炮艇轰开了我国闭关自守的大门。在外国军事侵略之下,国外传教士纷纷来到中国,建立教会、兴办学堂、进行体育文化渗透,并在校园里积极开展了各种西方体育活动。

3.现代校园体育文化

在学校体育方面,"五四新文化运动"对国民主义体育和国粹体育给予强烈的批评。同时,将兵操的内容予以剔除,并将体操课更改为体育课,并将西方体育引入其中。这虽然是文化流动的结果,但也引起了与传统体育文化的冲突。随着文化的不断融合,才逐渐缓和下来。尽管如此,学校体育还是在封建道德观的束缚下举步维艰。直到新中国成立,学校体育才确立了增强学生体质的目标,并为学校体育的发展开辟了广阔的前景。

4.当代校园体育文化

在坚持具有中国特色的社会主义体育教育方向的同时,当代校园体育文化既要促进中华民族传统体育文化的发展,又要将国际先进的体育文化引进来。为了更好地完成未来体育教育的使命,当前我国校园体育文化应肩负起以下几方面的历史使命。

（1）树立健康第一的教育指导思想

要树立在生理上、心理上和社会相适应的全面性健康要求,并明确要求加强学生的心理健康教育和对社会的责任感,培养坚韧不拔的意志和艰苦奋斗的精神。为推行素质教育服务,体育教学中推行素质教育要更多地关注学生的个性发展,提高人文体育的素养,培养健康人格,增强健身意识和品德修养,协调人际关系和合作精神。

(2)校园体育文化的多样性

校园体育文化的宗旨是培养学生的体育精神、体育意识和体育技能,提高体育文化素养,增进学生身心健康,并在此宗旨指导下开展多种多样的校园体育文化活动。

(3)培养终身体育教育观念

终身教育是法国的保尔·朗格朗于1965年任联合国教科文组织成人教育局局长时提出来的。他认为,接受教育应当是每一个人从生到死永不休止的事情,终身教育是教育定向上的整合,终身体育是终身教育的一个组成部分。

二、体育文化的特征

(一)同一性

所谓同一性是指主体与客体两者的同一。作为一种文化现象,体育文化的作用对象主要是人自身,但人是一个综合体,兼具自然性和社会性。人的活动主题与客体的同一性是体育文化最基本的特征。身体运动是体育的基本形式,增强体质是体育的基本目的,在基本形式和基本目的的指导下,体育能够很好地达到身心健全、完善而自由的人的目标,其他文化则多数是间接为人服务的。体育文化的这种特性与哲学上目的和手段的一致性具有内在的契合性。当然,这种主体和客体同一并非没有反面作用。例如,竞技运动文化中为了追求超越极限体现出对自我的虐待;人类竞技的同类相虐、同性相虐等,这些都是一枚硬币的另一面,这对于人的身心发展具有消极作用。不过,我们应该看到高水平运动员作为人类超越自身极限的一面旗帜不能不付出代价,这其中有许多是历史发展必须付出的代价。当前人类的任务是在尽可能不影响运动竞技水平提高的前提下减少过度异化和摧残运动员身心的行为,将体育文化导向科学和合理的发展轨道。

(二)多样性

在体育文化这一统一体之中,人的参与规模和参与程度对体育文化的表现形式有着决定作用,人的评价方式和标准决定了体育文化实现的性质和方向。正是因为体育文化的特性所在,造成了体育文化实现方式和参与方式也是多种多样的。普通群众的健身体育、运动员的竞技体育、病人的医疗保健体育、生产者和销售者的产业体育等,都是体育的参与和实现方式。

电视台、广播电台、报刊、出版社等部门的记者、编辑、主持人、解说员等可以在采访、调查、写作体育文章、制作体育节目的过程中实现体育价值;体育部门和其他部门的体育干部可以在组织和管理体育事业中实现体育价值。

在社会性这一层面上,体育以一种无与伦比的方式对参与范围进行了拓展,并使得参与程度得以加深,对实现手段进行了丰富,并增进了实现力度,从而极大地发展和提高了体育文化的生命力,并将体育文化的特殊基因融于整个人类文明的演进历程中。

(三)传承性

人类社会是非常复杂的,在众多的社会文化中,存在着很多种各个不同的传承载体和表现方式,如小说和诗歌往往用文字来表现,建筑用建筑物和绘画作品等来表现,茶和酒文化主要通过茶和酒的实物来表现和传承等。虽然说人类创造出了这些文化现象,这些文化也是通过各种方式来在人的意识领域中留下足迹。但是,其中许多存留于人的头脑中和观念里的文化虽然具有历史传承性,在经历了代际传承之后,往往会显得模糊或者难以辨明。有些文化学学者用文化的符号性来指代文化,这里所说的表现和传承载体就是指的文化的符号。

体育文化是一种以身体来表征和传承的非语言文字文化,这是体育文化不同于非人体文化的鲜明特征。不同的运动项目由于人体运动方式的差异导致不同的身体形态特征。

身体动作是体育教育中经常采用的,这同样也是体育文化身体传承性的重要表现之一。如不同项目运动员的伤病各不相同,网球肘是一种常见的运动病症,而许多武术运动员由于蹲马步造成下身与常人的不同特征。

体育文化中的身体运动也往往具有语言的功能。身体运动的节奏有如语音,身体运动的动作、技巧、姿态等有如语汇,动作、技巧、姿态等的衔接规律和组合方法有如语法,三者有机结合在动律中的形态与神态组成体育文化的语言交际功能。许多观众在比赛场上往往能从运动员特殊的运动动作中领悟到许多深刻的东西,这与体育文化的身体表征与传承功能是密切相关的。人们在生活中通常缺少规范的非语言文化的交流,因此体育比赛作为一种身体表征文化对语言的交往方式是一个很好的补充。

此外,同其他人体文化以及一般生活中的身体语言相比,体育文化的身体特征具有其特殊的规划化和特殊性。由于受到场地、器材和设施以及运动方式的限制,不同的体育运动项目的身体表征性也是不相同的。一般都具有规范化和约律化的特点。这与同样以身体表征为特色的舞蹈文化具有相似之处,但也有差异,两者都以身体动作为表现,要受到身体条件的限制,但体育舞蹈以抒发感情为出发点，身体动作为这一目的服务，而体育以掌握器材和肢体为手段来展现技艺，后者具有更广泛的人体施展空间和余地。足球运动员的各种庆祝胜利方式、乒乓球运动员在紧张时刻的缓解方式等等，都体现了体育文化的身体表征性。一般生活中的身体语言和身体形态特征也与体育文化的身体表征性不同。

正因为体育文化具有传承性，当前各种各样的通讯手段以及电视体育报道日渐抢占了广播和报刊的领地，成为体育文化宣传的主力军。体育比赛的现场直播是极其鲜明地展现体育这种身体表征文化的集中形式，受到全世界各国人民的欢迎。

（四）直观性

通过各个不同的形式能够很好地展现出人类社会文化的内容和要素。

人类文化的表现形式以及评价标准的客观、实在，也是文化符号论者所坚持的。就这一点来说，体育文化的独特优势非常明显，其优势在于它的表现和评价都要比其他文化更加直观显性。这就是体育文化的直观性特征。体育文化内容与要素的差距、优劣明显而直观，具有十分鲜明的特色。这与其身体文化特性有关，更与体育文化中一套客观的评价体系密切相关。公平竞争是体育文化的精髓之一，就在于它保证竞争的公平、公正和公开，在于它为建立合理而科学的体育评价体系确立了前提。

一场击打无数次的拳击比赛，如果没有在明显的优劣中决出胜负，精确的点数会告诉我们答案；100 米赛跑，在用肉眼无法判断的情形下，现代化的设备可帮助我们鉴别出谁先谁后。正因为这个原因，一切在体育运动中违背公平竞争原则的行为都是踩躏体育文化的行为。例如，奴隶和封建社会的统治者在占据优先条件的前提下夺取体育运动竞争的胜利就体现了这点。同治皇帝专门找比自己小的小太监摔跤在并不公平的获胜中取乐，封建宫廷的棋待诏以让棋的方式故意输给统治者，都违背了真正的体育精神。现代体育竞赛中裁判故意抬高和压低运动员的分数、参赛资格和年龄作弊、服用兴奋剂等都是践踏体育精神的行为，这种违背体育精神的行为都要受到谴责和抵制。

体育文化的直观性特征具有非常重要的社会心理补偿价值。因为社会生活中的活动一般都难以像体育比赛场上一样直观显性、公开、公平、公正和优劣分明。对一个人的评价往往是综合的、模糊的，甚至是道德的，这就使得人们在生活中难以寻求一种即刻实现的自我体认感。这也使得直观显性的体育比赛成为人们满足心灵需要的重要场所。这表明，体育文化的直观性特征对体育文化的价值和功能的拓展都是非常重要的。

（五）亲和性

伴随着社会的发展和文明的进步,体育正超越民族、阶级、社会制度、宗教信仰等成为一种全球性的社会文化现象。作为一种身体语言,体育具有亲和性。

通常来说,人体文化由于依托于最基本的人体往往比较容易被人接受,但人体文化本身也具有不同的层次和类别,因此在文化特性上也显示出不同。

舞蹈被看作是一种意象艺术,体育就本质来说,它同意识和精神都是密不可分的,舞蹈将情感表达作为出发点,并根据情感需要来对身体动作进行支配,而体育则是以强健的身体和在竞技中获得胜利作为目的来对身体动作进行支配。

舞蹈被认为是一种意象艺术,体育其实也是与精神和意识密不可分的,舞蹈以表达情感为出发点,以情感需要来支配身体动作,而体育以强健身体和在竞技中取得胜利为目的来支配身体动作,两者都需要遵守和符合人体运动的生理、物理等科学特性。舞蹈的意与象、体育的神与形之间都存在一个自我(表演者和运动员)发生和接受(欣赏者和观众)的机制问题。从易于接受性着眼,体育比舞蹈更易理解;从情感丰富、深刻性看,舞蹈优于体育。因为体育本身以展现技术为基本手段,较易模仿,而舞蹈的动作是为了表现情感的,动作背后的情感较难理解。而且,体育中的大型国际比赛以场面宏大的气势和激烈的竞争气氛营造了一种较易接受的氛围。

体育直接以身体技巧和体质的提高为目的,舞蹈以抒发情感和情感共鸣为目的,在哲学意义上看,直接指向人体的锻造并促进生命体发育的文化(不含以运动成绩为目标的运动竞技)形式不多,而以情感和意识的培育为目的的文化形式较多,诸多文学和艺术门类都属于这一类。体育文化的价值由此可见一斑。

体育文化具有极大的价值。体育文化在情感的丰富性和深刻性方面可能不如舞蹈,但在思想的深度和力度上则毫不逊色于其他任何人体文化。体育文化正是通过自身这种亲和性达到社会化的激励、教育、宣传和感染等作用,对人的精神和灵魂产生激发甚至塑造的作用。

体育的这种亲和性对人生乃至社会价值的实现都具有超凡的意义。亲和与友善向来是人类的理想之一,然而人类又时刻不在孕育着战争的可能性,在积淤着伪、恶、丑的可能性。作为人类"和平时期的战争",体育具有消解人类本性中负面和消极因素的独特意义。更重要的是,体育友谊在对抗中实现的价值及其表现形式使得它具有其他诸多友谊无可比拟的独特性。

如果说战争年代的战友情谊最可贵的话,和平年代的运动员情谊则显得更加可亲。

(六)竞争性

体育文化是一种身体文化,更是一种身体动作文化。由于竞赛的普遍存在(含竞技体育和群众体育),体育文化往往表现为一种身体技艺的对抗竞争。尽管体育运动中存在着隔网和不同场的运动,但也是基于竞争而进行的,也属于一种竞争。

直接的身体动作竞争以拳击、柔道、摔跤、散打、跆拳道等直接以人的肢体和器官而较少借助器械的对抗性活动为典型,这些活动的文化寓意与其他足球、篮球、冰球、曲棍球等同场对抗性运动不同,与田径、体操、游泳等利用肢体力量、技巧等较多的运动也不同,与乒乓球、羽毛球、网球等隔网对抗运动更不同。当前,体育运动正越来越复杂地体现出运动形式的多样性,正日渐融合了现代科技等因素,但竞争性依然没有动摇,有人甚至把竞技称作是体育运动的不朽灵魂。

超越与竞争一起构成了体育文化的一个生命机制。体育运动表面上只有一种竞争,即与竞争对手的竞争,实质上蕴含着三种不同层次的竞争:第一,是对自我的超越;第二,是对对手的超越;第三,是对纪录和体育运动规律的超越。这些超越其实就是竞争,与自己的旧我竞争可以达到更强的新我,有了更强的新我就增加在与他人竞争中获胜的机会,战胜了对手并不就是竞争的终结,还面临着与纪录的竞争,与更高目标(超越运动规律)的竞争。比如,一个跳高运动员首先要跳过比自己以前更高的高度才有更好的机会获胜,在此基础上还要在与他人的竞争中超越别人才能取得胜利,当他暂时战胜了所有的对手之后,他还面临着打破世界纪录和创造世界纪录的任务。这最后的竞争就是与地球引力的竞争,是超越跳高规律的一种竞争。群众体育也存在竞争,对自我原有肌体素质和健康水平、体育技艺能力的竞争,对他人体育能力的竞争,对人类健康纪录和身心和谐发展规律的竞争,同样可以分为对等的三个层次,群众体育活动在个体、集体和竞赛活动中也无不蕴含着这些竞争。

由于以直接的身体运动形式来表现,往往有直接的对抗,这使得体育运动的竞争体现出激越和动感。体现出不同于智力竞争(严格意义上来说,围棋、象棋、桥牌等智力竞技和娱乐活动不属于体育,只是在管理层面上我国将其归为体育)的特性。数学、物理和棋类等竞赛是脑力和智力的竞争,没有直接可观的激烈和动感。正因为如此,一场拳击比赛可能会让观者热血沸腾,而一次物理竞赛则难以做到这一点。所以说,竞争,尤其是激越和动感的竞争性是体育文化的特性之一。

(七)超越性

体育文化是将人作为主体,它具有超越性,自我超越便是体育文化所必须实现的最为基本的超越,如果缺少了超越,那么就不存在体育文化。无论在竞技体育和群众体育中都存在着明显的超越意识,体育文化可以说是最能体现哲学意义上超越意识的文化类型。

每一次运动竞赛都存在着超越,每一次身体锻炼也都存在超越,这些超越是对人类自身原有身体技能的超越,对自身体质状况的超越,对社会一般群体水平的超越,甚至对人类健康水平限制的超越。

但就体育文化超越来说,这种超越并不是简简单单的超越。它既包含了对身体认识的超越,对训练手段的超越,对器材和设备科学化的超越等,同时它还体现出了人类智慧和精神的超越。这种超越显然已经脱离了个体意义和身体意义,具有强烈的社会意义和精神意义。

体育文化的超越具有直观性,但其内涵也是十分丰富和综合的,其中最为重要的一点是体育的超越存在于人的精神层面。也正因为如此,人们对参与体育竞赛仅仅强调"重在参与",不做拼搏的行为往往是嗤之以鼻的,这种行为其实是对体育精神的亵渎,对人生拼搏精神的否定。所以"参与比取胜更重要"才是真正的奥林匹克精神,它既不贬低参与的基础性,又极力追求取胜的目标性,是人生整个奋斗过程和原则的积极体现。作为人类自我搏斗的和平形式,体育标志着对自身现状的无休止的反叛,这正是我们实现人生价值生生不息的动力和源泉。

(八)宏阔性

体育文化的基本目标是满足人的需要,最终目标指向人类世界。这在逻辑的层面上决定了它必然是一个全民参与的活动。体育文化的较易理解的亲和性也为这一趋势奠定了理论基础。当前,无数的运动竞赛正是以其无与伦比的规模和场面的宏大、广阔性展示了体育文化的魅力,各地风起云涌的群众健身、娱乐热潮的规模也非一般文化活动可比。

古往今来,世界体育文化就因其规模和场面的宏大而各具特色。古代罗马修建可以容纳35万人的大竞技场,隋炀帝杨广一次组织上千宫女拔河。而现代奥林匹克运动会、世界杯等的场面则日益宏大。在人类社会文化活动中,体育文化的规模和场面最为宏大,竞技体育如此,群众体育也如此。

（九）从属性

正因为体育文化具有直观性、传承性、规模和场面的宏阔性等诸多其他社会文化无可比拟的独特性,再加上它本身并不是一种可以直接产生物质利益的活动方式,所以体育文化往往在不同的历史阶段为社会其他文化尤其是经济和上层建筑领域的文化所控制和利用,这在很大程度上拓展了体育文化的功能和价值。但是,我们必须辩证地看待体育文化的这种特性。在一定历史时期和特定社会背景下,它对于体育文化自身乃至社会的发展往往是有益的。例如,国际奥委会通过体育与南非种族隔离主义的斗争,中国和美国通过"乒乓外交"恢复了外交关系等都体现了体育文化对其他社会活动的积极作用。

需要说明的是,体育文化的上述特性只是针对一般体育文化而言的,上述各种特性不可能完全适用于所有的体育运动。同时,上述各种特性不是相互割裂的,而是相互依存和相互影响的,诸多特性之间彼此存在着有机的联系。

（十）延展性

体育文化具有延展性。由于体育是用身体来表现文化的,所以从萌芽到成为独立的文化形态,始终把物质与精神交织在一起,这是体育文化创造时空具有延展度的基础。体育文化的特殊性就体现在它以满足人的生命有机体的需求为基本目标,通过对生物的人的改造达到对社会的人的塑造之目的,进而通过自身深邃的思想力度、宏伟壮观的表现广度来影响社会生活,进而影响整个人类的物质和精神世界,达到丝毫不逊色于任何文化的目标。从这个意义上说,体育具有极大的文化创造性和实现时空的延展性。体育文化也是一种在时间的流程中以占有空间的形式来展现的文化,它的文化延展性也可以波及人的心灵与情感,并在社会化的体育活动中被赋予各种价值。与相对高深的音乐相比,体育文化从起点低到目标高远,从人的生命体到世界大同,达到了一种特有的人体文化境界。

三、体育文化的性质

（一）阶级性

马克思和恩格斯认为:"一个阶级是社会上占统治地位的物质力量,同时也是社会上占统治地位的精神力量。支配物质生产资料的阶级,同时也支配着精神生产的资料,因此,那些没有精神生产资料的人的思想,一般地是受统治阶级支配的。"①在人类进入文明时代之后,体育文化的阶级性从某一程度来说产生了一定的变化,对体育文化的支配权利也历经了三个统治阶级的变化,分别是奴隶主、封建贵族和近代资产阶级。

在发展的整个过程中,体育的阶级性质都得以充分的体现出来。就拿奴隶社会和封建社会来说,从体育中能够充分体现出体育特权掌握在统治阶级手中,并且其对民间体育进行支配。详细来说,在中国历史发展中,朱元璋曾针对民间下棋和踢球颁发过禁令;古埃及的法老也禁止民间百姓射杀狮子,但自己却享受特权。这些例子都将体育文化所具有的阶级性予以充分体现出来。

(二)普遍性

所谓普遍性是指各个不同的阶级都拥有着与自身相切合的相对独立的体育文化思想和文化形式。

在原始社会时期,任何一个人在参与体育方面都享有相应的权利,能够在体育生产和分配活动中进行充分参与。进入阶级社会之后,虽然体育文化的支配权被统治阶级所占有,但人们日常生活中依然将体育作为一种非常重要的生活方式。各个不同的阶级、不同的职业、处于不同地位的人们都拥有各自的体育生活。以上这些都使得体育文化的普遍性得以充分体现出来。

(三)经验性

所谓经验性是指作为一种人类文化的表现形式,体育文化具备了根据相关经验进行生产和传承的属性。同时,在生产和传承方面,体育文化还具有社会性,体育文化的价值直接指向了人类整个社会得以自由发展。

在体育文化方面,人类对体育文化这一事物所具有的认识水平以及相应的改造能力都是非常有限的,此时就需要根据过去的经验来塑造和改进体育文化,如西周时期的尊礼、敬鬼神的文化,就是在当时条件的限制下,基于人们对自然界和宇宙的局限认识所形成的经验认识造成的。

需要强调的是,体育文化之所以具有经验性也与自身将身体作为传承形式这一直观显性特点,与有利于模仿有着很大的关联。此外,人类的其他文化由于不具备体育文化所具有的这种特性,因此很难通过经验来进行指导,如法律、文学等。

---

① 易剑东.体育文化学[M].北京:北京体育大学出版社,2006.

（四）科学性

这里所说的科学性是指,体育文化在科学指导下进行运作和发展的属性。

人们作为一个物质存在物,其本身就具有客观性和规律性,整个的生长发育以及改造规律都需要在科学理论指导下来得以实现。就拿竞技体育运动来说,不断提高的运动水平是在科学认识和合理掌握自然界变化规律以及人体运动规律的基础上得以实现的。在现代社会中,越来越多的更为先进的科学运动设施和运动器材被运用到竞技体育运动之中,这使得运动员的运动水平和比赛成绩得到了非常快速的提高。由此可见,体育文化具有科学性的性质。此外,一些更为先进、科学的训练手段和训练方法在竞技体育运动中的运用,也很好地促使体育运动成绩的不断提高。

（五）差异性

这里所说的差异性是指,在体育文化方面各个民族之间存在着一定的区别,这主要从体育文化的多样性特征方面体现出来,这种差异主要从体育文化的组织形式、运动形式、体育观念、行为模式和价值标准等方面体现出出来。导致体育文化出现差异性的因素有很多,主要有社会地位、职业、年龄、种族、性别、阶级、地域、教育状况等。

（六）民族性

民族性是体育文化所具有的一个非常重要的特性,它是指在生活、生产方式、生存环境、地理位置、文化积累和传播等因素的影响下,一个民族所产生的不同于其他民族的体育文化。

在历史传统和社会文化的基础上,民族性得以建立起来,这是因为同样的地域空间也会存在相同的体育文化,而地理环境的不同对民族体育文化的影响也只是间接的,社会越发达,这种影响也会越来越小。就拿西方体育文化来说,由于欧洲人种较为复杂,并且变迁很多,性格也比较外向,有着比较活跃的思维,乐于追求个性解放,因此他们在橄榄球、拳击等身体有着激烈接触的体育项目上非常擅长;而在东方体育文化方面,由于受到民族众多和地理环境等的影响,再加上和谐发展、天人合一等思想的影响,更加擅长乒乓球、跳水、体操等有着较小对抗性的非身体直接接触的体育项目。

体育文化所具有的民族性是以民族的语言、心理、性格以及在此基础上所产生的体育文化模式作为内容核心的。生活方式和体育文化会由于语言、性格、心理等的不同而出现差异,同时这些差异也在民族的性格和心理等因素中得以内化,使体育文化的民族性得以固化。

随着历史的不断变迁,任何一个民族都得到了相应地发展和演变,并在相对比较固定的地域之中得以不断发展起来。因此,任何一个体育文化都具有各自的民族性。但当一个民族体育文化发展到一定程度之后,就必然将牢笼打破进而向外部进行扩散,这使得本民族体育文化同其他民族体育文化相互接触的可行性得以增加,使得两者相互之间的交流也变得更加频繁起来。

(七)一致性

所谓一致性是指体育文化在各个民族之间存在的相同或相似的地方,这主要体现在体育的运动方式、结构形式、运动观念、组织形式等方面。

各个国家,各个民族都具有各自所特有的体育文化现象,虽然在思路、来源等方面存在比较大的差异,但在结构方面存在很大的相同、相似之处。就拿宋元时期所出现的"捶丸"就同欧洲中世纪时期的高尔夫球有着非常相似之处。虽然在文化环境和历史背景等方面两者有着非常大的差异性,但是在运动形式、运动器械等方面却有着非常高的相似之处。

(八)群体性

这种群体性,主要从以下两个方面体现出来。

(1)在体育文化传播方面表现出来,体育文化是在后天的社会生活中,人类通过进行不断地相互合作,采用群体性的方式来获得的。

(2)任何体育文化都是群体所创造出来的产物。需要强调的是,即便是一个人创造出来的体育文化,也需要被群体所接受和认可,并进行丰富,才能发展成为体育文化。

作为一种超个体的存在,体育文化是在群体的氛围中不断发展起来的,并在群体之中得到广泛流传,其传播速度和传播范围都要比其他物质形态要好很多。所以,体育文化传播的群体性是体育文化发展中的主要动力。

(九)人类性

所谓人类性是指在一个民族中体育文化所具有的比较普遍的品格,这一特性能够让其他民族进行理解和吸收,同本民族的体育文化进行相互融合发展。此外,这种人类性还能够从体育文化中最能代表它的精神面貌、最有生命力的要素所具有的世界性的价值和意义中表现出来,就拿中华民族传统养生文化来说,它对于生命质量进行追求的特性,这是人类所共同拥有的,它能够超越国家、民族、语言、地域等的限制。

（十）社会性

这种社会性,主要从以下几个方面体现出来,具体如下。

1.个体性方面

人类共同活动的价值和力量在体育文化之中真正体现和凝结,这也是一种社会财富或"社会遗产"。

2.受动者方面

就受动者来说,体育文化所具有的社会性主要是从体育文化的创造性中得以体现出来,这也是体育文化社会性的最为深层的意蕴之所在。这主要归因于人的创造性活动是人类得以生存和发展的重要基础。

3.自然界方面

在自然界中,体育文化并不是平白无故的产生,一般的自然物并不属于文化,作为自然界得以存在的人来说,其本身所具有的生物遗传进化同样也不具备相应的体育文化性质,只有人化自然才属于文化,而体育文化也只有在社会中得以存在。

（十一）继承性

所谓继承性是指经过了各个不同时代的发展,体育文化依然对原有的某些特质加以保留的属性。同其他形式的文化一样,体育文化也是在社会价值体系和人们的意识领域中通过图像、语言、文字等媒体得以传承的。当然,身体动作是体育文化最为基本的形式,也就是说,身体是体育文化进行传承的主要形式,同时体育文化中所特有的文字和语言同样具有强大的传承功能,这些都使得体育文化具备了继承性。

（十二）变异性

这里所说的变异性是指在长期的历史发展中,体育文化的结构、内容和模式产生变化的属性。在体育文化发展过程中,传播和交流是其主要的动力,如果缺少了这一环节,那么体育文化便成了一潭死水,很难获得相应的发展和进步。在体育文化发展中,其变异并不总是积极的,或者说并不全是积极的。

体育文化是向着进步的方向发展的,但在整个过程中又会出现很多挫折。就拿我国体育文化来说,其整个发展过程中历经了几次比较明显的变异。首先是从先秦时期对"武勇"很是崇尚的体育文化发展成了汉代的"废力尚德"的体育文化,从汉代和唐代激烈的足球文化发展成为宋代的单球门游戏,从这些事例中都能够将体育文化的差异性很好地体现出来。

(十三)时代性

所谓时代性是指体育文化会随着时代的不断发展和变迁得到相应的发展和演变的特征,这一特性的存在,其原因主要是生产力发展具有阶级性的特点。

体育文化包含三个层面,分别是物质、精神和制度。通常来说,与制度文化相比,物质文化发展得快一些,而制度文化又比精神文化发展得快,并在各个不同的时代之中,它们各自又具有不同的体育运动方式、组织制度和价值观念。由此可见,对体育文化进行衡量并没有一个特定的标准。

在评价体育文化方面,要从历史的角度来加以审视,既要肯定其进步性,同时又要了解其时代的局限性。就拿汉朝和唐朝来说,汉朝主张"以瘦为美"的审美观念,唐朝主张"以肥为美"的审美观念,这就造成体育文化在这两个时代存在着较大的差异,并且导致这两个时代体育文化的舞蹈差异以及女性参与体育的心态和方式的差异。

(十四)地域性

所谓地域性是指由于受到地理环境的限制,体育文化能够表现出各种不同的特征。就体育文化来说,世界各个国家、各个民族相互之间都存在着非常大的差异,具有各自独特的特征。在原始社会时期,虽然体育文化存在很多共同的特征,但也具有一定的地域性。也就是说,地理条件的不同,地域内的体育文化也存在着很多不同的体育运动形式,如河流、草原等地区的运动项目就存在很多不同之处。同中国的地大物博相比,欧洲国家的体育文化受到地域的影响非常小,但也存在一定的影响,如在挪威比较流行冰雪运动项目,在美国比较流行橄榄球和棒球等。

(十五)世界性

这里所说的世界性是指无论显现出什么样的特征,无论经历了什么样的发展和变化,体育文化从整体上来说都是属于世界的,具有世界性。

就世界历史来说,将世界联结成为一个整体是其主要的目标,而体育文化的发展同样如此。资本主义社会中的体育文化是将商业竞争和工业化作为背景的,对竞技运动的商业化和成熟性的不断追求是其一般的特征,也是其世界性;在原始社会,平等性、落后性、混合性是世界各地体育文化所共同的特征,这也是它的世界性之所在。

（十六）永恒性

这里所说的永恒性是指体育文化的发展是生生不息、永恒的。体育文化具有时代性和永恒性,但这并非两个实体,而是同一个实体的两个方面,两种不同的属性。体育文化具有永恒性是因为人类体育文化具有共同的东西,具有客观的、普遍的追求。

第二章 体育文化发展的重要前提

当前,世界各地都广泛存在着体育文化交流与传播的现象,不同地区的体育文化正是在广泛交流与传播的过程中实现繁荣与发展的。但是因为价值观念的不同,不同类型和模式的体育文化会发生冲突,同一体育文化类型内部也会出现不同群体的冲突,不同性质的体育文化相互碰撞,必然会发生冲突,这就导致体育文化难以畅通无阻地实现交流和传播。体育文化的冲突会使新的体育文化产生,促进体育文化的变迁。因此,深入研究体育文化的交流、传播、冲突与变迁有利于我们进一步明确体育文化的发生、发展以及变化规律,从而在此基础上思考如何进一步推动体育文化在全球的繁荣发展。

第一节 体育文化的交流

一、交流与体育文化

人类与动物界相区别的一个根本标志就是文化,人是文化的动物,人类之间的互相交往,必然会形成文化交流。在文化产生的同时,文化交流也产生了。事实上,体育文化就是交流的产物,没有交流,体育文化就不可能产生。人类发展文化的动力首先来自人的生命本身。生命从诞生之日起就开始与外部世界进行感应,生命在这个过程中从单细胞原生动物进化到人,机体部、感官部、中枢部的先后出现,正是生命与外部世界不断扩大和深化感应的结果。三大部类的先后产生也说明了这一点。人体五个感官基本上是按照味觉—嗅觉—触觉—视觉—听觉这样一个顺序出现的。可见,生命的感官是由化学的向物理的发展,从较近的距离向较远的距离发展。而中枢部的出现是以高度发达的感官为基础的,它纠正感官的肤浅处理,使生命与外部世界的感应进入新的思维的阶段。人类之所以能够持续不断地发展,正是人类生命这种不断扩大和深化与外部世界感应的本质特性促使的结果。脑的系统从算筹到算盘,计算器一直到电脑;手的系统从简单的工具到机械手;脚的系统从车船到飞机、火箭、飞船;眼、耳、鼻、嘴的系统从瞭望台、号角、锣鼓到望远镜、电报、电话、雷达、声纳、广播、电视等,所有这些发展都体现了人体器官功能的延伸,而且这些本身作为文化的重要组成部分,也是人类文化交流的结果。

对于上述文化交流与发展而言,体育文化是一种见证和参照物。在器械不断升级的情况下,西方体育的发展中出现了人类与自然的交流现象,航模运动、滑翔伞运动、跳伞运动、潜水运动的发展反映了人类体育文化与外界之间具有深入的交流。某种意义上而言,西方体育文化就是在设置一种能够作为交流工具的器械,通过这种器械与外界进行交流。事实上,这种器械也是人类肌体能力的拓展和延伸。瑜伽、气功等东方养生文化一般通过"气"的运行来与宇宙进行交流,这种交流的境界比人类与自然交流的境界要更高。当前,高性能的机器人已经被成功研制出来,这为人类与太空之间的交流创造了良好的条件。有人预言,体育文化中的生物工程人的出现也将是一次大的革命,《美国新闻及世界报道杂志》预测,到 21 世纪中叶,奥运会会因为运动员能力转而依靠生物工程设计和电脑训练方式,逐渐失去光荣竞争意义。著名未来学家奈斯比特在《大趋势》一书中写道:"人们对周围高技术的反映就是发展出一种非常个人化的价值系统,对技术的非个人化性质加以补偿,结果就出现了所谓的新自助运动或个人成长运动,这个运动的发展高峰即发掘人类潜能运动(静坐、按摩、瑜伽、禅等)。"可见,未来体育文化交流的主流将会是致力于人类与外界宇宙交流的体育文化。从这个意义上而言,未来体育文化发展的旗帜将会是东方文化,一场人类文化和人类命运的大革命很可能由东方文化引起。

二、体育文化的比较与交流

体育文化的比较可能会促进不同文化的交流,也有可能会对不同文化的相互采借造成阻碍。一般来说,比较与交流难以分割,因此在体育文化发展过程中难分先后。一些高度稳定的体育文化类型之所以故步自封,主要原因就在于其与其他类型体育文化的差异。所以比较以及依此而显示的异同并非一定会带来体育文化的交流。

大陆民族文化、农业社会文化、宗法制文化是中国传统文化的几大类型,其中礼仪为主,道德先行;以静为主,动静结合;养生为主,修身养性等是影响体育文化发展的主要思想。海洋性文化、工商文化、宗教性文化、尊重个体的理性文化是西方传统文化的主要特征,影响到体育文化的特点为个体为本,优胜劣汰;战争为本,强身健体;法治为本,公平竞争;全面为本,三育并重。推崇个性、勇于探索、追求事物的多样性与矛盾性、多于理性、善于思辩、讲究法治、重于实践等是西方传统文化的主要特点,受这些特点的影响,西方体育不断向着竞争性、惊险性、公开性、健美性、趣味性等方向发展,并使体育形成体系,注重人的全面发展,而忽略了竞争中的道德教育,容易产生残忍和暴力。宗法观念与伦理思想是我国传统文化的主要内容,处事讲究"中庸之道""以和为贵",儒道互补,顺其自然,反对竞争,贵友谊、重德教、注人治等是中国传统文化的主要特点,受此影响,娱乐性、表演性、礼仪性等是我国传统体育文化的主要发展方向,我国注重个人修养,形成了以追求"健"和"寿"为目的的民族内向性格,境进了以身心合一、动静结合的导引养生、武技的发展,但削弱了体育运动的竞争性。西方体育与我国体育追求的分别是"强与险"和"健与寿"。正如熊志冲所说:"西方体育像太阳那样强烈、炽热、振奋人们的精神;东方体育像月亮那样温柔、慈祥,抚慰着人们那宽仁、宏大的心灵"。但是,在封建社会里,两种体育文化很少交流,到了近代,在军事侵略和世界市场的背景下,西方资本主义体育文化才开始与中国体育文化展开了交流。当前,在世界体育文化发展中,东西方体育文化交融已成为大趋势。在比较中显示出上述差异之后,我们可预言中西方的体育文化交流会比较顺利。

以斗牛运动来说,世界许多地方都有该项运动,而且不同地域的斗牛运动在形式和目的等方面都有不同之处,但这种不同并没有必然的交流。如中国式斗牛与西班牙斗牛可以从以下几方面来比较。

(1)历史:中国式斗牛起源于原始社会,流行于汉代,现在,回、壮等民族聚居地流行该项运动;西班牙斗牛运动的产生可追溯到古埃及王朝或古罗马,传说是摩洛人入侵西班牙时把斗牛活动带入达鲁西亚,继而在整个西班牙传播开来。中世纪时期,主要是贵族参加该项运动,17世纪开始才逐渐平民化,直至今日成为西班牙国术。

(2)斗牛用的牛:中国斗牛一般用水牛或黄牛,一般是从耕牛中挑选出来的,不太凶猛;西班牙斗牛用的牛是纯种的非洲种牛改良而成的,记性好,有专门的训练和交易场所,牛比较凶猛。

(3)斗牛者:我国的斗牛者是业余的、非专业的;西班牙的斗牛士一般都是专业的。

(4)斗牛的形式:中国的斗牛一般没有专门场地,斗牛者没有助手;西班牙的斗牛在专门的斗牛场举行,有观众席,供斗牛士用的小教室、医疗室、牛圈等,斗牛士有助手。

(5)观众及其他:我国在年节或一些节庆活动时举行斗牛活动,斗牛迷少,水平较低;西班牙每年3—11月每个星期都有斗牛活动,斗牛迷多,水平比我国高。

通过上述比较可知,我国与西班牙的斗牛运动之所以没有进行交流,除了地理条件的隔绝之外,更主要的是因为斗牛在双方文化中的地位差异造成的,西班牙的斗牛是象征全民族的体育运动,深深地融入了西班牙人的思维方式、价值观念和情感方式,而中国的斗牛则仅仅属于少数地区流行的项目,具有显著的局部的地域文化的色彩,并没有完全成为国民心理和情感的内核。可能是这种差异对双方的交流造成了限制,同时也说明世界体育文化的发展是非常复杂的。

体育文化要产生交流需要具备很多条件,而其中有两项非常重要的因素,即地域和交通条件。但在这种条件下形成的交流并非"生吞活剥",而是往往在与自我文化背景和体育文化的整合后形成一种异质的体育文化。如中国和日本的体育文化在经过交流后有很大不同。中国体育文化轻竞技、重养生、泛政治、泛伦理等特性是受中国文化的政治伦理性、大陆文化特征以及儒道教的宇宙观(本体文化)等影响的结果,日本体育文化避免直接竞技与对抗搏击性、集团意识强烈、对外来文化积极吸收等特性是受日本文化的义理耻感、武士道精神以及岛国文化特征(边缘文化)影响的结果。

三、体育文化交流的动因

一般来说,任何一个体育项目首先都是产生于某一民族的生活环境中,并在宗教、战争、教育、娱乐等社会文化活动中不断完善,进而成为流行于某一空间的特色鲜明的传统体育活动。一些国家和民族的传统体育活动具有全人类可共享的价值因素,随着该国和民族的不断开放,世界各地社会文化逐渐相互渗透与交融,这些体育活动也与其他体育文化相互交流,促进了体育运动民族性外延的拓展。这样,其他国家和民族的人们也开始慢慢认同其特有的体育文化,这些体育项目经过不断地交流,最终成为世界流行的体育项目。任何体育项目发展的文化动因都在于其自身的内在价值及对人类共有的社会文化价值,体现在能够顺应和满足人类的生理和心理需要,同时各国家和地区主观赋予的宗教、政治、经济、军事、科技、艺术、医疗、教育等多方面目的也外在地推动世界体育文化交流。

文化是一种需要和选择机制,体育文化同样如此。不同的体育文化之间要形成交流,首先要使每种文化都具有自身的客观功能。没有一种文化会去选择客观无用或对自己无用的文化来交流。因此,体育文化自身的客观功能(具有世界共通性的作用)是体育文化交流的内部动因。当然,不管是哪种体育文化,一经产生,其就是有用的,体育文化交流的双方是否需要对方的这种功能是二者交流的前提与基础。通常,体育文化需要具备的内在客观功能主要有以下几点。

(一)竞技性

竞技运动的灵魂是竞争。在体育文化中,竞技运动的精神和本质内核体现在超越自我和对手上。尤其在当今社会,世界各国都在进行政治、经济、科技等的竞争,迫切需要具有竞争精神的人来实现这一切。竞技运动具备突出的直观性、竞技性、公开性、公正性等特点,能使人的各方面能力充分发挥出来,并能对人的各种能力进行检验。这种优胜劣汰的竞争活动成为世界各国看重的人类竞争的重要象征。因此,竞技性强烈的运动竞赛往往成为各国体育文化交流的重要内容,世界上每年举行的无以计数的运动竞赛就是一个很好的证据。

(二)健身性

健身功能是体育的本质功能,体育从产生起就对人们的身体起到重要的锻造作用。在都市"文明病"盛行的当今社会,人们健身的愿望越来越强烈。许多健身性强的体育项目深受欢迎,东方的气功、瑜伽、武术等更是以神奇的健身功效和丰富的文化内涵吸引了大量的西方健身爱好者。我国近几年来举办的太极修炼大会备受西方人青睐,就是健身性功能所致。

(三)娱乐性

游戏和娱乐是人的本性,在原始社会,身体娱乐是人们生活中不可缺少的重要内容。现代社会物质文明的高度发展更使得娱乐成为人们缓解紧张生活的追求。人们不仅直接参与娱乐性强的体育活动,而且从观看运动竞赛和表演中获得身心娱乐。许多少数民族体育项目就因为娱乐性强烈而得到广泛的传播与关注。

除此之外,体育文化交流还受很多外部动因的影响,如经济意图、政治目的、宗教目的、教育目的等,这些外部动因往往与体育文化交流方式具有同一性。

四、体育文化交流的意义

不同体育文化相互交流,能够促进双方的共同发展。具体来说,体育文化交流具有以下几方面的意义。

（一）推动体育文化的长远发展

不同国家或民族之间的体育文化相互交流,不仅可以促进民族之间的融合,而且还能使国家之间进一步相互了解,从而达到增进国与国、民族与民族之间感情的目的。体育文化交流可以使国家或民族的体育文化持续不断地发展。以我国体育文化的发展为例,在历史上,我国体育文化经历了五次大的融合,具体如下。

（1）第一次大融合:春秋战国时期。中原实行与少数民族的通婚政策,通过这一形式的交流,各民族之间的习俗文化和体育不断融合。例如,齐国吸收了北方山戎族的秋千,而且在中原各地开始流行;骑射在西北少数民族十分流行,赵武灵王"胡服骑射"将其带到了中原;流行于中原的拔河、竞渡等体育习俗与文化项目被北戎和南夷各民族逐步接受。

（2）第二次大融合:秦汉时期,汉代"通西域"的民族和睦政策使得中原体育文化向西北少数民族地区传播,各少数民族的体育文化涌入中原也促进了中原"百戏"的丰富与发展。

（3）第三次大融合:魏晋南北朝时期,南迁的汉族贵族与当地少数民族相互交流与沟通,使得南北向的规模宏大的民族文化交融由此兴起。在这一背景下,武术、棋类和摔跤比赛等在南北地域之间广泛传播,并且得到了前所未有的融合发展,这极大地促进了南北地区体育文化的交流与共同发展。

（4）第四次大融合:隋唐时期,各民族相互学习,如唐代的马球,就是从吐蕃族的马球运动学习而来的。当时流行的健舞、踏球、杂技和养生导引术等项目充分体现了各民族体育文化的交流。

（5）第五次大融合:宋元明清时期,少数民族不断走上政治舞台,民族融合更加频繁。元清由蒙满少数民族统治,吸收了几千年的儒教文化传统,对汉族与少数民族体育文化的交融起到了积极的促进作用。例如,满族的冰上足球就是满族冰上活动与中原蹴鞠活动相互融合的产物。

上述几次大融合体现了我国内部各民族间体育文化的交流,除此之外,中国体育文化与外界体育文化也形成了广泛而深入的交流。例如,中日之间体育文化的交流就比较多,在汉朝,中国的刀剑就传到了日本,一些日本使者也为我国带来了"短弓矢",这是双方在武艺方面交流的表现;隋唐时期,中国的蹴鞠、马球、步打球、投壶传入日本;到了宋代,中国的手球和司马光的《投壶新格》传入日本;明末清初,日本刀剑输入中国。中朝之间,中国和朝鲜在秦汉时期就已经有了体育文化方面的交流,汉文化传入朝鲜,朝鲜的"乐浪檀弓"也传入中国。南北朝时,中国和朝鲜百济等国举行过围棋比赛;唐朝时,唐玄宗曾经派遣名棋手杨季鹰入朝进行围棋交流。中国还通过"丝绸之路"与伊朗、阿富汗、土耳其、印度、伊拉克等国家进行了不同程度的体育文化交流。

(二)促进体育文化的均衡发展

各地区的自然地理条件及社会发展状况存在不同程度的差异,这就导致了各地体育文化发展的不平衡。而通过加强各地的体育文化交流与传播,能够积极带动落后地区体育文化的发展,这对各地体育文化的平衡发展具有举足轻重的意义。体育文化交流的调节作用就在于交流的各方都能吸收对方的精华,吸取对方的经验教训,互相补充,共同发展。

以中国武术为例,武术文化的发展就是在交流中不断达到平衡的,各民族武术都或多或少地汲取了其他民族武术的某些特点,从而使其呈现出了中华武术的共同特性,形成了重人伦、讲武德、重身心兼修的武技伦理观念,成为独具一格的运动文化体系。再以围棋为例,南北朝时围棋由中国传入日本,晚唐时,日本的围棋水平已经与中国相接近,并开始与中国棋手进行比赛。20世纪初,日本又建立了棋院,进一步对围棋进行普及和推广,与此同时,韩国的围棋也得到了进一步的发展,如今中日韩三国频繁的围棋交流使得三国围棋运动的发展逐渐趋于平衡。

(三)促进体育事业的发展

从体育文化产生之初,就已经出现了不同形式的交流与传播,在不同时代背景下,受政治、经济等各种因素的影响,体育文化的交流程度具有一定的不同。通常来说,近代以前由于地理条件的限制和社会制度等因素的影响,不同体育文化之间的交流较少,近代以后的体育文化受世界市场繁荣的影响开始了密切的交流,而且将国际化的倾向充分体现了出来。任何一个民族和国家都难以游离在世界体育文化的相互交流之外,在与外界体育文化的交流与沟通的过程中,本国的体育文化会得到刺激,从而补充新的体育文化。在这个过程中,体育事业的发展会愈发壮大。例如,新中国成立后,中国体育通过与其他国家体育的交往,实现了多元化的目的,如维护国家主权、扩大国际影响、推动体育改革、促进世界体育发展、促进和平等,正因为如此,中国体育文化才不断彰显出自己的勃勃生机与无限活力。

五、体育文化交流的方式

传教与殖民、移民迁徙、贸易往来、书刊往来、旅游与留学、外交活动、大众传媒等是当前体育文化交流的主要方式,这些方式积极有效,一般都是互相交错在一起,很少有单独存在的现象。下面对这几种常见的体育文化交流方式进行简要分析。

(一)传教与殖民

传教是体育文化交流的一种主要形式,很多体育观念都是通过传教士传播而被人广泛接受与认可的。例如,近代欧美国家的发展是以扩张为前提的,在战争入侵以后就对殖民国家进行传教,其中基督教青年会对于欧美体育文化的推广起到了非常重要的作用。通过殖民行为,宗主国将本国的体育文化带到了被殖民国家,有效地推动了宗主国与被殖民国家之间体育文化的交流。例如,南美体育文化的发展深受西班牙、葡萄牙等国体育文化的影响,中国近代体育文化的发展很大原因是受到了欧美体育文化的影响,非洲和印度、澳大利亚等国体育文化的发展很大程度上受到了英国体育文化的影响。

(二)移民迁徙

移民迁徙大多是指由于天灾人祸,尤其是战争和瘟疫而造成的影响极为广泛的大迁移,几乎在各国史册上都能够见到这种迁徙。移民迁徙是最常见的体育文化交流方式之一。在中国历史上,曾经多次出现民族大融合,中原和北方少数民族间的移民迁徙是造成这一现象的主要原因,在这种民族融合的过程中,我国不同民族的体育文化不断传播与交流,不断融合,促进了中国传统体育文化的繁荣发展。

(三)贸易往来

在我国古代的贸易往来中,交易的货物非常丰富,体育器械就是其中一种,体育器械的交易对交易双方国家体育物质文化的交流具有重要的促进作用。例如,我国古代与朝鲜、日本等国贸易往来频繁,其中不乏体育器械的交易,而且商人也在贸易往来中加深了对交易国生活方式的了解,这对其所在地体育文化的发展起到了一定的促进作用。

（四）书刊往来

体育文化交流除了物质文化的交流外，还包括精神文化的交流，而这方面的交流主要依赖于体育书刊。例如，中国民国初年，大量西方体育项目传入中国，在这一阶段，我国翻译了不少西方的出版著作，其中当然包含西方体育文化内容的著作。20世纪二三十年代，中国的体育杂志上刊登过不少西方国家的知名体育人物和事件，也有阐述西方体育文化精神的内容，由此可知，书刊往来也是体育文化交流的重要方式之一。

（五）旅游与留学

在历史上的不同时期，各个国家都有不同程度的交流，其中留学与旅游是最普遍、最常见的往来与交流形式。旅游与留学的方式对各国体育文化的交流也产生了积极的促进性影响。例如，马可波罗和利玛窦到中国旅游，了解了中国文化，其中包括体育文化，回国后便将这些文化在欧洲广为介绍与传播，这对中西体育文化的交流与融合具有积极的影响。我国出国学习的留学生也有很多把自己留学国家的体育文化带回了自己的国家。例如，詹天佑等知名学者在赴美国习练棒球后，回国积极宣传棒球文化，促进了棒球运动在我国的发展，20世纪初中国留学生在日本留学回国后将大量欧化的日本体育引进中国。

（六）外交活动

体育文化的交流通过外交活动也能够实现。例如，中国在1971年与美国实行"乒乓外交"，这就是通过外交活动促进体育文化交流的典型事例，实行乒乓球外交，不仅在体育文化层面推动了两国的交流，而且也推动了两国在其他方面的沟通。

（七）大众传媒

当前，科学技术快速发展，人们获得信息的方式越来越多，而且对大众传媒的依赖性也越来越强，因此大众传媒也逐渐成为体育文化交流的一种重要形式。通过大众传媒，各种体育比赛的现场直播、国际性的广播、体育电影和体育电视节目都可以让观众更加直观地欣赏体育比赛，可以说达到了无人不知无人不晓的效果，由此可以看出，大众传播媒介在体育文化交流和传播过程中起着至关重要的作用。

随着社会的不断进步和发展，体育文化交流的方式会越来越丰富与多元，我们要从多重角度对体育文化的交流与传播进行深入且全面的分析和审视,从而使不同的交流方式都能充分发挥自身的作用。

第二节　体育文化的传播

一、传播与体育文化

泰勒在《原始文化》一书中最早开始用"传播"一词研究文化现象,指出文化传播指的是文化的迁徙、采借、暗示以及分布等。此后,社会科学界广泛使用"传播"一词,并赋予其不同含义。司马云杰认为,在人们社会交往活动过程中产生于社区、群体及所有人与人之间共存关系之内的文化互动现象就是所谓的文化传播。对文化传播进行研究时,涉及的主要内容有文化的共享性、传播关系、传播媒介、传播方式等。

(一)体育传播媒介

文化传播媒介本身就是文化,随着社会文化的不断发展,这种文化形式也在不断发展,文化传播媒介的发展促使文化传播渠道越来越通畅,文化的内在联系越来越紧密。作为文化形态的传播媒介大体经历了以下几个发展阶段。

1.语言媒介阶段

在文字、书刊等媒介诞生之前,最为便捷和覆盖面最宽的传播方式是语言。古代社会进行文化传承主要依靠的是谚语、诗歌、隐语、民谣等,体育文化作为非特定的语言文字,虽然是一种身体文化,但语言对其传播仍具有非常重要的意义。古代社会没有录像,没有现场直播设备,人们也很难在大规模的场所获得观赏体育比赛的机会。因此,体育文化的重要传播媒介是语言。我国各个朝代都有大量的便于口赋的诗词歌赋留下了对体育文化的精彩描述,特别是唐诗和宋词有众多的体育文化遗存。统治者也注意以文字来对宫廷文化事象进行记载,对民间的口传谚语和歌谣等进行收集。现代社会是高度组织的社会,人们获得信息的主要渠道有报刊、书籍、电视、电影和广播等,但我们仍不可忽视语言的传播作用,对于大多数人来说,看体育比赛现场直播时有几个朋友在一起交流比一个人单独观赏都要有意思,这就是语言传媒所具有的特殊魅力。

2.文字媒介阶段

许多人类学家认为文字是文明的标志。古埃及的圣字体、古巴比伦的楔形字等都在体育文化交流中发挥了重要作用。中国的汉字更是经过六千年的历史演变一直延续至今,负载了无数体育文化。汉字具有的取象为主、声形相拼的特点使得它在保存、传播以身体动作为基础的体育文化方面具有独特的优势。中国古代的"武""战""斗"等体育文化色彩鲜明的文字最初就是以极富特色的象形文字来表现的。文字的出现促使了报纸、杂志、书籍等大众传播媒介的产生,在印刷术的推动下,体育文化以文字为媒介得到了广泛和深入的传播,这种传播的广度与深度要远远超过语言传播。自15世纪发明铅字印刷术以后,世界书籍获得大发展,体育文化的传播范围和深度得到了极大的拓展。世界各国都有大量的以保存体育文化为目的的书刊和报纸。今天世界上的体育书籍和报刊更是难以计数。尽管电视的现场直播非常及时和直观,但人们仍需要通过体育书籍与报刊来深入了解体育。

3.电子媒介阶段

世界上第一个广播电台开播和第一次电视无线直播使得世界体育文化的传播进入了新的发展阶段。人们不仅可以用听觉代替视觉,而且视觉可以看到真实的几乎同步的画面。仿佛地球突然缩小了。通讯卫星的出现为体育赛事的传播提供了极大的方便,电脑的逐渐普及又使得体育信息在更广的范围内被人们所获悉。但需要注意的是,电脑带来的"数字化生存"方式并非只有好处,我们要警惕其不好的影响。

(二)现代体育传播

1.现代体育传播的发展阶段

某种程度上而言,体育文化是人际传播、物品传播、大众传播等传播方式造就的产物。我们可以将现代体育传播的发展历程划分为以下几个阶段。

(1)对民间游戏和竞技的整理与改造

世界各国和地区在古代基本上都有自己的民间游戏和竞技,如高尔夫球、足球、保龄球、曲棍球等体育项目在一千多年前就已存在,欧洲步入资本主义社会以后,整理和改造了自己和世界各地(主要是其殖民地)的传统体育项目,为大量传统体育项目的复兴做出了巨大的贡献,其中贡献最大的国家当属英国、法国、德国等。英国创造或改编的体育项目中,很多都成了今天奥运会上的竞赛项目。所以说,对民间游戏和竞技的整理与改造是现代体育文化传播的初级阶段。

(2)业余体育俱乐部和职业体育俱乐部的产生

英国资产阶级和工业革命以后,在赌博性项目(赛马、赛跑、拳击等)兴盛的基础上,一些法官、企业家、律师、记者和运动高手开始对体育俱乐部进行组织与建立。基本上所有的体育俱乐部都有资产阶级参加,有些资产阶级是为了娱乐消遣,有的是为了赢利。在俱乐部的推动下,运动规则统一提上日程,这就为专门体育项目协会的成立奠定了基础。

(3)国家单项体育协会和国家联合会的出现

在某些兴盛的项目交流频繁的推动下,出于统一规则和便于管理的需要,国家或地区内单项运动组织便产生了,有不少项目都有了自己的单项组织,而且综合性比赛成为可能的条件下,出现了全国性的综合统一组织。目前,世界上最早的全国性综合体育组织是成立于1868年的全美业余运动员协会。

(4)国际单项体育组织与国际综合性体育组织的建立

20世纪80年代,世界上跨国比赛不断增加,国际性单项体育组织首先产生。1881年国际体操联合会产生,此后又不断出现了国际单项体育组织。1894年,国际奥委会这一综合性国际体育组织的成立成为世界体育文化的传播进入新历史阶段的重要标志。

2. 现代体育传播的动因

体育传播的客观基础主要表现在人类对体育的共同需要,而传播的基本动力在于政治和经济需要、社会进步、经济发展以及传播媒介的发展。

(1)政治和经济需要

现代奥运会产生之初就带有浓厚的政治色彩,而且此后也从未彻底摆脱政治因素的影响。在很大程度上而言,政治促进了体育的发展。资本主义和社会主义国家对现代体育传播最集中的奥运会都给予了高度的重视,冷战期间的奥运会更是如此。近年来,出于经济意图重视体育文化传播的现象较多,其中最为典型的是亚特兰大奥运会,有人指责组委会将奥运会作为一个赚钱的商机。

(2)社会进步

世界上,英国最先出现资产阶级革命和工业革命,现代体育正是发源于这一国家,可以说体育从一开始就是资产阶级和工业革命的产物,18世纪欧洲各国的资产阶级革命极大地推动了现代体育的发展及其在欧洲内部的传播,随后的殖民又将这些体育文化传播到世界各地。20世纪以后,亚洲等国也有一些体育项目出入欧美,尤其以经济比较发达的日本和韩国为主,其柔道、跆拳道等项目已在世界各地纷纷开展。

(3)经济发展

一般来说,经济发达的国家,其体育文化的传播速度更快。例如,近代时期,英国体育文化在欧洲广为传播,主要就是因为这一时期英国经济发展水平较高,相对而言,经济发展较慢的法国和德国的体育文化的传播无论在范围上,还是在深度上都逊色于英国。亚洲的情形同样如此,日本体育文化传播广泛,主要就是因为该国家经济发展迅速。

(4)传播媒介的发展

体育是直观而显性的文化现象,现代以来的世界传媒极大地拓展了体育传播的速度和广度,现场直播已成为非常普遍的体育传播方式。现在,异地同步视图传送已经出现,电子光盘的大量产生更是使体育传播进入了前所未有的阶段。随着现代传播媒介的不断发展,体育文化成为最大受益者之一。

(三)传播对体育文化的影响

1. 体育文化融合

两种或两种以上的文化经过交往接触后,彼此借鉴、吸收、交融而形成的一种新文化的过程就是所谓的文化融合。文化传播是文化融合的前提,是促进文化融合的重要机制,文化融合是文化传播的结果。

文化融合的主要表现是文化同化。不同文化经过相互接触交流后融合为同质文化模式的过程就是文化同化。一般是先进同化落后,本土同化外来,多数人的文化同化少数人的文化。但也有例外,近代西方国家在殖民国家的体育文化传播往往属于这种类型,其影响之所以能够一直遗存到今天,离不开语言传播媒介所起的作用。

2. 体育文化增殖

文化增殖是一种文化的放大现象,具体指的是一种文化在传播过程中,其原有的价值或意义产生出新的价值或意义,或者一种文化的传播面增加,从而使受体文化相对于传体文化有了某种增殖放大。文化增殖主要表现为两个方面,即量的增大和质的放大。质的放大是指文化传播中信息的价值或意义增加或升华。

在文化传播中,文化是否能够增殖,主要取决于传体文化(如价值意义、传播方式、频次、范围、途径)和文化受体(如政治环境、承受力、宽容度、宗教信仰、文明程度等)两方面的因素。中国武术传入日本后得到了增殖,不仅形成了统摄民族精神的武士道精神,而且促进了柔道项目的形成与发展。

任何文化的传播都会受到人类意识、心理和价值观念的影响,因此文化传播的增殖既有积极意义,又有消极意义。积极意义体现在文化更深广的传播,消极的影响体现在增殖的虚假或使原文化精髓遭到破坏。例如,当前中国武术就面临着这样一个悖论:推向世界有助于使更多的人认可和得到收益,但同时要以牺牲本身的部分精髓为代价。

文化传播的增殖不仅体现在受体和传体,也体现在传播媒介。例如,各种体育经纪人和体育广告就在体育文化传播的过程中增殖,这也是当今体育产业发展的一个重要文化学依据。

3.体育文化分层

文化具有圈层性,因此文化传播也具有圈层性,传播会导致文化的分层。如体育记者和体育科研人员、体育管理人员因为本身职业和工作方式的差异,他们所掌握的体育文化信息是不同层次的。而体育文化传播又使这种层次性进一步加剧了。因为三者获得体育信息的传播媒介不同(除了一些十分公开的大众化的传媒以外),导致体育文化在这三种人的头脑中存在一定的文化层次性。体育记者往往关注快捷的赛事信息,体育科研人员往往通过有效途径来获得学术动态信息,体育管理人员则对机构改革等方面的信息更为关注。例如,20世纪末,中央电视台体育部在"体育沙龙"节目和北京电视台的"周日影视"节目中都提出了中国"体育影视"和"体育电影"现状令人担忧的问题,而体育科研人员早在几年前就提出了该问题。值得注意的是,影视界提出这个问题的由头是美国的一部篮球加动画的"空中大灌篮"影片,而科研人员则主要是由中国体育文艺本身萧条的历史和现状差距引发出振兴中国体育文艺的想法。显然,体育影视这个体育文化内容的传播对于体育科研人员和体育新闻报道、影视工作人员具有不同的层面。这明显地反映了体育文化传播会造成体育文化分层。

此外,体育文化传播的结果还有体育文化积累和体育文化变迁,但这些结果具有相对后发性。本章的第三节会涉及对这些问题的分析。

二、体育文化交流与传播的关系

物质文化和精神文化在社会生活中一般都是相伴而生、相互依存的,物质文化是物质资料或物质财富的生产、分配、交换和消费过程,精神文化是社会意识或精神财富的产生、传播和变化发展过程。一切文化都处于不断的运动、交流、传播等状态中,不同地域和文化背景下的同类文化同样也是处于这样一种状态。不同时空域中的体育文化发展状况非常不平衡,因此体育文化中也往往存在着绝对的文化差。这样,对不同文化的共同追求和文化差就成为一对基本矛盾,正是这对矛盾的存在使得体育文化交流与传播成为必然。文化的交流与传播也是文化发展的基本条件与手段,一种文化如果被禁闭起来,它必然走向衰落。相反,交流和传播一方面能够为文化的发展提供新的营养,另一方面又为一种文化的发展开辟广阔的前景,使其在更加宽广的时空中走向繁荣。在众多体育文化元素和体育文化丛中,存在着大量由他处直接或间接传播而来的体育文化。相对而言,交流是主动的、主观的,而传播是被动的、客观的;交流是外在的,传播是内在的;交流是从一方面来说的,传播是从多方面来说的。体育文化交流中往往也伴随着传播,体育文化传播能够促进体育文化更加广泛而深入地交流。

例如,民族体育是一种初级文化,活动形式简单、粗糙;内涵生动鲜明;地域特色浓郁是其主要特征,娱乐、教育和整合是其基本功能。其主要传播方式有:民族生产力的发展形成对异族体育文化的接受;文化同步的发展使各民族之间在一定程度上沟通;文化交流使民族体育之间进行有意识的融合。在这里,体育文化的交流与传播是相辅相成的关系。没有交流,就谈不上传播,没有传播,交流的深度与范围就会受限。

加拿大国家有很多人喜欢我国的气功静坐法,多伦多有气功静坐强身社,该社对介绍中国气功的书籍进行了大量的出版,还推广电视台表演气功静坐健身法,并用电子仪器演示静坐时的客观生理指标,令人信服地宣传了静坐强身的效果。在这里,若没有中国和加拿大的气功交流,就没有加拿大对中国气功的创造性吸收,中国气功对加拿大的传播也就更是无从谈起了。

竞技体育具有超越政治障碍的共同规则、共同语言,正因如此,参与者才能进行真正地公平竞争,因此也最容易打破国家、民族界限,超越制度、信仰、观念的差异走到一起来。海峡两岸同胞有相同的血缘、体质、价值观念、生活习惯、语言系统和风俗民情,随着体育的交流,将会逐步打破地域界限,淡化政治分歧、经济差异,最终走向统一。在这里,两岸的体育交流在促进双方体育文化传播、价值观念和生活方式传播等方面发挥着举足轻重的作用。

所以,体育文化传播的一个基本前提是体育文化交流,体育文化传播往往是内在的和客观的,它的进行往往在很大程度上促进体育文化的进一步交流。体育文化交流的深广又为体育文化传播创造更好的条件。当然,一般意义上而言,体育文化交流与传播是同一的,可以将体育文化交流的过程看作是体育文化传播的过程。从逻辑上说,不经过交流的传播是不存在的,传播也必将促进交流。体育文化的交流与传播没有一个明晰的界限与划分。

三、体育文化传播的意义

体育文化传播的意义主要反映在以下几方面。

(一)加强人际交流与沟通

因为不同地区的地理环境、文化习俗、行为方式和思维习惯等存在着不同程度的差异,因而人类社会存在着各种文化差异,这就给人与人,以及人与社会之间的交流带来了困难。与其他以语言文字为表现形式的文化相比,体育文化具有世界语言的功能,在沟通方面具有一定的优越性,因为它以身体动作为基本表现形式,更加直观易懂。体育文化的传播可以让许多素不相识的人通过体育认识并且深入交往,促进人际沟通和交流,这也体现了社会的进步。

(二)调适社会文化心理

体育文化传播有利于促进社会文化心理调适,这是其同其他文化传播所共有的功能。体育文化传播调适社会文化心理的功能是通过信息反馈实现的。体育文化对人们的心理倾向和社会价值观念具有深刻的影响,积极和合理的体育文化及其有效传播可以改变人的社会文化心理。例如,我国举办北京奥运会极大地振奋了民族精神,促进了整个社会文化心理的调适,这有利于推动我国现代社会的进一步发展。

(三)推动体育的社会化发展

在人类和体育文化的发展历程中,体育文化传播对人的社会化发展具有重要的积极的促进作用。公平竞争、团结拼搏、顽强进取、自我超越、遵守规则、服从裁判等是体育文化倡导的精神,这些精神可以转借到生活中。通过体育文化传播可以学习体育运动的行为规范和价值观念,并且以此关照现实生活中的言行和思想,促进人和群体的社会化,而个体和群体的社会化最终又会促进整个社会文化的不断传播,使社会健康有序的发展。例如,许多人在观看足球比赛的过程中,受运动员顽强拼搏精神的鼓舞而激发出自身的能量,以更大的热情投身到工作与生活中。

（四）促进体育文明的发展

传播促进了社会文化的形成与发展，可以说，没有文化传播，人类文化就不可能进步，社会也不可能进步。体育文化作为人类文明的重要组成部分，其传播会从很大程度上推动人类体育文明的进化，即先促进体育文化进步，再促进体育文明进步。例如，中国近代对日本体育文化的吸收与借鉴，加速了中国体育的现代化发展历程，对于中国文明的发展和进步具有重要的意义。

四、体育文化传播的方式

传播者与接受者相互依存的模式和一条链式的前后运动的模式是文化传播最基本的模式，具体包括三种传播模式，分别是链式传播模式、波式传播模式、根式传播模式。[①] 以这三种传播模式的形态为依据，可以将体育文化的传播方式分为三种，即直接传播、刺激传播和间接传播。这些传播方式密切联系，是相互渗透、相互融合的。

（一）直接传播

体育文化传播方式中，最基本的和最简单的就是直接传播，不通过任何媒介就能够实行传播的目的。直接传播又包括单项传播和波式传播两种形式。前者如同体育比赛的接力一样，后者如掷入水中的石头激起的波纹扩散一样。这两种传播的效果基本相同。例如，近代中国武术代表团访问东南亚以及欧洲并在当地引起巨大反响，这种传播不仅是一种单项传播，同时也蕴含着波式传播。

（二）间接传播

通过媒介进行的传播就是间接传播。常见的传播媒介有电视、网络、报纸杂志等。此外，在体育文化传播中，还有比较特殊的传播媒介，如贸易、外交活动、留学等。通过这些媒介，体育文化也可以得到有效的大范围的传播。

（三）刺激传播

刺激传播是指某一社会掌握了某项体育能力后刺激了另一社会，使之

---

① 易剑东.体育文化学[M].北京：北京体育大学出版社，2006.

相应地发明或发展了类似的体育文化要素,或者是外来体育文化的先例所促发的新的体育文化因素的成长。例如,近代我国引入西方拳击运动,刺激了传统武术向规则完备的体育竞赛过渡,日本柔道和韩国的跆拳道相继成为奥运会比赛项目后,对中国传统武术的发展产生了极大的刺激,中国武术正在为进入奥运会而努力。

五、体育文化传播的途径

一般来说,体育文化传播的途径主要有以下四条。

(1)各民族体育文化自然的传播,主要指生活的联系,生活环境的变化,民间的交往,人员的流动,一般在不知不觉中进行。例如,近代一些西方商人和士兵在中国租界居住地开展的一些体育项目,感染了附近的中国人。

(2)通过物品的传播。体育书刊、体育器械、体育音像制品等都具有体育文化传播的作用。例如,西方武术爱好者在无法找到合适的中国武术教练时,往往借助相关书刊练习武术。

(3)引进新的体育文化,这是受体主动接受或主动引进的外来的文化。日本体育文化就特别注重对新体育文化的引进。

(4)强迫性的文化传播形成体育文化融合,这是受体被动接受的结果。

第三节　体育文化的冲突与变迁

事物是处于不断变化与发展中的,体育是一种特殊的社会文化现象,其在交流与传播过程中,也经常会因为价值观念的不同而发生一些冲突,甚至引起变迁,这都是常见的现象。了解体育文化的冲突与变迁有利于我们深入把握体育文化的发展规律。

一、体育文化的冲突

(一)冲突与文化冲突

冲突是指对立的、互不相容的力量或性质(如观念、利益、意志)的互相干扰。在人类的发展历史中,形成了各种不同的文化,这些文化之间相互交流与传播,并伴随出现了不同形式的冲突。

文化冲突是指两个不同民族文化之间所发生的差异、冲击、矛盾、斗争,是文化传播中斗争性的表现。作为文化的重要组成部分,体育文化在交流与传播的过程中也必然会出现冲突。

(二)体育文化冲突的类型

体育文化在交流与传播过程中难免会出现冲突,这些冲突的形态各异,常见的体育文化冲突有以下几种类型。

1.集团性文化冲突

文化最早就是从族群或原始群这种集团性人群中发展起来并逐渐扩散开来的,因此具有集团性特征,体育文化同样如此,这就会导致不同集团之间的体育文化产生冲突。例如,在中国历史上,明太祖朱元璋曾经下令禁止士兵和大臣下棋和游戏,而没有对民间的这些活动进行限制,从而使得某些运动文化在民间得到了较好的发展,这就体现了集团性文化冲突。

2.阶级性文化冲突

在阶级社会中,所有的文化都具有阶级性,都是为不同阶级的利益而服务的,体育文化也同样具有阶级性,是阶级统治者为实现自己的利益而利用的一种工具。在阶级社会中,统治阶级会利用政策等来对体育文化中的某些特权进行掌控。比如,英国早期的资产阶级热衷狩猎、赛马、拳击等活动,将其垄断为贵族运动,而工人阶级则只能参加一些街头足球等被视为穷人才会的运动。

3.区域性文化冲突

区域是文化的一种存在载体,不同区域的文化都有着自身的特性,因此当一种外来文化进入时就会引起文化体系的不同反应,或容纳,或反对,或围剿,体育文化同样也会面临这些局面。比如近代时期的中国人是比较排斥西方足球运动的,不仅如此,传入我国的很多外来文化现象都在一定程度上受到了人民的排斥和阻挠。

4.民族性文化冲突

不同民族的民族精神、精神气质和思维方式有一定的差异,因此在各民族文化交流的过程中也会产生一定的冲突。体育文化作为一种文化类型,必然会打上民族的烙印,当不同民族之间进行体育文化交流时,冲突就会相应产生。例如,我国各少数民族都有自己独特的体育文化,倘若有一种新的体育文化要介入时,必然会与原有的体育文化产生冲突,体育文化正是在这种交流、冲突中不断发展的。

5.时代性文化冲突

不同时代都有自己特定的体现时代特征的文化,由此可见,文化具有突出的时代性特征。在体育文化发展过程中,旧文化中孕育出新文化,必然使文化表现出突出的先进与后进的差别。在新旧体育文化的交流中,难免会产生碰撞和冲突。例如,近代时期,西方体育文化传入我国时,产生了一系列的冲突,其中最具代表性的就是"土洋体育之争"。

(三)体育文化冲突的相关问题

1.体育文化积累

旧文化的保存和新文化的增加就是文化积累。文化积累有两种形式,一是民族文化积累,二是外来文化积累。生活在不同自然环境和社会环境中的民族所进行的文化创造和积累就是民族文化积累,不同民族文化之间的相互传播、相互吸收的积累就是外来文化积累。文化能够积累离不开人类的意识、语言和文字。而这必须通过文化传播来实现,没有传播,世代积累的文化无法传承,外来文化无法借取。中国体育文化能在总体上绵延不绝,主要是因为体育文化积累发挥了重要的作用。

体育文化积累是体育文化在世世代代的连续性上不断容纳和增添新因素的过程,既是旧体育文化的保存,又是新体育文化的增加。体育文化积累对体育文化发展的影响既有积极的一面,又有消极的一面,中国和埃及等国体育文化在古代曾经盛极一时,到近代被欧美体育文化所超越,除了征服等原因外,还有一个非常重要的原因,即体育文化积累的僵化。日本体育文化的积累不像中国这样浓厚,因此相对来说接受外来体育文化是比较容易的,它在古代接受中国体育文化,近代吸收欧洲体育文化,现代吸取美国体育文化,获得外来体育文化的精华的积累,同时清除了旧的体育文化积累,因此日本体育文化才能够始终处于向前发展的趋势中。在当今世界,美国是职业体育典范和竞技体育强国,这与其历史短暂、体育文化积累不深有很大的关系。当然,并不是说历史悠久的体育文化由于积累太深厚就一定会造成对外来体育文化的排斥,但长期的历史惰性和思维习惯如不更改,确实对吸收新的体育文化不利。

可以说,体育文化积累是一把双刃剑,如果体育文化积累不深厚,就会缺失体育文化传统,但这样也易于接受新的体育文化。如果一个民族的体育文化积累深厚,就会影响对新体育文化的吸收,而且也很难对既保留传统体育文化精华又对一切外来优秀体育文化来者不拒的良性运行机制进行建立。

2.体育文化适应

各种文化或文明在相互接触中所发生的传播、借鉴、同化和交流的过程,或者说不同文化经过长期的接触、联系、调整而改变原来性质、模式的过程就是所谓的文化适应,这是文化传播中矛盾同一性的表现。例如,印度佛教传入中国,受中国文化的影响,其原来的性质有了变化,中国佛教文化模式逐渐形成。

文化适应是不同的文化相互作用、相互影响、相互吸收的过程,是一个相互的过程,而不是单方面的,它一方面失去了一些文化特质,另一方面获得了一些文化特质,双方在交互作用中不断发生变化。例如,中国武术传到日本以后出现了柔道,我们从日本的武士道精神中可以看到中国传统的武德思想,这就是体育文化适应的表现。

我们不能将体育文化适应简单地理解为抛弃一些旧的体育文化特质或采取一些新的体育文化特质,这是一个新的综合过程。例如,英国橄榄球和美国橄榄球的发展各具特色,不是一个简单相互吸收的问题,而是在吸取以后的再创造的结果。也就是说,不是简单地将橄榄球一分为二就产生了英式橄榄球和美式橄榄球,而是这两个国家对橄榄球运动各自创新的结果。

体育文化适应不能脱离社会文化背景。中国近代许多西方体育项目在中国并不受欢迎,因为这些项目与中国传统体育项目的锻炼价值有很大偏差,但是后来随着西方文化传播的深入以及中国人逐渐形成的与外国人一争高下的心理,许多西方体育项目被中国人所接受,近代中国大量的"万国××球比赛"常常是中国人最热衷的体育比赛,只要在体育比赛中战胜外国人的中国运动员,往往被奉为民族英雄。这说明了社会文化背景对体育文化适应的机制。

3.体育文化分化

旧文化体系中外化出新的文化体系的过程就是文化分化。文化是一个矛盾的统一体,一方面同处于一个人类共同体之中,另一方面充满了矛盾与冲突。当社会发生变革时,难免会出现文化的分化。

在人类历史上,体育文化分化经常发生。例如,我国周代由于诸侯封地社会经济的发展分化出许多独立的文化体系,体育文化也各具特色。秦国境内林木众多,百姓以狩猎为主要生活方式,再加上迫近边境少数民族,因此重视备战,尚武之风浓重;郑国文化生动、活泼、奔放,游戏和娱乐兴盛;楚国好祭祀,喜巫术,重视歌舞和节令体育娱乐。这些体育文化都是先秦体育文化的一部分,同时又各自具有鲜明的个性和特色。这种分化是当时社会政治和经济等文化综合发展的结果,也是体育文化自身分化的产物。

恩格斯说:"一个伟大的基本思想,即认为世界不是一个一成不变的事物的集合体,而是过程的集合体,其中各个似乎稳定的事物以及它们在我们头脑中的思想映象即概念,都处在生成和灭亡的不断变化中。"体育文化的产生和发展就是由内在矛盾的规定性所决定的统一体或集合体,它的分化绝不是偶然过程,也不是零乱的和彼此毫无联系的,相反,其有自身的内在规律性。体育文化的发展大体会经历生长期、成熟期、分化期和衰亡期四个阶段。通常而言,新的体育文化一般在分化期产生,它是子体育文化系统对母体育文化的自我否定期,也是母体育文化外化并产生新体育文化的时期。在衰亡期,新的体育文化会重新寻找新的社会土壤,从而获得生长与发展,这是一次体育文化分化期结束的标志。

需要注意的是,社会环境诸因素会制约体育文化的自变过程。例如,先秦时期,在激烈的社会纷争环境下,体育文化大多激越和尚武,汉朝时期,为了矫治先秦混乱局面,在尊儒术的背景下形成了统一的废力尚德的体育文化风气,南北朝时期,社会环境变更促进了娱乐体育文化的兴盛。总之,社会大环境是影响体育文化分化和自变的主要因素。

(四)中西方体育文化的冲突

1.冲突的原因

(1)历史和背景不同

我国是一个农业大国,自给自足的自然经济长期占据主导地位,在这一环境中形成的文化具有内敛性,而且我国奉行的自然哲学观是"天人合一",中国传统体育文化的形成与发展受这一观念的影响很大。西方体育文化起源于希腊,地处地中海,以航海贸易作为主要的经济生存方式,在与大海的搏斗中,既把自然作为征服的目标,又把它当作关照自己的对象,在此背景下所形成的文化具有开放性、竞争性,并因此形成了以人体极限能力在时间、空间上对抗自然为主的民族文化精神,从而跳远、赛跑、标枪等极具竞技性的体育项目逐渐被创造出来。

(2)民族文化氛围与文化特征存在差异

中国体育文化注重整体性,强调人体运动过程中形体、机能、意念、精神诸方面的整体活动,并关注这些状态与外部世界的联系,强调"中庸为本,不偏不倚,过犹不及",要求人们的体育行为要恪守"中正平和,敦厚温雅"的理念,一定程度上来说,这都是受中国传统文化影响的结果。西方体育文化注重对个体与局部进行深入的研究,极力追求发挥某一单项机能方面的潜力,几乎每一项目都是以速度、力量、体能的竞争为核心,具有强烈的竞技性和竞争性。而这些是受西方传统文化影响的结果,因为中西方传统文化不同,所以在此影响下形成的体育文化也是截然不同的,因此在交流过程中很容易产生冲突。

(3)民族心理特征不同

中国传统体育文化提倡借助人体内部物质系统的信息流、能量流来与外界时空环境进行有序互动,主张人们在锻炼过程中追求平衡,顺其自然,在技术上讲究避实击虚,重视智谋,追求技巧,交手过招强调礼让为先,点到为止;西方体育文化则主张通过"超量恢复"产生"适应性反应"来使人体在特定条件下单项机能得到最大发展,从而将生命运动的能力充分展示出来,在技术上要求动作规格准确,实战中做到审时度势,交手过招讲究"公平竞赛"。可见,中西方的民族心理特征明显不同,所以中西方体育文化受此影响也会有明显的差异,因而在交流过程中势必会发生冲突。

2.冲突的表现

中西方体育文化分属两个不同的体系,在第一次鸦片战争发生以前,二者独立发展,交流较少。而随着生产力的不断发展、科技的日益进步以及"新航路"的开辟,国家之间开始频繁互动与交流,特别是近代以来西方列强对中国的侵略扩张以及新中国成立后我国实行改革开放政策后,中西体育文化的交流日益明显,在交流过程中也产生了各种冲突,主要表现如下。

(1)人生理想

中国体育文化提倡在发展身体的同时要追求精神,强调身心的统一与结合。中国体育文化追求通过身体锻炼来以外达内、由表及里,主张通过身体活动来达到无形精神的升华,进而培育理想人格;西方体育文化注重人体本身的价值,倡导从人体的培养上来考虑体育的价值,让人在肌肉的运动中,在各种力的交汇中塑造完美人体,实现理想人生。

(2)侧重点

中西方体育文化是在各自的历史条件与文化背景下形成与发展的,因此二者在侧重点上存在着明显的不同。中国体育文化植根于"天人合一"、阴阳、八卦、五行等理论之中,侧重人体自身的统一性及与自然界的和谐,带有某种经验、直觉、模糊的性质,推崇朦胧、抽象及含蓄美;西方体育文化重外在分析,侧重与自然的斗争和科学实验、解剖学、生理学、现代医学等的综合运用,对力量、速度及形体美极为推崇。

（3）发展方向

中国体育文化具有明显的娱乐性、礼仪性和表演性特征，而且注重个人修养，追求"健"和"寿"；西方体育文化具有竞争性、公开性、健美性、惊险性、趣味性等特征，而且也是朝着这些方向发展的，追求"强"与"险"。可见，在发展方向上，中西体育文化之间具有明显的差异，很容易产生冲突。

3. 冲突的典型

在中西体育文化交流过程中，产生的冲突有很多。例如，发生于 20 世纪二三十年代的"土洋体育"的争论和对"户外体育"的批评就引起了广泛的热议，是具有代表性的冲突表现，下面主要对此进行分析。

（1）关于"土洋体育"的争论

"土洋体育"的争论发生于 20 世纪 30 年代，体育文化发展模式、发展道路以及如何发展中国体育等问题是此次争论的焦点。对此，中国学者分成两派，一派主张"体育军事化"，代表人物是肖中国、程登科、吴伟文等；另一派则坚持"体育教育化"，代表人物有袁敦礼、章辑五、方万邦、吴蕴瑞等。两派各抒己见，矛盾冲突不断，邵汝干针对这次争论提出了较为折中的做法。他在 1935 年的《体育杂志》上发表了一篇名为《建立民族本位体育》的文章，提出按照以下四项原则来对待中西体育文化。

首先，要认识中华民族本位所需要的本位体育基础。

其次，采用欧美体育的长处是必要的，但应适应中国的需要，应有创造、发展。

再次，要以灵敏的时代感受性改造民族体育，并向世界推广。

最后，建设满足大众需求的体育。

（2）对"户外体育"的批评

20 世纪 20 年代，美国实用主义教育和自然主义体育理论传入中国，这是这一时期引发中西方体育文化冲突的导火线，此次冲突主要围绕着"兵操废存"和"新旧体育"两方面内容展开，而且"户外运动"体系成为抨击的对象，主要观点如下。

第一，我国的批评者认为"户外运动"华而不实，缺乏一定的实用价值，属于"形式体育"，开展的意义不大。他们认为体育不仅要改良形体，还得有一定的实用价值。"无事则为强健之劳动者，有事则为强健之军人"，强调我国传统体育应该占主导地位。

第二，批评者认为，"户外运动"追求技术娴熟、身手高强，或图一时快乐，或沽名钓誉，难登大雅之堂。

第三，批评者认为"户外运动"忽略了运动的基本精神，会导致人的畸形发展。《我的体育观》一文批判了户外运动,认为体操和运动尽管能够实现强身健体的作用,但是仅仅能够带来肉体上的好处,而对精神的发展没有实际意义。陈独秀也认为,运动与比赛过于剧烈不但不利于身体健康,反而会损害身体。

由此可见,当时中国的一些学者没有用客观的眼光看待西方体育问题,基本上都是批判与否定西方体育。在这次冲突中,我们能够感受到我国浓厚的妄自尊大的沙文主义情结。

关于中西体育的论争直到 20 世纪 30 年代以后才慢慢得以平息。这说明不同类型的体育文化在发生冲突后,会经历由相斥到相融、从抵御到接受的过程。

二、体育文化的变迁

(一)变迁与文化变迁

1. 变迁

事物的变化转移就是变迁。人类社会的发展是一个自然的历史进程,事物是不断发展变化的,文化也是如此。

2. 文化变迁

文化变迁指的是由于民族社会内部的发展,或不同民族之间的接触而引起的民族文化的改变。①

人类学家认为,文化变迁是一切文化的永存现象和人类文明的恒久因素,与社会变迁密切相关。体育文化作为文化的组成部分,也存在着变迁的现象。根据文化变迁的概念可以得知,体育文化变迁是体育文化进化和传播相结合的过程,其是由体育文化内部的矛盾运动引起的。

(二)体育文化变迁的动因

文化变迁是受内部和外部两个方面因素影响的结果。从内部因素来看,社会内部的变化会引起文化变迁,从外部因素来看,自然环境的变化及社会文化环境的变化如迁徙、与其他民族的接触、政治制度的改变等会引起文化变迁。当环境发生变化,社会成员以新的方式对此做出反应时,便发生

---

① 易剑东.体育文化学[M].北京:北京体育大学出版社,2006.

变迁,这种方式被这一民族足够数量的人们所接受并成为它的特点以后,就可以认为文化已发生了变迁。

世界各国的文化学者对世界文化变迁的动因有不同的看法,常见的观点有生物因素说、地理环境因素说、心理因素说、文化传播因素说、工艺发展因素说等几种。

现代以来,各国学者大都从总体、整体观点出发,采用多维模式来对文化变迁的动因进行解释与揭示。其中最为典型的是波普尔的批判主义、库恩的历史主义。波普尔的学说又称为"证伪主义",他认为是物质对象及其状态、人类意识及其自我主观经验以及哲学、历史、科技、文艺等文化知识三个世界的交互作用使文化变迁。库恩则试图通过常规科学—危机(革命)—新常规科学的历史主义建立文化变迁的动态模式。然而,这些理论仍然遗存着达尔文主义和宗教神学的印迹。

马克思主义认为,任何历史事实和社会文化变迁都是复杂的,文化变迁的基础在于经济,此外还受到科技、政治、法律、宗教、哲学、文学、艺术以及传统价值观念等一系列因素的影响。

体育文化变迁机制的复杂性从中国 20 世纪 30 年代的"土洋体育之争"中就能够明显地反映出来。19 世纪末期,西方体育传入中国,与中国传统体育发生了正面接触,这次接触是有史以来规模最大的、面积最大的接触,到 20 世纪 20 年代末,西方体育在我国学校和社会中占据了重要的地位。但是,因为刘长春在奥运会上的失利而引发了一场关于"土体育"与"洋体育"的争论,这场争论反映了中西方体育在世界性、民族性、时代性、科学性等方面存在不同程度的差异,经过多次的论战和长期的实践,"土体育"与"洋体育"得到了大幅度的融合,这促进了中国传统体育科学理论的发展。

此外,近代东方体育文化的变革也可以证实这一点。中国武术、气功、龙舟、风筝等体育文化在西方体育的冲击下进行改良,目前成为世界许多国家人民欢迎的体育项目。韩国跆拳道、日本柔道等传向世界以后也不断发生变化,是诸多因素的交互作用促成了这一切。当前中国文化其实也在很大程度上对当前不同代际体育人的价值观、世界观和人生观产生了影响,成为当前许多体育文化变迁的动因。如对于国家队集中训练、集中住宿、集中管理制度的认识,对于运动员恋爱问题的态度,当前的不少教练员、运动员就存在不同认识,而运动队管理机制的悄然变化正是这种变迁过程中不同认识认同的产物。

因此,我们要客观看待体育文化变迁的动因,应根据社会生产关系的一定历史结构去认识体育文化的变迁,要立足于人类文化发展的社会性和历史地理学说去理解体育文化的变迁,要在人类社会和文化发展的主客观因素相结合的基础上去揭示体育文化变迁的动因,而不能陷入资产阶级社会学家所歪曲的"经济决定论",不能走入僵化的"地理环境决定论"的怪圈,更不应堕入"心理因素决定论"的泥潭。

(三)体育文化变迁的周期性

人类社会的发展具有普遍规律。在人类社会文化活动中,所有文化的创造最初可能都带有偶然的动机和目的,但是当这种创造按照历史所提供的条件进行的时候,它总的结果都是系在历史的必然性这条链条上的,表现出一种发展、变迁的普遍规律性。因此,从生产力和生产关系现实的运动和生产方式的历史联系中,我们可以对体育文化变迁的规律进行揭示。但我们在探讨体育文化变迁的普遍规律时,不能对各种体育文化独特的发展道路和变迁方式予以否定。

体育文化变迁的规律性决定了它的周期性。唯心主义的学者坚持文化变迁的循环论,马克思主义的学者认为生产力和生产关系的矛盾性是导致人类社会文化变迁周期性的主要原因,即认为文化变迁具有规律性。体育文化变迁也遵循这一论断,如以中国古代足球的变迁而论,汉唐流行激越而对抗性强的足球运动,宋明盛行缺乏对抗的表演性足球运动,这是从汉至明社会经济发展和大一统的政治制度和思想统治作用的结果。

体育文化变迁是由低级向高级阶段不断发展的历史进程,而非周而复始的循环,只有局部的循环和后退,没有全面的循环和后退。例如,中国古代体育文化的发展,唐代体育文化勇武和刚健、对抗,宋代体育文化则走向绵软、缺乏对抗和追求技艺表演。在这里,我们可以把足球运动从双球门对抗走向单球门表演认为是足球文化在竞技层面的一种倒退,而不能说这是足球文化的全面倒退,因为单球门表演发展了足球艺术和表演层面的文化内容。退一步来讲,我们可以说宋代足球文化是一种倒退,但不能说整个宋代体育文化都处于全面倒退的状态,因为宋代的武术文化获得长足进步,宋代商品经济条件下的娱乐体育文化也有明显的发展。可见,体育文化是沿着历史发展的时势经历由低级到高级、由盛到衰的自然历史进程的。

当一个社会的体育文化走向没落和灭亡时,就会有一个更高级的体育文化从其内部所提供的条件中逐渐产生。因此,对于任何体育文化的变迁,我们都不需要感到悲观。

(四)体育文化变迁的意义

体育文化变迁的意义既体现在体育文化本身上,也体现在整个人类文化上,具体分析如下。

1.促进体育文化的发展

体育文化变迁是旧的体育文化向新的体育文化转变的过程,是体育文化由量变到质变的过程。这种体育文化变迁能够促进体育文化不断向前发展。但有些体育文化变迁速度快,而有些在缓慢变迁,需要经历长期的体育文化特质的分化和组合,甚至还要经历情感和思想上的巨大的痛苦和牺牲。这是因为,人们在面对新旧体育文化时,受传统习惯的影响,会留恋旧的体育文化,同时排斥新的体育文化。

不管人们如何阻挠与排斥新的体育文化,如何留恋旧的体育文化,都不会阻挡体育文化的变迁,也不会阻挡新的体育文化的产生。在新旧体育文化相互碰撞的过程中,体育文化变迁会促进本国体育文化的进步与发展。例如,中国近代以来逐渐接受西方体育文化,虽然改造旧体育文化的过程漫长而艰苦,可以说至今仍未完全改造,但在这一过程中,我国体育文化取得了非常显著的发展成果。

2.推动社会文化的进步

体育文化变迁会在一定程度上推动社会文化的进步。在体育文化变迁的过程中,会带来体育运动项目、体育器材以及体育规则的改变等,这些转变都会推动社会文化向前发展。体育物质文化、体育制度文化和体育精神文化之间相互联系,相互促进。体育物质文化不断进步,体育制度文化不甘落后,体育精神文化也在潜移默化地进步。凡是符合社会发展规律的体育文化都代表了体育文化的进化潮流。

需要明确的是,体育物质文化、精神文化与制度文化的发展并非始终是协调的,在某些阶段也有发展失调的时候,也有前进中的暂时后退。但从整个体育文化发展的趋势来看,体育文化变迁还是具有积极意义的,能够推动社会文化的进步与繁荣。

(五)中西方体育文化的变迁

1.我国体育文化的变迁

我国历史悠久,文化内容丰富,体育文化作为传统文化的重要组成部分,也经历了漫长的变迁过程,在变迁中不断发展,不断繁荣。下面具体分析中国体育文化的变迁史。

(1)先秦时期

在奴隶社会时期,奴隶主阶级统治的需要和频繁的战争刺激了军事武艺的发展,军队训练得到了高度重视,因此角力、奔跑、跳跃、射、御、拳搏、剑术以及其他武艺等与军事有关的体育项目十分盛行。

春秋时期,我国有许多著名的思想家、政治家和军事家,他们的哲学思想、军事思想、教育理论和体育实践对这一时期的体育活动的发展起到了很大的推动作用。例如,孔子除在兴办私学中进行六艺教育外,还主张学生进行郊游和游水;老子的养生观和朴素的辩证法思想,以及"去甚"(去掉极端的过分的)的主张、节制嗜欲的主张,对后世都有很大的影响;孙武不朽的军事经典《孙子兵法》中涉及了很多有关身体技能和训练的内容。

战国时期,受尚武之风的影响,新兴地主阶级提倡结合军事训练开展体育活动。这一时期的诸子百家也多提倡讲武,如墨子就主张把"射"御定为选拔贤士的标准,依此予以赏罚。与此同时,导引养生和民间体育活动也得到了一些发展。《史记·苏秦列传》记载:"临淄甚富而实,其民无不吹竽鼓瑟、击筑弹琴、斗鸡、走狗、六博、蹴鞠者。"这表明当时民间体育娱乐活动非常活跃,传统的足球运动也已经出现。

(2)秦汉时期

秦汉时期,统治阶级追求长生不老和宫廷享乐,受此影响,这一时期的养生和角抵戏得到了迅速发展。汉代休养生息的政策使得西汉社会经济得到了恢复和发展,加之为了击退外来的侵扰,加强战备,因而以训练士兵为主要目的的剑术、拳术、骑射等武艺有了很大发展,以健康为主要目的的医疗体育,如导引养生,也有专著出现。兴起于春秋战国的百戏到西汉中期吸收了外来的杂技幻术,内容更为丰富多彩,形成了完整体系。百戏之中的体育项目有角抵(角力、摔跤)、杂技(倒立、绳技、寻橦等)和舞蹈(巴渝舞、七盘舞、长绸舞和折腰舞等)。随着西汉与外界的频繁交流,百戏迅速通过朝鲜传入日本。

东汉时期,蹴鞠这项娱乐活动受到社会各阶级的欢迎,发展迅速,并有了比较完备的竞赛制度。汉末名医华伦创编的五禽戏,标志着导引已由单个术式向成套动作的方面发展。此外,秋千、舞龙、耍狮、高跷等活动也得到了一定程度的发展,这些项目都延续至今,成为中国传统体育的精华。

(3)魏晋南北朝时期

这一时期社会动荡不安,国家极为混乱,统治阶级集团内部争权夺利,互相残杀,使劳动人民饱尝分裂和祸乱之苦,生活艰难,加之玄学影响,道教、佛教广泛流行,汉代那些促使人民强身祛病的活动项目逐渐废弃,而投壶、百戏、乐舞、导引养生术以及围棋等娱乐性活动则得到了较大的发展。

(4)隋唐五代时期

隋唐五代时期,我国体育文化空前繁荣。这一时期体育活动范围广、规模大。例如,隋炀帝曾召集全国体育、杂技、乐舞能手综合表演的"角抵大戏",就像一次全国性的运动会,规模之大,在当时是极为罕见的。唐代出现了充气足球,鞠室被改为球门,蹴鞠的踢法也越来越多。同时,在医学和各种养生术不断发展的基础上,导引养生有了进一步的发展。尤其是著名医学家孙思邈的著作中关于养生、导引、按摩的理论,为当时以及后世做出了不可忽视的贡献。在军事武艺方面,骑射和剑术较汉代有了明显的发展与进步。竞渡、滑冰、滑雪、登高、拔河等民间体育活动都非常盛行,深受人们欢迎和喜爱。另外,受西北少数民族影响,隋唐五代时期宗法束缚作用减弱,女子也广泛地参与到各种体育活动中。

(5)宋元时期

宋元时期,市民体育逐渐兴起,并以较快的速度向前发展,促进了我国体育文化的进一步发展。宋代阶级矛盾和民族矛盾十分尖锐,军事斗争激烈,以骑射为中心的武艺训练形成了一个较为完整的体系,促进了军事武艺的普及。城市商业的繁荣,使得市民体育迅速发展,民间体育十分活跃,各种体育组织相继出现,体育运动项目,如马球、蹴鞠、捶丸等在规则、方法、场地、器材等方面得到了初步的规范。宋代文人研习养生、道家编著导引等促进了养生术的发展和创新。但受理学的影响,女子体育的发展受到了限制。

(6)明清时期

明清时期,我国武术活动范围进一步扩大,武术研究者不断增加,这进一步推动了武术的快速发展。在这一时期,导引术发展到了一个新阶段,理论体系和实践成果都得到了不同程度的发展和完善。但是,具有锻炼价值的球类活动到明代后期却逐渐走向衰落。鸦片战争后,西方体育文化通过军队、留学生、传教士、教会学校、基督教青年会、外国租界、外国侨民等渠道传入中国,与中国体育文化产生了碰撞与摩擦。清末时,西方体育在我国获得了明显的发展,并逐渐占据主导地位。

(7)辛亥革命到新中国成立前

新中国成立前,我国体育文化受自由思潮的影响得到了进一步发展,主要表现如下。

第一,中国体育的发展逐步摆脱了外国的操纵与控制,我国独立自主地举办各种体育活动和竞赛,相继加入了远东体育运动会和足球、游泳、网球、体操等国际体育运动组织,中西体育文化有了一定程度上的融合。

第二,学校体育文化得到了一定程度的发展,教学条件不断改善,武术被列为正式体操课,兵操被废止。

第三,运动竞赛风气在一些大中城市盛行,定期比赛活动逐年增多,国际比赛活动的范围不断扩大。

第四,我国涌现了一大批优秀的体育人才。

中国体育文化在吸收与借鉴西方体育文化精华的同时,也将自身的一些文化传播到了西方,上海精武体育会于1910年开始在这方面做尝试,并取得了可观的成就。1921年开始向东南亚华人聚居区开辟海外分会。1929年,精武体育会会员达到40万人,海外分会达10多个。在西欧的荷兰、意大利等国和美洲的美国也有精武会员的活动。

(8)新中国成立至今

新中国成立后,尤其是改革开放后,我国经济发展迅速,这为体育文化的发展奠定了坚实的基础。在新时期,体育运动项目在中国进一步普及。与此同时,我国体育健儿逐渐全面登上了国际体坛。1984年,我国体育代表团参加了第23届夏季奥运会,刷新了旧中国在奥运会"零"的纪录,成为我国体育史上具有历史意义的重大突破,标志着我国体育事业出现了新的飞跃。此后,在历届的奥运会上,我国体育运动员都取得了可喜的成绩。我国成功举办北京奥运会后,体育文化得到了进一步的发展,由此来自西方的奥运文化与中国的体育文化相互融合与发展,实现了民族化、世界化的发展。

伴随着经济全球化的发展,中国体育文化的变迁也会进一步加强,中国体育文化一定会在吸收借鉴西方体育文化的基础上展现出自己的魅力和个性,努力为世界体育文化的繁荣发展贡献自己的一份力量。

2.西方体育文化的变迁

(1)中世纪时期

在欧洲中世纪,僧侣们垄断了知识与教育。教会和王权统治者宣扬"禁欲主义""宿命论",认为"肉体是灵魂的监狱"等。因此,他们对舞蹈和其他身体活动严厉反对,只在训练保卫王权和教会统治的武夫的骑士教育中施以"七技"(即骑马、游泳、投枪、击剑、行猎、奕棋、吟诗)。"骑士七技"在当时是必备实用技能,并非发展身体的手段。另外,在一般教会学校的课程中,发展体能的活动计划也比较缺乏,因此体育教育在这一时期的发展情况不容乐观。

在中世纪时期,尽管教会统治者竭力反对体育活动,对人们的体育活动严格控制。但在各种庆典和宗教节日里,农民和市民依然参与了不同的体育活动项目,如射箭、击剑、赛马、跳舞、足球、摔跤、投石、滑冰、马球等。此外,用棒和拍击球的球类比赛也逐渐出现。

(2)近现代时期

公元14—16世纪,欧洲新兴资产阶级在"复兴"古希腊、古罗马文化形式下,开展了宣扬人文主义,反对腐朽的封建制度和求教神学的新文化运动,在该项运动的影响下,人们的思想空前解放,并建立了资产阶级新文化。这一时期,近代体育思想也逐渐形成,近代体育思想要求继承和发扬古希腊体育遗产,抨击禁欲主义,提倡体育教育。英国资产阶级革命之后,欧洲许多国家在民族主义和战争等因素的推动下,加速了近代体育文化的进程。民族主义盛行的德国、瑞典形成了最大的体操体系,它们和英国户外运动一起,构成近代体育的基本练习手段。

19世纪后半叶,单项运动协会和起动联合会在欧美一些国家逐渐成立,这些组织行使全国权力,筹备和举办各种运动竞赛,制定了统一规划并进行严格审查。此外,这些组织还提倡通过出版年鉴、发行刊物、报道等形式来传播体育运动项目。之后,体操、划船、足球、田径、摔跤等几个单项运动的国际组织依次成立。这些国际体育组织的建立促进了近代运动技术和比赛规则的规范化发展,也促进了运动员系统训练方法研究的不断深入,促进了西方体育文化的进一步发展。特别是奥林匹克运动的再次兴起大大加速了世界体育文化发展的步伐,推动了全世界体育文化的交流与融合,促进了共同体育文化模式的建立与完善。

第三章　中西方体育文化对比分析

　　世界各民族都有自身的文化传统和各自社会发展的道路。人类历史经验的比较表明,不同的文化只有相互学习、借鉴,才能共同繁荣。随着人类文明的进步和社会的发展,任何一种文明都不可能独立存在,其中体育文化也不例外,东方体育文化和西方体育文化都是人类共同的体育文化,是人类相互交往的结果。本章就来对中西方体育文化进行对比分析。

第一节　中西方体育文化的特征

一、中国传统体育文化的特征

　　中国传统文化具有博大精深、源远流长的特征。其中中国传统体育文化是中国传统文化的重要组成部分,它是伴随社会文明的发展而生并逐步发展,受到中华民族传统文化的浸润,传统体育文化同样具有中国传统文化的特质,具体体现在以下四个方面。

　　其一,中国传统文化具有无与伦比的生命延续力。

　　其二,中国传统文化推崇人与世间万物相和谐的思想。

　　其三,中国传统文化倡导包容会通的伟大精神。

　　其四,中国传统文化中贯穿了以人为本的精神。

　　中国传统体育以中华民族的汉族为主体,融合多种少数民族文化形成的一种文化形态,是各民族的养生、健身和娱乐体育活动的总称,中国传统文化的特质决定着传统体育文化所表现出来的种种特征。

(一)内容丰富,源远流长

　　中华民族五千多年的风雨历程,在发展过程中凭借着对时间的思考和感知,加上睿智的头脑,创造了极其丰富灿烂的中国体育文化。中国传统体育文化对全世界的体育文化发展做出了巨大贡献,经历了历史车轮漫长的洗礼,兼容了各个历史阶段的优秀体育文化成果。

人类文化的萌芽时期,中华民族处于原始社会的状态。此时,人类还没有形成独立的文化形态,所以更不用考虑体育文化的存在。当中国步入文明社会的行列之后,体育伴随着社会的进步逐渐形成,同时又随着社会的进步而发展。中国传统体育文化是中国历史发展的一种产物,是与中国历史发展的进程同步发展和演变的。中国古代、近代、现代的体育文化都有优秀的体育文化成分渗入中国传统体育文化的内容之中,经过历史的大浪淘沙之后,中国传统体育文化在内容上更加完整、丰富和多姿多彩,在运动形式上更加有格调、有情趣,发展出多样化和规范化的特征,保证了中国传统体育文化在漫长的历史进程中经久不衰、乘风破浪、厚积薄发。

自古以来,中国就是一个民族众多、兼收并蓄的多民族统一国家,各民族经历了漫长曲折的发展过程,由于生活环境、生活观念、民俗信仰各不相同,且政治、经济、教育发展都有各自的道路,所以创造了光辉灿烂的中华民族文化,各民族都创造出了带有民族特色的体育运动项目,而各民族传统体育在内容、形式上的多样性,又被其他民族所借鉴,从而使得各民族的体育项目相互交流与融合,中国传统体育文化得到发展。民族传统体育在历史发展过程中,受到了传统文化的影响和制约,其中道德观念、行为规范、生活风俗、生活方式、文化模式和民族心理结构等因素,在一定程度上决定着每个民族的文化形态特征,因而体现出民族风格各异的特点。

中国传统文化体现出道家思想,重视人与自然、人与人之间的和谐统一关系,并注重于自然、和谐以及内心的修炼和愉悦,如传统体育中的武术、舞龙、摔跤、放风筝、龙舟等都是在传统文化的影响下逐步形成和发展的。这些体育瑰宝既是中华民族文化的展示,更是中华民族精神的体现。它们的特点就是通过体育活动来锻炼心智、培养灵性、进行自我的人格修养,使身心的修养和谐统一发展,进而形成健全的人格。

中国传统体育主要通过自身的修养来完成自我精气神的培养,重在养气、养生、养心、养性。不论是武术还是其他传统体育项目,都追求德与体的高度统一、身与心的协调发展。文化以民族为载体,民族以文化为聚合体。一项民族传统体育活动在一定的历史阶段得以产生,随着社会进步而发展,它真实地、全面地反映出中华民族的精神面貌,符合中国人的审美情趣和娱乐需求,使民族传统体育文化在文化层次上进化、延伸,在内容上拓展、充实,形成风情万种、波澜壮阔的文化体系。

优秀的文化传统是民族赖以生存的灵魂,中华民族基于此而发展,在黄河、长江两岸的肥沃土地上创造了光辉灿烂的文化。五千多个春秋发生了不计其数的历史事件,有时天下太平,百姓安居乐业;有的时候烽火连年,天灾人祸,而中国传统文化始终流传不绝,表现出了它强大的生命力。在这强大的生命力的延续中,我国传统文化表现了坚韧顽强的生命力,无论是朝代更迭,少数民族叛乱;还是诸侯争霸、军阀割据,以及帝国主义的入侵、晚清的半殖民统治,都没有让中华民族的文明分裂、消亡,占领中原的少数民族政权逐步汉化、融合,中华文化得以丰富发展、壮大延续。

灿烂的古代文明已经成为过往,中华人民共和国成立以后,我国人民推倒了"三座大山",重新立于世界民族之林。中国人民脚踏实地,走中国特色社会主义的富强之路,改革开放以来到 21 世纪取得了举世瞩目的伟大成就。中国传统文化在世界范围内受到更多的认可并广泛流传,发展到全球各地,这期间作为中国传统文化重要组成部分的中国传统体育文化,经历了同化、融合、延续的发展过程,在古代社会封建王朝中达到了顶峰,民俗体育,宫廷、民间的娱乐性、竞技性体育,养生术等都与同时代的政治、经济、社会伦理化及世界观高度和谐,体现了当时政治、经济、文化资本处于优势的大国文化的心态,其表现为注重人格精神和道德修养的内在气质与自然社会相和谐的风格。

19 世纪 40 年代,随着西方资本主义的急速扩张,代表着开创精神的西方体育在全球范围内受到广泛推崇,形成了一种强势的体育文化。然而随着社会的进步发展,全球范围的一体化让人类社会已形成一个真正的"地球村",面对人类只有一个地球和人类需要共同发展的现实,世界人民逐步认识到,保护人类共同的家园,与大自然和谐相处,与其他不同民族的互尊互爱、交流协作、和谐共处、共同发展的重要性。不同宗教信仰,不同行为价值并存的多极世界,体现了全球社会意识形态的多样性。在这种新的社会文化背景下,浸润了中国文化和谐本质的中国传统体育必定迎来其发展的春天,为世界所接受。

中国传统体育文化吸收了各民族体育文化的优秀成果,使中国传统体育更加丰富,更具有广泛性。中国传统体育文化是各个民族优秀体育文化的融会,是中华民族共同拥有的宝贵财富。中国传统体育文化多样性与适应性的特点是传统体育得以继承和继续发展的重要基础。

(二)以传统哲学思想为理论基础

中国传统哲学是传统文化思想的根源,而"天人合一"思想又是传统哲学中一个极为重要的观点。

著名学者张岱年先生说:"中国哲学有一个根本观念,即'天人合一'。"钱穆也指出:"中国文化的特征可以用'一天人,合内外'六字尽之。"中国传统体育在小农经济的文化状态下孕育出来独特的体育活动形式,在其形成过程中受到儒、释、道、墨等多种文化的影响。

古代哲学的重要思想也深深地渗透到中华民族的传统体育之中，并成为其思想基础。在中国哲学史上，"天人合一"的思想认识从形成、发展到完善，与中国古代先哲的整体化认识模式有关。《易传》云："乾，天道也，父道也，君道也。"由天道引出人道，把天道、地道、人道统而为一，构成了一个"天人合一"的思想模式。《孟子·尽心上》说："尽其心者，知其性也。知其性，则知天矣。存其心，养其性，所以事天血。"也将天与人统一起来。

到了汉武帝时期，董仲舒明确提出"天人之际合而为一"的思想。宋代，"天人合一"思想在理学发展中达到成熟。张载的《西铭》是其重要代表作，《西铭》云："天地之塞吾之体，天地之帅吾之性，民吾同胞，物吾与也。"认为人性与天道，人与自然，全都融为一体，构成了完整的"天人合一"世界观。此外，"天人合一"作为在哲学层面的思想，也存在于阴阳五行、道家、儒家等诸子百家的学说中，《老子》云："人法地，地法天，天法道，道法自然。"庄子提出："不以心捐道，不以人助天。""天人合一"在运动思维上的深刻含义是，天与人是具有统一法则和变化规律的有机整体，人与天地万物不是相对相克的关系，而是共生同处的关系，应该和谐相处。"天人合一"作为一种哲学思想对中国传统体育在体育活动中具有着独一无二的指导作用。

传统体育强调人与自然的和谐统一，倡导在发挥人的主观能动性进行强身健身的同时，要顺应自然，依时而行。例如，《黄帝内经》曰："春夏养阳，秋冬养阴。"要根据不同季节的自然变化，调节机体适应环境、自我锻炼的能力。古代的导引术多为模拟自然界中动物的形态动作，创造出把呼吸运动与身体运动合为一体且具有保健性质的多种体育运动项目。

以"天人合一"和"气一元论"等为指导思想，蕴含着整体思想，把人与自然看作是一个整体，强调"天人合一"，把"神"与"形"视为一个整体，强调神形合一。正是由于有传统哲学思想作为理论基础，所以使得中国传统体育呈现出丰富的文化内涵和广博宏大的理论体系。

（三）防病健身、竞技表演、文化娱乐为基本模式

人类的文化传承不仅有物质的传递，还有精神的传承。中国传统体育文化与艺术，无论是动态的歌舞，还是静态的造型艺术，都包含着某种愿望和祈求的强烈的情感。它把封建社会的文化观念通过一种威严、肃穆的方式表现出来，转化为一种内在的精神力量影响着人们的精神世界。民族的文化艺术也与民族体育交融在一起，影响着民族传统体育的发展。

受到中国传统文化的影响，中国体育的发展道路和西方迥然不同，中国的体育没有发展成为像西方以竞技体育为主的西方体育文化，而在传统文化的熏陶下产生了具有民族特色的传统养生体育文化。中国传统养生体育受儒、道、佛的文化哲学思想影响,格外注重形神兼备,讲究在"天人合一"的思想指导下,通过悟道,达到与"天、地、神"相通的境地。强筋健骨的过程中,要"一心会意、以意调气、以气促形、以形合神",使"心、意、气、形、神"相和谐于一个整体,并要使人的身体与整个天地自然和谐,顺应四时之变。所谓"和于阴阳、调于四时、春夏养阳、秋冬养阴",即表现自己的"悟道、意念、行气、练功",达到养生之目的不是通过"身体对抗",而是在"修身养性"中去培养自我特殊的生存能力和对外界物质世界的调理引导能力。

三国时期,嵇康在其《养生论》中提出:"形须神以立,神须形以存。"形与神是相互依存的,要养生就要"形神相亲,表里俱济"。南北朝时期,陶弘景在《养生延命录》中说:"生者神之本,形者神之具。神大用则竭,形大劳则毙。"形或神只要有疲乏的表现,都会使生命出现危险,因此养生必须是形神兼顾,内外同修,以外练身,以内修心。古代的养生观早已经认识到了心理在健身中的重要作用,如果精神不健康,则身体也不会健康。这种独特的养生体育是在传统文化的引导下产生的,它与古希腊"更高、更快、更强"的奥林匹克精神所追求的是完全相反的:一个追求延年益寿,一个追求活出精彩,这正是中西方体育文化不同的价值取向。

中国民族传统体育强调人与自然的和谐,追求内外合一、形神合一和身心的全面发展,以静为主,动静结合,修身养性,以健康和长寿为终极目标。古代的养生早已认识到了导引行气,其中熊经鸟申、五禽戏、小劳术、八段锦、天竺按摩法、易筋经、太极拳等,其本质属性都是"为寿而已""亦以除疾,身体轻便""每日依此三遍者,一月后,百病除""详推此意终何在,延年益寿不老春"。《吕氏春秋》以"流水不腐,户枢不蠹"的描述形象地告诉人们,要想长寿就得经常从事身体活动。老子在《道德经》中则提出"归真返璞""清静无为"等养生理论,奉行导引、吐纳等养生方法。《三国志·华佗传》云:"晓养生之术,时人以为年且百岁而貌有壮容。"古人经过实践,总结出宝贵的经验,强调强身健体、延年益寿的活动是人类的自养其生之道。

中国民族传统体育,是寓竞技性和表演性、游戏娱乐性、艺术观赏性、趣味性为一体的综合运动形式。在春秋战国之后,某些体育活动呈现出娱乐化的趋势,如蹴鞠,就包括表演型和竞赛型两种形式;蹴鞠表演就是在鼓乐伴奏下进行的踢、控球技巧的展示;在汉画像石等文物资料中,它多是以"蹴鞠舞"的形式出现,通过蹴鞠的舞蹈,其娱乐性得到了充分的体现。在舞蹈方面,苗族的"芦笙舞",舞者边吹边做快速旋转、翻滚、矮步、倒立等技巧动作,不经过长期训练是很难完成的;黎族的"跳竹竿",击竿者跪、蹲交替,竹竿越打越快,难度相应的越来越大,跳竿者随竿的分合与高低变化灵巧地跳跃其间,展现出各种优美的姿势。这要求参与者不仅身体素质要过硬,还要具有一定的乐感和舞蹈技巧。傣族的刀舞、棍舞、孔雀舞,哈尼族的竹筒舞,壮族的铜鼓舞,彝族的跳月琴,土家族的摆手舞等,都表明了体育运动和舞蹈是紧密相连的,虽然形式是表演,但也是一种增强体质的体育活动。民族传统的戏剧,如藏戏、白族的壮戏、布依族的灯花剧、侗戏、苗戏以及杂技、"百戏"等表演艺术,都对民族传统体育有着深刻的影响,共同构成民族传统体育的壮丽画卷。现代武术所展示的造型美、体态美、节奏美、和谐美都是中华民族气质、情操、力量的象征。

(四)宽厚、礼让、和平为价值取向

中国古代的农耕文明促就了中国人注重节约、追求和谐的文化性格。正如梁启超先生所说:"中国哲学专注重人与人的关系",而"希腊及现代欧洲,专注重人与物的关系"。传统文化中,把协调人际关系放在首位,"礼之用,和为贵"。儒学所倡导的"中庸""中和"的价值原则和人格标准成为我们中国人为人处世的标准。中庸的核心便是思想行为的适度和守常,归结到对个人人格的具体要求,则是要为人庄重、谨慎,克制个人的情感、欲望,反对固执、偏激,以达到处世通达圆融。相对于儒家,道家所提倡的守雌、处下、不争、无为的中道观对中国人文化品格的养成也有着至关重要的影响。

贯穿几千年中国文化的核心是"中庸之道""不偏不倚,无过不及"。孔子指出:"己欲立而立人,己欲达而达人""己所不欲,勿施于人"。这就使得中国体育文化强调和谐的整体,淡化现代体育所具有的竞争性,竞技的胜负是无足轻重的。"对御不争第一筹""胜亦可喜,败则无忧"。即使是较为激烈的武术竞技中,也讲究"点到为止""和为贵"。

古代中国注重情感和尊崇道德观念,这种观念在体育运动领域得到了充分体现。儒家的"尚仁",墨家的"兼爱"等思想在规范人们的体育行为、平和体育气氛方面具有积极意义。传统文化中重视道义、轻看利益的价值观念历代相传,反映在体育上即是崇尚体育的伦理价值而贬低体育的实用价值。这种思想加深了中国传统体育文化的内涵,使中国传统体育呈现出以宽厚、礼让、平和为特征的伦理化价值取向。

二、西方体育文化的特征

与农耕文明影响下的稳定和谐、不重视竞争的中国文化品格不同,西方文明在创始阶段就表现出了强烈的功利追求,追求在公平公正的基础上开展竞争,全力以赴追求个人的最大利益和幸福。在这样的观念渗透下,早期

西方社会就逐渐形成了功利主义的道德原则、强烈的竞争意识和对力量的崇拜。在古代的奥林匹克运动会上有着十分鲜明的体现。

由于以古希腊为首的西方世界城邦众多,地域狭窄,各个城邦之间为了人类生存,谋求发展,再加之其他国家的挤压与威胁,古希腊城邦都有着十分强烈的竞争精神,这与和平稳定的中国体育文化形成强烈对比。古希腊体育运动精神的最主要体现是竞争。

在古代希腊,大家普遍都追求高大健美强壮的体魄和灵巧矫健的运动,并愿意为此锲而不舍、艰苦奋斗。"由崇拜力量到崇拜体现力量的完美肉体是希腊民族精神的主要表征……而且还由主要对体力的崇拜发展到对更高层次的力量表现——知识、智慧、技术的崇拜。"古希腊的竞争精神和对力量崇拜的升华,直接对西方开放的文化精神产生了十分重要的影响。西方文化的开放精神主要表现在它能够高瞻远瞩,把目光投向全世界,并善于从其他优秀文化中汲取养分。在整个西方文明发展壮大的进程中,从周边的许多先进文明中汲取了大量的营养,从而促进了西方文明逐渐扩张与昌盛。环海的古希腊,其文明是一个以工商业为主的海洋文明,在各城邦的发展过程中都保持着开放的特征,这种开放使西方民族开始形成"海纳百川,有容乃大"的态势。这与封闭保守的中国文化有着很大区别。度过了中世纪的黑暗之后,文艺复兴运动开创的变化、超越、革新更是成为西方社会的一时风尚。开放的文化精神直接造就了张扬的西方体育的文化品格。这种张扬的文化品格不仅为古希腊、古罗马所有,也为现代西方体育文化所承袭。张扬的文化品格最终使更高、更快、更强成为西方体育的主导精神。

(一)强调以人为中心

古希腊是西方文化的发源地,也是奥林匹克运动文化的发祥地。由于古希腊三面环海,境内丘陵起伏,耕地较少,气候温和,古希腊人的生活与大海息息相关。他们选择了积极进取的生活方式,具有向大自然挑战的坚定信念,并逐步养成心胸开阔、敢于拼搏、积极开拓、勇攀高峰的民族性格。同时,温和舒适的气候和秀丽的半岛风光,为他们进行户外探索、向大自然挑战提供了便利条件,由此形成了他们徜徉户外活动的生活乐趣,酿就了古希腊人喜欢户外体育活动的习惯和崇尚自然的审美情趣。

希腊社会的世俗化与人格化,同雅典民主制所孕育的崇尚个人成熟、纵欲、享受的社会文化,发展了古希腊独有的人体审美意识、娱乐意识,也就是以个人原则出发,形成个人的审美意识,发展形成的体育风尚,构建了发展个性、弘扬个体生命能力为主体的体育文化精神,这种精神在西方社会迅速传播。至中世纪时期,西方社会神权凌驾于王权,宗教和教会支配一切,社会意识形态为宗教所控制,人性在宗教和神权的打压下彻底泯灭,人的世俗价值从根本上被否定,体育发展陷入停滞,体育文化硕果仅存的只有骑士体育和游侠体育。直至近代,文艺复兴运动推动了宗教改革,确认了"人肉统一"的关系,从而扫清了体育发展的思想障碍,全面确立了身体发展的原则,为竞争、博爱、平等思想打开了通向现代体育的大门。新兴资产阶级更明确地提出了以人为中心的人文主义教育思想。主张自然的人的全面和谐发展,强调自我奋斗与个人才能,使西方人一直保持了生气勃勃的生活方式,竞技体育运动最终得到了较好的发展。

西方文化中的个人或自我是独立的,与其他人分离开来,具有个人精神主义。这种以个体人格为主体的社会大力倡导个人奋斗,使"个人主义"成为一种人生哲学和价值标准,是西方体育文化中所主导的精神。西方体育文化的核心内容是"利我"性,"勇敢、竞争、自由、平等、节制、谨慎"的要求都是自己,表现出施动者是自己,受动者也是自己,完全不考虑他人,是一种典型的以自我发展为中心的做人做事原则,凸显了西方人注重处理自己与整个社会的秩序问题。

西方传统价值观中追求竞争,强调物竞天择、适者生存,并以此为信条。在这种理念下也就自然诞生了以个体为本位的体育思想,竞技比赛代表的是自己,参加体育活动是因为自己乐于参加,这些思想也深刻地反映在奥林匹克运动上。西方人从事体育活动坚持的是个人主义,提倡个性解放,宣扬个人独立,突出个人自由,尊重个人权利,重视契约关系。在竞技体育运动中,充分肯定了个人的奋斗与个人价值,个人英雄主义的价值达到顶峰。

(二)多元的文化价值观

长期以来,西方体育文化产生与发展的经济基础是以海洋贸易为本的商品经济,商品经济的特点是互通有无,具有外向、开放的特点。欧洲地理环境的特殊性造成了西方人生活方式的多样性,而有的民族处于海边或海岛上,傍海而居的生存条件,生存的艰难造成了其民族的冒险性格和抗争意识,奋发拼搏、向外开拓其生存的社会需要,倡导个体的自由、竞争,个人充分发挥自身的生命潜能和智慧。欧洲历史发展特点之一是不同民族的文化的多元性,民族划分的多样性和地域上的分散性。文艺复兴之后,西方世界多个民族、国家林立,多种文化异彩纷呈,而西方体育的发展也充分反映了这一特征。不同文化背景、不同民族和国家的体育一经产生,在融入西方体育的过程中,不仅没有受到排挤和打压,而且很好地融合并进,同时在人们选择运用这些体育运动时也体现出鲜明的多元文化特色。不同民族丰富多彩的体育汇集成了西方体育文化大家庭,经过不断的融合,形成了西方体育文化的完整体系,并成为当今世界体育的主流。令世人瞩目的现代奥林匹克运动,就是西方的多元文化价值观对世界体育的重大贡献。

第二节　中西方体育文化的差异

随着全球经济一体化的格局形成,表现出不同文化背景之间的相互理解和不同文化体系之间的相互交融的趋势。不同民族之间的交流势在必行,比以往任何时候都更加迫切地摆在了人们面前。尽管在不同民族之间的体育文化现象的背后有着不同文化之间的具体差别,但体育运动受到全球各民族的欢迎与热爱是大势所趋。中西方体育文化上存在着很大差异,所以要认真研究,相互交流后在新的历史条件下的相互融合,这对人类的和谐与文明至关重要。本节就来探讨中西方体育文化的差异。

一、社会环境的差异

(一)中国传统体育所处的社会环境分析

中国传统体育是以农业文明为基础,在华夏大地富饶的社会环境中孕育和发展起来的。地理环境的优越使中国自古"以农立国",自给自足的小农经济长期占统治地位,商品经济不发达,中国古代没有竞争的意识,在这样一个农业社会里,民族性格体现出勤劳朴实,也有求稳怕乱和不提倡竞争、冒险、开拓的一面。

农业社会形成了与之相应的政治条件。自秦朝以来,中国开创了世界上最强大的中央集权国家。专制主义中央集权的政治体制,曾经对中华民族的发展起到一定的正面促进作用。但是,这种家庭式的专制政权使整个社会的经济、科学、文化、教育都为中央统治服务。统治阶级对百姓的压迫,严重压抑了其个性的发扬。当生产需要进一步发展、西方商品经济的兴旺、经济的发展需要民主和自由时,这种政治体制以及与其相伴随的思想意识形态就成为了生产力发展的桎梏。

随着宗法制帝国的建立,确立了儒家思想为核心的传统思想文化,它以宗法、伦常为核心,保证了统治的稳定,国家的长治久安。其突出的表现为天下之人丧失自我已达到同社会的和谐统一,从而求得社会的平衡与稳定。这种文化几千年来一直作为我国维系家庭和社会的纽带,它集哲学、人事、道德、宗教、科技五位于一体,对人类的教化十分深刻。在前资本主义社会的十来个世纪里,中国文化一直处于世界文明发展的高峰,走在世界历史的前列。但是,中国以儒教为正统的传统文化,在世界文化的潮流中是一个独立发展的、自成体系的文化系统,具有一定的封闭性和内向性。

在封建专制的经济、政治、文化影响下,形成了中国人传统的思维方式和社会价值体系,与西方思维方式相比,明显具有整体性、伦理性、收敛性和宗教性特征。在其社会价值体系中,形成了"天下一统、定于一尊"的国家价值取向;"我族中心、自给自足"的外交价值取向;"保存天理、灭绝人欲"的人生价值取向;"天下太平、长治久安"的目标价值取向。

中国社会文化背景具有鲜明的独特性和极强的稳定性,其文化传统由于具有长久的渊源和宽厚的社会存在基础,呈现出巨大的惯性和包容性。在这种背景下产生的体育带有明显的农业社会烙印。由于人们习惯了和谐、宁静及相对稳定的生活方式,而不热衷于带有冒险、冲突和对抗性质的竞争活动,因此在传统体育中竞技运动并不居于主要地位,健身活动只是为了修身养性,使得保健术以及一种萌发于史前年代、采用控制呼吸以获得超然感觉的特殊活动形式,在整个体育中占有较大的比重。其典型项目是导引术、气功、拳术等,这些项目在强化与优化人体的生命功能方面有独特的价值,与小农经济的农耕文明、慢节奏的生活方式和思维方式相辅相成,是农业民族中发展程度最高的体育文化。

(二)西方体育所处的社会环境分析

西方体育以工业文明为依托,产生于经济、政治和文化与中国有极大差异的社会环境中。西方的文明在时间上无法与中国相媲美,欧洲人生活中积压的负担相对较小。西方的政治统治不像中国封建专制那样等级森严,但却刺激了自由、平等、民主、竞争观念的产生。

14世纪后,封建制度解体,城市兴起,在此基础上产生了文艺复兴运动,用理性、人文主义和科学打破了教会的枷锁,掀起了人类历史上的变革,这是新兴资产阶级对封建思想和封建统治的猛烈冲击,是资本主义制度得以确立和资产阶级夺取政权的舆论和精神准备,它为资本主义文化的发展奠定了基础并为近代体育的形成扫清了思想障碍。

17世纪以后,西方出现了工业革命,欧洲向工业社会迈进,发展到19世纪,达到了顶峰,不仅引起了生产技术的根本变革,也促使社会思想和生活方式发生了变化。随着自由资本主义向垄断资本主义的过渡,大工业生产导致的消极影响和资本主义社会的种种弊端相继出现,人们需要寻求能够对快节奏高度紧张的生产和生活方式起调节作用的新的体育形式。同时,自然科学的发展也促使人们努力寻求理想的体育活动方式。于是,既能体现竞争精神,又富有娱乐和调节生活功能的竞技运动因为能够满足人的种种需求,得以迅速流传开来。

西方文化史上,不同民族的文化冲突时有发生,不同的国家在战争、贸易、竞争中交往,既有冲突也有融合。同时,西方人对国界的概念比较模糊,四处游走,形成了多元化开放型文化。19世纪中期以后,建立在不断向外扩张的资本主义政治背景下的多向交汇传播型的西方文化已稳固地建立起来。这种全新的工业文化,相比于同时期的中国,处于文化发展的更高阶段。此阶段人们广泛形成了民主观念、自由观念和法制观念。在思想方式上,唯理、思辨、重视分析和重视个体。其社会价值强调个人本位,注重功利和实际效益,人生价值呈多元趋向。

在这种社会文化背景下诞生的奥林匹克运动是人类进一步发展和经过科学认知后的结果,它与资本主义的市场竞争机制和发达的科学技术紧密结合。进入工业文明以后的西方民族最直观的体现是开拓进取、勇于挑战、注重人的自立和身体能力的特征。西方文化多层次的体育文化结构和以竞争性的运动项目为主导的体育形式,适应了社会发展后人类身心发展的需要,具有明显的世界性、竞争性、科学性和商品性等特色,与中国传统农业型体育文化相比,西方体育文化在价值观念、理论认识、运动方法等方面都有着独特的差异。

二、思想基础的差异

(一)中国体育文化以古代朴素唯物主义哲学做指导

中国传统文化博大精深,其发展与变化也深刻影响着体育的发展轨迹。以历史的角度去看待中国传统文化,在封建社会的统治中,儒、道两家可谓是中国传统文化中的两条主流思想。

提及体育思想,就不可避免地要和道家的养生思想联系起来。道家是中国自然养生学的源头。"吸万物之气,养体内之根源。"老子和庄子把"道"看作与养生万物的母体一致。换言之,天生万物,阴阳生万物,道生万物,理生万物。道家主张人与万物都是由"阴阳之气"生成的,"气"乃是构成宇宙万物的根本原始材料,反对刻意"尚行"和"养行",从而崇尚一种真纯无为的体育观。庄子在《刻意》与《人宗师》中云:"纯粹而不染,静一而不变,淡而无为,动而以人行,此养生之道也。"表明体育要主动融合自然、融于天地,追求淡薄宁静的体育观。庄子又云:"人道有情有信,无为无形;可传而不受,可得而不见,自本自根,未有天敌,自古以固存;神鬼神帝,生人生地;在太极之先而不为高,在六极之下而不为深;先天地而不为长久,长于上古而不为老。"这突出了要遵循"道"和"天地"的运行法则来活动筋骨,同时强调了自然养生修炼到极致,能与天地同寿的一种体育价值观。庄子再曰:"死者,命也,其有夜旦之常,天也,人之有所不得也,皆不物之情也。"《天道》中说:"水静则明烛须眉,平中准,大匠取法焉,水静犹明,而况精粹。"这些庄子的言语中渗透出道家文化中蕴含的体育理念为自然养生、以静修身、保健养生的内在超越的养生途径及审美的人生境界。

在中国两千余年的封建社会中,传统体育文化是一种附属于封建阶级的文化形态,它处于"边缘文化"的状态。自汉朝董仲舒"罢黜百家,独尊儒术"以来,这种华夏的伦理基本上循着一条所谓的"以夏变夷"的路线发展下来。正如刘勰在《文心雕龙·时序》所说的"歌谣文理,与世推移""文变深乎世情,兴废系乎时序",深刻表明了社会制度对于文化的影响是紧密相联的。中国传统体育就在这种伦理型、道德型文化框架的束缚下艰难的前行着,其中不乏一些畸形的观念,具体体现在以下几个方面。

一是儒家文化中强调的"中庸""礼让""不为人先"等思想渗透到体育理念中,形成了一种轻视竞争的公共意识和压抑竞争能力的文化意识形态。

二是儒家文化有着森严而残酷的等级要求,"夫为妇纲""君为臣纲""父为子纲"等内容逐步成为道德准则,在体育竞技上明显压制了女子在体育运动中的自我价值实现的需求,这种宗教性质的要求渗透到体育运动中就会明显产生运动中的一种"礼让"现象,对于竞技运动的观念完全相悖,产生老让幼、臣让君、男让女等现象,体育竞争就无法达到公正性、公平性与娱乐性。儒家文化中的体育理念在竞争的目标不是获得第一,而是要在竞争中遵从礼让的规范,实现道德的升华。

三是儒家思想中的重文轻武的礼法思想,扼杀了体育竞技的发展。中华民族体育理念受传统中儒家文化的影响,"万般皆下品,惟有读书高"的思想渗入每个人的心中,而专注于对人内心道德良知的发掘,专注于人的道德修养,具有浓厚的朴素唯物主义色彩的观念和精神,如"天人合一""身心一元"把生命视为精神与躯体的统一体,注重人的内在气质、品格和精神修养,实际上压制和束缚了体育竞争的自觉性与创造性,限制了运动中超越别人、超越自我的追求,主要强调以内在的超越达到强身健体的功效。

在传统文化影响下的中华民族的体育理念大致表现为两个方面。

第一,中国传统体育文化是一种以内达外,追求内在发展的精神理念,如天人合一、顺应自然的体育理念,最看重的还是养生之道,其典型代表产物有气功、导引、养生术等。

第二,伦理道德观压抑了个人外在超越和公平、公正意识的竞技体育的发展。

（二）西方体育文化以自然科学为依据

作为人类文明象征的体育文化，在西方文明史中形成的体育理念和自身独立体系还是在文艺复兴时期，在从封建制度到资本主义制度社会体制转型的这一时期的文化主体所孕育出的体育理念与东方所提倡的体育文化理念是背道而驰的。文艺复兴运动高举人文精神的旗帜，逐步把人与人性从"以神为本"的宗教神学统治的禁锢中解放出来，解放了人类的思维方式与行为，大大激发和释放了人类的创造力与潜能，这一时代的主题精神是追求人的自我价值的实现，追求超越与竞争。

人文主义者针对宗教神学的落后与腐朽，在神权统治的事实下提出了"人性"与"人权"。追求个性解放，提倡张扬的个性思想和富有激进精神的外向性格，为自由竞争开拓了广阔的空间，这种尊重"人性"与"人的自由意志"的文化底蕴孕育出一种具有西方特色的体育理念。任何形式的体育活动都是以一定的文化样式进行的，文化贯穿于所有运动项目之中，既表现出人类追求极限的卓越又体现出一种推进器和润滑剂的作用。文化的这种微观的底蕴作用便是体育发展中隐在的、深层的推动力。因此，西方的人本主义浪潮孕育出了西方体育理念的发展轨迹，在深层隐晦地推动着体育的发展。西方体育受到文化发展的影响，其发展是一个超越的过程，每一种文化都要求人要有自我实现的欲望，追求自由竞争的意境，要重视竞争的意义；在竞争中人要实现自己的价值，不断超越自我，主张"人人相对""人人有别"的生命观以及竞争、超越、对抗的运动观，强调人的自我价值的实现，追求与崇尚超越过去，在运动中重技术、战术和训练方法，追求体格和肌肉的强化。

在西方古典文化影响下的西方体育理念大体表现在三个方面。

第一，竞争是西方体育运动文化的灵魂，在竞争中追求更快、更高、更强的奥运精神，追求个人价值的实现。

第二，以自然科学和人文科学知识为基础发展起来的西方体育理念有着较强的民主性。

第三，西方体育充满着对人体健美的崇拜和对力量的追求，在运动中力求透射出遒劲的阳刚之气，注重竞技能力的培养，追求肌肉的发展，多讲究动作的自然性，尽量要求动作的舒展，并强调身材的健康与协调。

三、价值观的差异

中西方两种文化的不同直接导致了体育思想和体育价值观的差异。从两种文化的比较中，可以明显看出两者各自的特征。中国哲学观讲"天人合一"，认为宇宙、自然界、人都是由"气"构成的一体；西方哲学讲究天人相对、人人有别。在人生观方面，中国人追求长生不老，重节制，讲究温、良、恭、俭、让的中庸之道；西方人求价值、谋进取、趋极端，追求敢、强、险、异。在认知形式上，中国人求整体把握，追求直观体验；西方人重知行分析、刨根问底。在思维方式上，中国人崇尚直觉感悟，西方人注重抽象辩证。西方文化的特殊贡献在于科学方法，而中国文明的功绩在于研究合理的人生观。在生活的追求上，中国人一般知足常乐，守成务实；西方人喜欢冒险创新、放荡不羁等。可以说，中国古代文化是追求静态美的文化，西方传统文化充斥着动态变化。这决定了中西方体育文化形态和体育价值观的实质性差异。

（一）体育与人的价值上强调点和侧重点的不同

在中国传统的体育运动中，人的培养是受到传统文化制约的。在中国长期的历史文化中，对人的存在更注重的是人的内在气质、品格、精神修养，而把人的身体则视作是寓精神、气质之舍，体现出人的内在品格。道家思想主张各安天命、无为而治，追求人格的自然性；儒家重视伦理道德规范，强调"克己复礼"，追求合于名礼、积极有为的"君子"人格；佛家则主张超凡超脱，提倡目空万世，追求心空无万物的超然人格。

上述 3 种文化流派都对中国传统体育价值观有过一定的影响，使得传统的体育价值观折射出注重人格培养的倾向。中国体育的一个显著特点就是通过身体锻炼以外达内，由表及里，由形而下的身体有形活动，进而促成形而上的无形精神的升华，塑造出理想的人格。这种作用不在于人体，对身体的发展没有很严格的要求，仅仅以养护生命、祛病、防病和延年益寿为主，注重保健养生和健康生命。太极拳是中国传统体育的代表之一，其动作要领讲究松、静结合，强调意念的作用，注重内部修炼，充分体现着重养生的观念。其动作舒展缓慢，以"境界"的修炼程度论高低，而不同于西方体育的以体能、技术水平论高低，也不考虑肌肉强度、运动负荷等运动训练的理论。

相比之下，西方传统的体育价值观则明显不同。作为西方古代体育的典型代表，古希腊体育并不像中国古代体育重人格胜于重人体。尽管希腊人也强调力与美的结合，但更强调的是二者的和谐与统一，没有把身体的培养放到第一位。和中国人相比，他们心目中理想的体魄不是看不见、摸不着的内在的人格，而是身材好、发育好、比例匀称、身手矫健、擅长各种运动的人类。希腊对完美人体的崇拜与重视对人的文化、教育、艺术培养都产生了巨大的影响，并导致了人体艺术和雕塑艺术迅速兴起。这种注重人体本身价值的文化风气，直接影响到西方人的体育价值观。在体育的价值方面，西方更注意对人体的塑造和培养上。围绕着培养理想人体这一目标，古希腊体育发展成为各种完全区别于中国的独特锻炼身体内在素质的运动形式和运动手段,如古希腊的体育比赛最初以裸体运动的形式进行,展示男性肌肉的强健美。现代奥运会中,大多数比赛项目均是体能、技能的较量和身体素质高低的对抗,这些运动项目在很大程度上能够映衬出人体的强壮体格。

(二)"天人合一"与"以人为本"的价值观的差异

中国传统文化的观念表现为"天人合一",即人与外物不能独立而存,而是不可分割的,并不把外物看作对象化的东西。人与外物没有主客之分,没有内外之分,同生共存于宇宙生命的大系统中。古人所说的"与天地合其德,与日月合其明,与四时合其序,与鬼神合其吉凶"的叙述就是反映出了这样的哲学观。孟子有言"万物皆备于我",庄子曰"天地与我并生,而万物与我为一",王阳明说"心外无物"等,这所有的论述都强调了"天人合一"的精神境界。产生于民族文化大背景下的中国传统体育也延续和传承着这一精神。所以传统体育讲究身心合一以及肌体与自然合一,讲究在"修"与"炼"中达到内在与外在的彻底和谐。

而西方的文化精神强调主客对立,西方人主要的表现是认为人可以不断地改造世界,在提高科技水平的过程中达到挑战人类极限、征服大自然的目的。这种思维模式造就了西方人的主动活跃、追求物质的特点。他们在对人自身的尊严、价值重新认识的过程中认为并肯定体育运动是以人类为核心的。西方人文主义者在推翻宗教神学的过程中采取各种形式赞扬了人的伟大,肯定了人的价值和尊严,认为人是"宇宙的精华,万物的灵长",而体育是让人显示出活力,自由自在的一种活动。在体育运动中,人类积极向上的生命精神可以得到最大的张扬,人的主体性可以得到彻底的体现。这始终体现着以人为本的价值取向。

(三)体育活动方式、手段的认识和理解的差异

中国传统体育以养生为主,尤其重"养"。中国体育文化认为人与自然是一种和谐的关系,是自然的一部分。通过人类与大自然的接触,从而排除一身的浊气,汲取真气,通达五脏,协调六腑。决定人健康和寿命的根本原因是人自身,而不是外界条件。中国传统体育强调整体效果和直观感受,强调意念的作用和内部修炼,掌握动作靠人类的直觉与悟性,动作技术不难,但有深刻的内涵。此外,还讲究动作的神韵,不仅要做好动作,更重要的是体会神韵。

崇文尚柔,用安静来养身是中国传统体育活动的特征。由于对人体外在形态的淡化,因而中国传统体育很少有发挥力量素质,锻炼肌肉的活动方

式,身体运动以内部为主,而不太重视身体的外部活动;即使有身体的外部运动,也是动作徐缓、动静结合,强调"形随神游""澄心如镜""静悟天机"。中国体育的"养"又是以"自养"为主,不依靠他人力量。而所养之物,不在于肉体筋骨,而在人之"气""志""心""性"。"气"是人体神与形之间的一种物质,也是由形达神的途径。"养生"亦与"养志"有关,是对人体人格品质提出具体要求的训练。至于"心"和"性",则更是与人的内在精神密不可分。在中国传统体育中,很少有西方那样单纯去锻炼身体素质的方法,也很少举办和进行竞技比赛;即使称赞一个人形体很棒,也总是和人的内在气质联系并论的。在中国古代,体育活动属于边缘化的社会活动,各种体育活动之间缺乏内在的社会联系,结果也没有形成一个相对独立的理论与方法体系。

西方体育则着重强调运动和肌肉健美,追求体格健壮,注重对人体外形的称颂,注重身体的外部运动。在具体活动方式上,均要求大肌肉群参与,且有很强的运动负荷;提倡对人体的力量、速度、耐力、柔韧等身体素质的训练,从而促进人体各部分均衡协调发展。通过跑步、跳跃、投掷、摔跤、体操等方式,充分锻炼人类的头颈、手臂、肩胸、腿部等部位,进而提高人体的身体机能水平,美化人体的形象,获得精神充实感的满足。

西方人注重知性分析,强调科学的理论,运动方式讲究力学原理,同时还研究了人体解剖结构和生理机能,崇尚科学,讲求规范,追求对抗和竞争。因而,西方体育有科学系统的理论支撑,许多体育活动都有明确的比赛规则和严格的场地、器材要求。

(四)对待竞技的态度和胜负观的不同

由于认为从事体育活动旨在精神的培养和祛病、防病、延年益寿,这种作用主要靠自身的修炼领悟来完成,而不借外力之功,更不是通过与人较力较量来实现,因而中国传统体育活动方式表现出自娱性的特点。中国传统体育以个体活动为主,讲究自我锻炼,并不提倡相互争斗,相互对抗,也不追求对自然的超越。

"天人合一"和传统伦理道德所体现的与自然,与人和社会和谐共处的思想以及重人格的体育价值取向让古人对竞技性的身体运动并不重视。即使讲竞技,在古人看来,那些力量、速度、灵敏、技巧等外在表现都只是低层次的,而高手之交则是较心较智,较人格的高度,较修养的深浅。因而,中国本土生长的体育运动很少有竞争的项目,这和西方体育追求更快、更高、更强,追求对抗和竞争,追求冒险和刺激截然不同。

中国对竞技结果的态度与西方也有完全不同的态度,在我国古人看来,竞技的胜负本身是无足轻重的,"胜亦可喜,败则无忧"。无论胜负都是人生的体验与经历,对自身是一种磨砺,它们都可以对人格的完善起到一种促进作用。因此,胜负在对人的内在精神气度的培养上其价值是等量的。而西方竞技运动则不同,他们提倡竞争,崇尚超越对手、超越自然障碍,体育运动水平是在相互较量、相互比较的过程中不断提高的。竞技场上,能取得最终冠军的人受到万众瞩目,成为人们歌颂的英雄。在西方人看来,竞技场上的结果、成绩、名次直接影响到做人的价值以及人本身的尊严,就要以成败论英雄,成绩的好坏关乎到一生成功与否,成功与失败是天壤之别。在这里,价值的取向是线性的、单向的。我们在世界赛场上看到的绝大多数比赛项目基本上是西方体育项目,如田径、球类、拳击等等,它们都无一例外地具有竞技、竞争的特征。

第三节 中西方体育文化的交流与融合

一、中西方体育文化的比较

华夏文明与西方文明的差异性,世界人民有目共睹。可以看见的是,当今中国文化基本上走的是一条与西方文化迥然不同的发展道路。通过下面对中西方的文化比较的叙述,可以发现它们之间的不同。中西方的观念不同,体现在以下六个方面。

(1)西方人"惊异于世界"与中国人"注重于生命"的哲学问题。

(2)西方人为世界秩序立法之"理"与中国人为自己安身立命之"道"价值取向。

(3)西方人追寻"极终本体"与中国人讲求"天人合一"的思想原则。

(4)西方人善于逻辑分析与中国人长于直觉体悟的思维方式。

(5)西方人"爱智"与中国人"修心"的哲学理念。

(6)西方人概念明晰与中国人话语隐喻的哲学表达方式。

然而在人类文明发展的最初阶段,中国古代社会中的仪式与古代希腊社会的仪式在基本特征与作用功能方面存在着许多异曲同工之妙。中西方体育文化在源头上有如此的相似,但在后来的演变中,形成了巨大的分歧。

通过对中西方传统体育文化的比较可以证实:中西方的体育起源相似;对体育发展有密切联系的祭祀的信仰、仪式相近;运动项目近似。但所不同的是,中国的民间信仰和官方祭祀的内容有别于古希腊的信仰和祭祀,中国官方传统祭祀是由皇帝亲祭天地的同时祭稷神。中国民间信仰的多种成分是中国本土文化独具特色的重要组成部分,其历经数千年岁月被尊奉为国家宗教地位的信仰,也不过只对天、地、日、月、社、稷诸神的祭祀,其中地神与社神分别都是与农耕密不可分的土地神。在民间的祭祀多是与农耕生产、日常生活息息相关的朴素的、实用的、温和的、严肃而神圣,具有一定距离的神,少有英雄崇拜。中国古代传统文化孕育出的神与古希腊文化酿造发酵的神,性格内涵以及由此传递的文化形式有天壤之别。虽同为祭祀,所供奉的"神"却大相径庭,所以由"神"所表达、在祭祀中强化的文化内涵、价值取向分野,分别演绎了两条不同文化轨迹。

中国体育史表明,与希腊文明相比,就中国古代的体育文化而言,虽然射礼、投壶、围棋、蹴鞠、马球、武术、捶丸、龙舟等活动没有发展成为奥运会那样的全民性竞赛制度和竞技文化体系,但就竞技的性质和规则的完善而言,却是毫不逊色的。我们仍可在蹴鞠、马球、龙舟这样的活动中看到惊心动魄的场面,对抗性与激烈程度较之古希腊、古罗马最危险的马车比赛有过之而无不及。然而中国传统文化它所缺乏的,是一种鼓励和推动竞争的制度和对公平竞争的保障机制。中国古代的竞技运动之所以难以像古代奥运会那样成为全民的运动并长期延续,其重要的原因之一就在于没有一种推动全社会参与的社会政治制度背景。因而,中国古代竞技虽然多姿多彩,源远流长,但却只能局限在某一特定的相对狭窄的阶层和较短的历史时期内。

从竞技体育与气功养生这两方面的内容比较中不难发现,西方体育竞技文化与中国传统的气功养生文化具有明显差异。西方体育精神把力量视为生命的本质要素,灵与肉、身与心在哲学上分属于两个世界,这种对立统一关系构成体育竞技文化的不竭动力,并对体育与人的生命价值观产生巨大影响。追求生命延续与创造生命辉煌都是人的基本需求,问题在于如何理解和实现二者的协调,抑或如何决定需求的取舍。在"物竞天择"的生命进化观看来,强者的和谐必须通过激烈的对抗和竞争才能产生,即便以生命为代价也在所不惜。如果说气功养生是"气"在动态对抗中延续生命,那么竞技体育则是"力"在动态对抗中锤炼生命。值得一提的是:养生术发达的古代中国并未带来大众寿命的延长和身体体质的改善;主张创造生命辉煌的西方体育文化,由于大众参与的普遍性和可操作性,使生命质量和生存期限逐步提高。对此,深嵌于西方文化土壤之中的体育精神,以截然不同于气功养生的理念和方式,淋漓尽致地演绎了符合体育理念的生命价值观。生命的不可重复性和不可模仿性是西方生命哲学的基本命题,与其在百无聊赖的漫长中苟且,不如选择顷刻瞬间辉煌。只有创造进化生命才是值得赞美的真实生命,生命的意义首先应当考虑"是否值得活着",只有直面死亡,才会在有限的生命中拼搏、创造。集中分析西方体育文化的理念,足可看出东西方文明的差异,用一句形象的话说,"西洋史正如几幕精彩的硬地网球赛,而中国史则是一片琴韵悠扬"。

当今世界的发展越来越快速,科技高度发达,全球已经进入了一个全面发展、紧密联系的时代。在每一个文化现象的背后尽管还有着不同文化之间的具体差别,但谁都无法阻止它们成为全人类的最爱,体育文化依旧受到全世界人民的追捧与热爱。在欧美强势文化的推动下,奥林匹克运动在全世界流行,席卷全球一个多世纪,成为世界体育文化的主宰。在奥林匹克席卷全球的过程中,各民族的传统体育文化也对奥林匹克的强势冲击进行着前所未有的努力和反击。当今世界体育的发展就是一个各民族传统体育文化与奥林匹克运动冲突与融合的过程。了解中西体育文化的差异,才能真正地对中西体育文化有更为深刻的认识,才能更好地把握中西体育发展的脉搏,使中国传统文化更好地与奥林匹克文化融合发展。

人类产生伊始,人类文化表现为综合文化。因为当时的社会生产力水平低,不可能提供各种文化独立发展的条件,而且人类自身的认识能力很低,不可能评判文化与自我价值的关系。生产力水平的提高,为人类文化的独立发展提供了动力,使文化走向了特定化、专门化的道路。体育是人类综合文化的一部分,它本身就有着丰富的文化内涵,体育文化有它的历史渊源,古代人们举行的各种祭祀礼仪活动,往往就是以体育的方式来进行的,它表达了人们的精神、思想和观念等。体育的文化特征表现出鲜明的象征性、浓郁的艺术性和丰富的内涵性。

人类的文化,具有历史的连续性。文化的继承过程,也就是文化的积累过程。以此为视域观察体育,其继承性同样十分明显。在中国,各种养生导引术、武术技击、民间游戏、划龙舟、放风筝、赛马等体育活动,经历了几千年的承袭、发展、演变,成为中华民族传统体育的瑰宝,并越来越引起了全世界的关注。以奥林匹克为典型的西方竞技体育,在古代延续了一千余年后,虽经历战争等原因曾被迫中断,但在一千四百年后,近代奥运会重新兴起,并延续到全球。虽是间接继承,仍可说明竞技体育作为一种进步文化的现象,具有继承性的文化特质。

文化既是一种社会现象,又是一种历史现象。在人类发展的三维立体网络体系中,历史表现时间和纵向发展序列,社会展示空间和横向发展格局,文化则孕育内在和核心发展动力,体现出十分复杂的特征。作为文化的一种,体育文化也是极其多样化的,体育文化现象也纷繁复杂地展现在人类文明的各个历史阶段中。易剑东认为,体育文化具有人类文化的共同特征,主要表现在三个方面:①在文化时代性的层面上,体育文化是人情感和灵魂的重要体现。②在文化民族性的层面上,体育文化是人类思想和观念的重要产物。体育文化的民族性并非以地理或生物学的区别为标志,而是建立在社会历史和文化传统的基础上,其核心内容是民族的语言、心理、性格以及在此基础上形成的规范人格的体育文化模式。③在文化科学性的层面上,体育文化是人类智慧和理性的重要创造。王岗在《民族传统体育的文化审视》一书中认为:体育文化是人类所创文化的一部分,是一种特殊形式的文化。它是一种广义文化的概念的应用,即应包括体育的物质文化、制度文化和精神文化三个组成部分。任莲香在《体育文化论纲》一文中认为,体育文化实际上有两个上位概念:一个是"体育",一个是"文化"。体育文化的复杂性首先源于这两个上位概念的多义性,只有在这两个基本点上达成共识,讨论才能继续下去。她在对体育和文化进行了系统的研究后认为,体育文化的概念必须建立在体育分为三大块和文化分为四个层次的基础上。她认为:体育文化是以身体活动为基本形式、以身体的竞争为特殊手段、以身体的完善为主要目标的体育活动过程中关于人的精神的生活的那些方面。它是人类生存的一种方式,是文化生活的组成部分和文明社会的显著标志。

由此可见,体育文化在本质上是属于文化范畴的。作为一种人类特殊的文化现象,作为顺应和满足人类自身需要的一种方式,体育不仅在物质上,而且在制度上、精神上滋养、完善、推进着人类的发展。体育在文化中所体现的根本物质产品是发展完善起来的人的身体,而体育在文化中所表现出的最高精神产品就是人的智慧。所以,可以把体育活动本身理解成一种以体力出成果而以智力为灵魂的文化活动。

二、中西方体育文化的互补与融合

中西方体育文化因为各种原因,既有一定的相似性,又有各自的特异性。这样微妙的发展情况,使得中西方体育文化朝着弯曲的轨迹下进行发展。中西方体育文化之间所存在的差异性,需要通过交流来加深理解。应该需要加强中西方体育文化之间的互补及融合。具体而言,表现在如下两个方面。

(一)加强中西方体育文化之间的理解和交往

我们知道,中西方文化教育本身存在着一定的差异性,而且各自的心理特征均有差别,对于某些问题的考虑方面,中国人与西方人的考虑是完全不同的,这主要是由于人们所受的文化教育及熏染等方面有极大的关系。由此可见,中国体育文化作为一种文化与西方体育文化绝对存在着明显的差异性。在不同的体育文化价值背景下的人们,他们在处理各项问题时,也自觉或不自觉地将自身的文化价值及文化定势作为自身的一种评判标准,而对于西方体育文化而言,却从未或者很少作为其中的一个标准。这就是所谓的体育主观心态,它对体育文化有很大影响,不断促进体育文化的理解和交流,使人类体育文化的深度得到分化及发展的高度统一。

因此,应该充分地意识到中西方体育文化之间存在的差异性,并努力地探索出不同文化体系之间的互补性。具体可以表现为如下两个方面。

(1)无论中方的还是西方的体育文化形态,都存在着共同的环境物化过程,即"自然—人类—社会",而且这些体育文化形态在历史进程下都有着自身的特点。

(2)任何体育文化形态都存在一定的局限性,它们的局限性源自于时空、内容和性质方面有自己的历史建构,都有必要研究外来体育文化并参照其优点而反省和完善自身,争取摆脱和克服这种局限性。因此,基于以上的分析和讨论,在对中西方体育文化进行融合与互补时,人们不能存在偏执心,而是要以公正的眼光来对中西方体育文化进行审视,要在同等水平的基础上将中西方体育文化进行比较分析。

(二)全球化背景下中西方体育文化的互补与融合

依照亨廷顿的文明冲突理论,可以看出中西方体育文化主要发生于各种不同的文化在价值观念方面的差异以及冲突。然而,在实际过程中,体育文化是作为一种特殊的文化形态的身份而出现的。虽然不同的体育文化有着强弱势之分,但是人类踏入 21 世纪之后,随着信息技术的不断发展升温,当前时期下中西方不同体育文化之间的交流与对话也十分明显,这种交流与碰撞几乎超过了人类历史上的任何一个时期。

虽然中西方体育文化之间存在着一定的差异性,但是不管它们之间有着什么样的冲突,都有着一定的目标与追求,那就是为人类全面、不断地发展提供全面地服务。全球化背景下,中国怀着广阔的胸襟和充足的魄力接纳了西方体育文化这一文化现象,并使之在中国形成了独特的发展道路。中国与奥林匹克运动越来越深刻的联系正是两种体育文化相互交融的生动写照。尤其是 2008 年奥运会成功举办和 2022 年冬奥会成功申请,把中国人对奥林匹克的热情推到了顶点。中国人民以最大的热情和最具体的行动向全世界印证着在中国这样一个古老的土地上,会使体育文化具有新的更为丰富的内涵。

第四章 世界体育文化的全球化发展

世界体育文化是现代体育文化体系中的重要组成部分。深层次探究世界体育文化的全球化发展,对体育文化健康发展和不同体育文化相互交融具有深远意义。本章以世界体育文化的全球化发展为研究对象,分别对世界体育全球化景况、世界体育文化的基本态势以及全球化背景下世界体育文化的交融展开逐一剖析,从而推动世界体育文化的全球化发展进程,进一步充实世界体育文化的理论基础。

第一节 世界体育全球化景况

综合分析近现代世界体育可知,其是以文艺复兴运动与西方工业革命为背景进而产生的一种文化现象。近现代世界体育的主要组成部分有:以推动社会健康与满足休闲为主要追求的大众体育,以谋求个人的个性发展为目标的学校体育,以奥林匹克为核心内容的竞技运动。这三个部分在有机整合的基础上,汇聚成当今世界的主体体育文化,逐步发展成了全球范围内共有的文化财富。但是其他国家和其他民族的体育文化,传统的和现代的,成熟的和萌芽状态的,单一民族的和跨国的以及多民族的,均只能归于"亚体育文化"或"准体育文化"。

一、全球化的概述

(一)全球化的定义

至少自 20 世纪 90 年代起,在互联网普及范围扩大、"地球村"观念加深、跨国贸易繁荣发展的情况下,全球化逐步发展成了一个时髦词汇,对社会很多方面都产生了不同程度的影响。对于全球化的概念,很多学者提出了不同观点,这些观念的不同之处在某种程度上体现了广大群众对全球化的态度,更多学者支持折中但不存在显著价值取向的全球化概念。潘维在

《全球化带给我们什么》一文中认为："全球化是个进程,指的是物质和精神产品的流动冲破区域和国界的束缚,影响到地球上每个角落的生活。全球化还包括人员的跨国界流动。人的流动是物质和精神流动最高程度的综合。"

(二)全球化的问题

潘维在《全球化带给我们什么》中明确指出:全球化问题的复杂性在于不同的事情在不同的空间和不同的时间里能产生不同的结果。潘维指出:无论我们是否处在一个空前的全球化过程里,以往的经验都具有启发性。全球化的历史经验能够划分成四种类型,分别是道义问题、收益问题、趋同与逐异问题、国际主义与民族主义问题,具体如下。

(1)缺少法治道义的全球化。如果没有全球的法治政府,所谓"全球治理"就不可能是体现国际公义的治理。

(2)难以预测国家损益的全球化。传统中国不但是被全球化击败的,而且是由全球化中高速崛起的。

(3)刺激追求差异的全球化。全球化造成的"趋同"是浅薄的,全球化造成的"逐异"是深刻的。在全球化时代,追逐不同就是其最深入的特征。全球化资本没有人性,和其随之而来的社会查迁促使不同意识形态逐步兴起,同时也必然伴随极为激烈的社会集团、意识形态、民族间冲突、国家间冲突。

(4)促进民族主义和国家疆界的全球化。毫无疑问,近代以来形形色色的国际主义都产生于全球化。可是,全球化带来了更强大的民族主义,带来了护照和海关,带来了人员交往的阻隔,带来了"神圣不可侵犯的"国家疆界,带来了更先进的武器和更强大的国防。当人们已经把保卫疆界安全的战场延伸到外太空,谁还能说全球化消灭国家疆界呢?

需要补充的是,在这篇专门讨论全球化的文章中,作者还专门对于体育在全球化背景下的命运发表了感慨:"曾几何时,为普世欢乐而设立的奥林匹克和世界杯居然成了民族的角斗场,国家之间的竞争,甚至成了在民族国家内部进行竞争的资本。"

二、体育文化全球化

对于全球化来说,文化全球化是一个重要方面,是和经济全球化相同的客观现象之一,其发展趋势是难以阻挡的。体育作为一种文化的存在与发展,因为其具备特殊的社会功能,所以全球化发展进程始终处于世界文化前列。分析体育的发展历程可知,在近代工业革命的迅猛发展下,使得近代体育应运而生。近代工业革命充当着西方社会进步的重要基石,在各个领域都获得了明显的优势,使得西方的优越意识不断提升。就体育的发展而言,19世纪现代体育形成初始,西方就开始了体育的全球化进程。随着工业革命的发展,大机器的普遍运用,人们的生命活动方式逐渐受到时间的限制,时间观念的增强要求把工作时间和空闲时间明确区分,充分利用空闲时间来解除大机器生产带来的高度紧张。19世纪后半叶,自由资本主义向垄断资本主义过渡,随着世界市场的形成,民族间壁垒被打破,社会的生产和消费的国家化进程大大加快。于是,体育也随之超越了国界,随着经济的全球化而广为传播,特别是通过殖民者、军人、商人、传教士和各种文化人等,向世界传播,形成了东西方体育以及其他不同种类体育的交流融合的体育国际化大趋势的雏形,出现了国家间的交流和比赛。如1851年伦敦的第1届国际象棋锦标赛、1858年澳大利亚的国际游泳锦标赛、1871年布德的国际射箭比赛等。与此同时,部分单项的国际体育组织先后成立,如1881年国际体操联合会成立,促使很多项目在世界范围内形成了统一的领导核心、标准以及规则,促使运动竞赛逐步脱离了地方传统,拥有了真正意义上的国际性。在这种情况下,西方贵族为鼓舞民族精神、缓解紧张的国际局势,着手复兴了古代奥运会这个古老的体育形式。

进入20世纪,体育运动的传播范围逐渐扩大,体育的影响力越来越大,不断向拉美、亚洲、非洲等地区辐射。第二次世界大战后,由于政治、军事等原因以及大众传播手段的不断进步,体育国际组织几乎被少数西方国家所垄断,以奥运会为代表的国际体育比赛也呈现出典型的西方化特征,西方社会掌握着当代体育活动的话语权。无论是体育的形式、内容,还是体育的价值观念和意识,都深深地打上了西方的烙印,尤其是100多年前的现代奥林匹克的复兴与在世界范围内的快速传播,使得体育文化最早成为世界文化最带有普遍性意义的文化形态。体育文化是通过特殊的性质与功能,逐步发展成了全球化意义上最明显的文化发展成果。体育全球化最好的例子就是奥运会逐渐扩张到世界各地的过程。就全球化程度最高的奥运会而言,体育全球化自始至终都未能改变与走出"古希腊"与"西方"体育的文化挟制。从组织机构人员选拔、项目设置以及举办城市选择等方面,都充分反映了奥运会中西方体育主导化特征。

纵观体育发展历史可知,近代体育的发展过程就是西方体育逐渐向世界范围内扩张并占据优势地位的发展进程。不管是东方和西方,还是亚洲、欧洲、美洲、非洲,体育文化的兼容与接纳均已经变成现实。在整个过程中都需要明确认识到:全球化的体育发展是以西方体育发展为最重要的结果的。经济的优势赋予了西方在文化全球化中的主导地位,西方以优势文化自居,表面强调多元文化并重,实际上是以西方文化为中心。亨廷顿也直言不讳的承认"大部分主要国际机构,都是依据西方的利益、价值观和实践建立的",作为社会晴雨表的体育也是如此。西方体育向全球"输出"之初的历史背景:一是西方大肆进行经济掠夺,以"坚船利炮"向世界扩张的同时,以体育作为一种缓和与被殖民地国家之间关系的手段;二是以西方文化的心态,向"愚昧落后"的民族渗透文化。这样一来,体育当然地成为西方"输出"其文化价值观念的重要组成部分,体育制度的创设和制定都是西方文明的产物。最大的国际体育组织——国际奥委会以及国际单项体育联合会的制度无不是以西方为中心和导向的,其他国家和民族是否愿意都必须遵循这些按照西方国家意愿所制定的体制和规则。国际奥委会在设定比赛项目、比赛规则、遴选制度等方面均有严重的排他利己性,其他民族的体育项目进入西方体育项目赛场的难度很大。分析奥运会的竞赛项目可知,来源于西方的运动项目占据着压倒性优势。就夏季奥运会来说,28 个大项 300 个小项中,除传统武术、跆拳道以及柔道等少数项目以外,都是西方运动项目。就体育全球化的发展内容与发展程式来说,已经大体被西方体育垄断与同化。

三、体育全球化时代的特征

就体育全球化来说,不仅是经济全球化和文化全球化在体育领域内的深层次反映,还是经济全球化发展与文化全球化发展的必然结果,也是社会进步的一项重要标志。具体来说,体育全球化就是世界各国和各民族利用体育来相互交流、相互渗透、相互借鉴、相互补充,最终彻底突破本民族体育文化的地域限制和内容限制而走向世界,达到各个国家、各个民族间的体育文化融合过程。站在某种角度来分析,现代奥运会在世界各地大范围传播以及世界各地、各民族对奥运会接纳与认同,都象征着体育全球化时代已经出现。以西方体育为主要内容的世界性体育竞赛——奥运会、NBA 篮球联赛、世界杯足球赛、温布尔登网球赛等,已经成为全人类文化生活中不可缺少的体育文化大餐。

(一)体育全球化是一个进程与一组进程

体育全球化不是单个人、单个地区、单个民族、单个国家的行动,而是全球无数个人、无数个单位、无数种制度在文化交流和交往实践中相互间互动的结果。体育全球化不会消除不同民族间体育文化的差异,也不可能从根本上扭转不同体育文化发展上的不平衡状态。体育全球化不仅反映现有的不公正、不平等的体育发展等级模式,而且在体育全球化进程中又会产生新的体育文化间冲突和融合的范式。在现阶段,全球不同体育文化体系相互开放、相互交流、相互融合的广度与深度是前所未有的,同时推动着我们开始深入反省各个民族的民族体育自身存在的问题,再次正面分析本民族体育文化的发展模式与评判标准。

(二)体育文化全球化实质上是以西方体育为中心的西方体育文化的输出

就西方体育全球化来说,不但是运动项目的全球化,而且是西方体育理念与运作模式的全球化,这就由此产生一种对异质体育文化的"文化侵入",对各民族传统体育带来了很大负面影响。具体表现是经济发达国家将自身文化价值观念实施了普世化,不仅在经济方面抢占统治地位,也尝试将适用于本民族国家的文化价值观念推广到其他国家,最终达到政治、经济、文化的有机统一。随着世界市场的形成即经济一体化,文化也开始了其一体化的进程。以全球化程度最高的现代奥运会为例,奥运会的仪式无不遵从西方式的圣火仪式、运动员和裁判员宣誓、开闭幕式的庆典活动、竞赛规则等等,这一切都发源于西方。目前,奥运会的竞赛项目已达 300 项之多,细细审视我们会发现,这些项目绝大多数都是西方人的传统体育项目。正如我国著名学者李力研指出的:"今天的一切体育比赛都是希腊式的,奥运会更是如此。即使不断地融进一些亚洲的所谓体育项目,那也不是奥运会向这类项目低头,而是这些东方项目如何适应奥运会的规则要求。"其他国家和民族要想在奥运舞台上展示自己,只能以抛弃其长期以来积淀而成的传统文化为代价,在运动会上享受西方创造的文明。最终结果是:在世界性体育比赛的作用下,世界各个民族原本存在的传统体育文化、运动方式以及审美趣味逐渐消融,发展成了单一化、同质化的西方文化风格。需要说明的是,这种单一化、同质化的文化风格不但违背了奥运会提倡的"文化多样性"的期许,而且对民族传统体育文化的丰富多样性产生了威胁。

(三)体育全球化影响着人们的体育价值观

在全球化、技术化以及市场化的共同推动下,西方体育原本具备的和社会进步、社会发展相统一的理念与精神,正在日趋深入并被世界各国人民接受。由此可知,倘若西方体育在世界范围内克服各种障碍,最终占领世界体育潮流的最高处之后,就不可以只寻找经济方面的问题,还需要深入思考文化方面的问题。除了西方体育对于市场经济下消费革命契机的把握,能带来巨额的经济利益之外,更重要的就是它所带来的世界口味。全球化后的西方体育,不同于传统的民族传统体育,传统体育都是强调纯粹的地域特征,地域风情。没有特定的地域口味,就没有传统的民族体育。而西方体育则不然,完全是一种发端于西方又脱离于任何地域的世界体育文化,它更像普通话,开放、易懂、畅通无阻,更易于不同地域间的人们进行交流。显而易见,西方体育之所以能够"流行",而所有的民族传统体育之所以只能偏于一隅,关键就在于前者是世界口味即公共口味,是体育文化领域中的"普通话"。后者只是地域口味即共同口味,只是体育文化领域中的"方言"。

由于西方现代体育倡导竞争、超越对手、超越自然障碍,所以整个活动是在相互比较、相互较量的过程中完成的。分析西方体育观可知,竞技场上的高水平运动员往往会被当成偶像和英雄,竞技结果、竞技成绩、竞技名次对个体价值和尊严有直接性作用。竞赛的奖品也不再是古希腊奥运会场上的橄榄枝花环,它会给人带来一身的荣耀。正如美国田径明星迈克尔·刘易斯所说的,人们只为荣誉参加比赛的时代已经过去了,我们参加比赛既为荣誉,也为金钱。拜金主义和功利的思想影响,让人们的伦理道德价值观念发生倾斜和滑坡。现代体育场上的滥用兴奋剂、黑金黑哨、弄虚作假等等现象,严重污染了纯洁无瑕的竞技体育思想。在激烈的社会转型期,这种线形的、单向的价值取向,很容易被失去信仰的现代人所认可和膜拜。需要补充的是,存在自身独特精神的中华民族的传统体育活动,高度重视审美性、娱乐性以及共同参与性,没有十分在意竞技的输赢和"胜固可喜,败亦无忧"的人生追求,以上的良好传统完全可能在全球化的西方体育文化价值观的冲击下,被现代人冷漠对待。

站在整体角度来分析,现阶段的体育全球化进程不但没能带来和预期相吻合的体育世界,而且由此产生了很多体育文化之间的"误读"和"冲突"。这不仅对形成人体体育共识有制约作用,有时还会形成新的冷战意识,为不同世界体育文化的交流与融合增加了一层阴影。因此,目前的体育全球化进程必须得到扭转,只有建立在平等对话基础上的双赢双利的体育全球化进程才是合理可行的。但客观地说,国际间政治经济不合理的旧秩序不能从根本上改变,体育文化秩序的合理化进程也只能是纸上谈兵。真正意义上的体育全球化仍是一个梦想或幽灵,仍有漫长而艰辛的路途要走。

四、体育全球化时代的体育景观

在现阶段的公共娱乐活动中,以奥运会为代表的体育活动是最为关键的一个组成部分。在一百多年前,由理想主义者顾拜旦发起的现代奥运会已经发展成 21 世纪人类的骄傲。从近代起,随着西方体育在全球范围内的扩张,似乎在一夜之间,现代体育就西风东渐,以不可阻挡之势,渗进了人们的日常生活。一时间,追求时尚、娱乐和休闲成为当今人们趋之若鹜的首选,就选取何种健身运动来说,人们更喜欢选择那些时髦的、有趣的、实用的、轻松的和有刺激性的体育运动项目。许多青少年把兴趣投注于外来的"空手道""跆拳道""瑜伽术""踢踏舞""健美操"等,外来体育文化已经充斥了我们的城市中心地区。

在现阶段,疯狂能够充分表达公众对体育的热情,赛场上微小比分往往牵动着很多人的神经,比赛过程对体育迷的情绪具有重要影响。全世界一半以上人口都在不同程度地关注和参与着自身热爱的运动,如足球运动深受不同国家、不同肤色、不同种族、不同信仰的球迷的热爱。在体育面前,国家不分大小、贫富,人也不分职业、等级,一遇到世界性的比赛,各地的体育迷都会从五湖四海汇集到一起,运动会成了彼此的节日。在体育面前,无论是政府首脑、达官贵人,还是山野村夫都在同一个球场里看球,享受着相同的感官刺激,并由衷地发出相同的掌声和赞叹。人们担心被隔离于千姿百态的现代西方体育的流行风潮之外,担心被甩出风驰电掣的西方现代体育的时尚专列。体育全球化时代的体育景观成为全世界共同瞩目的文化现象,精彩的赛事表演、时尚的体育明星、花样翻新的广告宣传,全球化时代的体育运动呈现出多姿多彩的迷人景象。但全球化后的现代体育是天使还是恶魔的争议一直存在。在这种情况下,人们不仅要持有静观和玩味的态度,而且要持有批判和反抗的态度。

(一)体育产业方兴未艾

当前,将体育运动当成载体的体育产业已经形成了巨大的商业体系,被称之为目前最赚钱的一个行业。体育产业不但能充分满足公众精神娱乐的需求,而且能由此带来大量财富。综合分析当前的世界,世界各国争夺大型赛事主办权的竞争越来越激烈,部分大型体育赛事举办地往往是在几个国家和城市相互竞争后产生的。以奥运会为例,主办此类全球性赛事可以获得巨额财富已经成为公认事实,一些比奥运会赛事影响力小的赛事都能够给东道主带来巨大的经济效益。现代体育运动与商业紧紧地联系在了一起,使体育运动的规模越来越大,并促进了体育运动的普及,体育也由于本身的特点成为众商家眼中的"宠儿"。例如,奥运会、NBA、世界杯、四大网球公开赛、高尔夫球精英赛、一级方程式赛车巡回赛等具备竞技性与观赏性的职业体育赛事,均属于体育产业的"势力范围"。分析部分体育产业发达国家得出,体育产业产生的经济收入在国民经济中占据着很大份额,已经转变成一项支柱产业。

据美国 AT-Keamey 公司的统计,美国体育产业的市场价值在 20 世纪 90 年代中期就已达到 1 520 亿美元,成为美国的第 11 大产业,占 GDP 的 2%。意大利的体育产业在 20 世纪 80 年代末就跻身于国民经济的 10 大支柱产业。日本体育产业的总收入为 42 000 亿日元,居其国内产业的第 5 位。目前,全球体育产业的年产值约为 4 500 亿美元,并且每年以超过 10% 的速度递增。国际足联前主席阿维兰热曾经自豪地说:全世界的汽车总产值不过 1 700 亿美元,而国际足联领导下的全球足球产业已经达到 2 400 亿美元。据《青岛财经日报》报道:世界杯足球赛已经成为世界上最大的休闲产业,世界杯赛事组织机构国际足联(FIFA)是世界杯赛事的最大赢家,世界杯赛主办国依靠此赛事带动了该国经济的增长。作为世界上影响力最大的单项体育赛事,观看世界杯足球赛的全球观众数量一直不断攀升,有关统计资料表明,收看 2002 年世界杯的电视观众约为 30 亿。从很大程度上来分析,世界杯足球赛是体育全球化之后规模最大、影响力最广泛的一项全球性体育赛事,是一项全球范围内最受人期待的体育赛事。2002 年世界杯适时地促进了韩国经济的增长,并为日本 12 年的经济停滞注入了活力。为了世界杯赛,日本花费了 45 亿美元修建了 9 座世界杯球场;韩国花费了 25 亿美元修建球场,这给当地建筑行业打了一剂强心针。在 2006 年德国世界杯赛期间,世界杯赛刺激了德国目前低迷的经济。世界杯赛为德国创造了 6 万个新的就业机会,其中三分之一是长期的固定工作机会。另外,德国的小公司还有望在世界杯赛期间增加 22 亿美元的收入。体育用品制造商同样是世界杯赛十分明显的受益方,同时世界杯赛也是电视促销的理想时机,还能向电信业提供推广服务的大好机会。

截至目前,体育已经发展成当前社会和百姓生活紧密相连的组成部分之一。在生活水平不断提升的情况下,人们在体育方面的消费比重不断增多,一个巨大的体育消费市场应运而生。同时,在国民生活水平不断提升的情况下,体育产业的形成奠定了坚实的群众基础,全社会对体育持有的态度向积极方面转化,在公众积极参与和观赏的情况下,体育产业由此创造的经济利益不断增加。同时,现代竞技体育体现出来的高水平运动技能也是创造市场的关键因素。没有高水平的运动技能做支撑,即使是普及率最高的足球运动也会因为缺乏看点而失去魅力。随着大众文化时代的到来,竞技体育迎合了当代大众的娱乐口味,比赛的激烈性和结果的不确定性适合现代大众传媒的传播规律,新闻媒体的宣传炒作对体育产业的发展起到了催化作用。媒体对体育赛事的报道,能引发广大体育迷对体育赛事的关注,能激发起体育迷的热情并制造超级明星。换句话说,如果不存在现代传媒的广泛关注,NBA、意甲、英超迸发强大生命力的场面也将不复存在。在视觉文化时代,体育比赛本身被视为一种"类媒体",自身具有一定的传播功能,所以许多企业热衷于赞助体育比赛实际上就是为了取得比发布广告效果更佳的推广效果。企业的赞助为体育比赛提供了源源不断的经费来源,让体育产业的雪球越滚越大。企业对体育赛事的赞助并不等于无偿捐助,赞助体育 1 美元,企业将获得 3 美元的回报,这已经是商界的经典语录。从整体来说,在众多元素的共同作用下,使得体育市场的开发程度前所未有,体育产业逐步发展成最富魅力的产业,逐步发展成效益最显著的明星产业。

(二)竞技体育文化的另类思考

1.竞技体育的意识形态特性

意识形态问题是 20 世纪社会学、法学、政治学及哲学共同关注的重要主题之一,对意识形态问题的争论几乎贯穿了整个 20 世纪,并且一直延续到今天。意识形态理论在马克思的哲学思想中占据着重要的地位,在他看来,意识与意识形态是两个不同的概念。从本真的意义上说,意识是不能独立存在的,而意识形态是独立存在的,并且是对某个特定的阶级利益的反映。因为遮蔽性是意识形态的重要特征之一,所以马克思主张通过批判去意识形态之蔽,从而达到认识世界真相的目的。西方马克思主义认为,在现代社会,意识形态是一种异化的文化力量,虚伪性是一切意识形态所固有的普遍特性。不管哪种意识形态,之所以虚构的原因都是为巩固与扩大自身的阶级利益,终极目标是对人们的思想产生作用、对人们的社会生活发挥决定性作用。站在他们的视角来分析,意识形态属于一种强劲的统治力量与操纵力量,是一种能够对人类自由与自主性加以扼杀的异化力量。利用现代科学技术产生的不同大众传播媒介与文化方式来对人们的生活进行操纵,由此向现状做出辩护。

整体分析竞技体育的发展历程可知,其整个发展过程始终受这种源于运动本身基础上的意识形态的作用。尤其是历经百年迅猛发展的现代奥运会,其极具号召力的宣传口号与作用显著的价值观念始终是其发展的强大精神动力。就某种程度来说,现代竞技体育的价值观和竞技观是人们推崇现代竞技体育的重要原因。在竞技体育信息鱼龙混杂的日常生活里,主流媒体的宣传要求我们对这些相互矛盾的信息不加分辨地接受,拒绝承认大众日常记忆中各种不连贯的和多元化内容,而要求我们接受一种理想化的竞技体育。其实我们所接受的不是真实的竞技体育,而不过是竞技体育可能的样子。与其说我们接受竞技体育这种形式,不如说我们欣赏的是它被媒体所制造出来的价值理想,是它的品位的魅力。吸引公众目光的不仅是竞技体育本身,而且还有它那完美的价值理念和远离平凡的追求。现代奥运会有一个特别响亮的口号,那就是"重在参与"。这个口号的对象没有界定,但是人们只能从参赛国家和参赛选手的角度理解这句话。对于普通大众来说,无论是不是体育爱好者,都不可能切身地参与到奥林匹克或其他高水准的专业比赛中去。这不单单是因为比赛技术条件的制约,更为关键的是专业化的比赛水准将运动员的生理条件、训练水平等方面与普通人彻底区分开来;职业化的比赛方式让通常无法获得商业支持的业余体育爱好者无法问津。由参与转变成欣赏,该转变让竞技体育活动的文化意义出现了根本性转折,不仅由崇高理想转变成鼓动众人的口号,同时竞技体育文化的价值意义也出现了下移。

在当今传媒业发达、商业化介入的背景下,使得奥运会在世界各地得到了迅速传播,西方体育发展成了世界体育的代名词。充分借助实况转播,不仅能及时观看正在发生的体育事件,国内体育事件与国外体育事件均可,同时电波能够跨越海洋向我们提供十分鲜活的比赛场面。一些赛事的宣传海报、明星靓照被大肆地刊登在杂志报纸的封面、张贴在广告牌上。有的还被广告商们以声音、广告语或短片的形式传送到电视、电影和电台上。各种精彩纷呈的图线画面侵入了我们的公共空间和私人空间。正是借助媒体的巨大辐射力才使得竞技体育成为一种极具价值的营销产业,媒体的推介使其具有压倒其他体育的好品位。现代社会中,竞技体育正是借助发达的现代传媒和交通使得它的一些口号和观念不断地对公众进行不间断地输出,使得大众无形之中受到影响,从而将这种意识形态潜移默化为自己的内心观念,人的行为也往往不知不觉地受到这些观念的影响。

但是,这个阶段竞技体育此类意识形态的负面作用也随之出现,现代竞技运动在"更快、更高、更强"精神的激励下,呈现出了不断向人类生理极限冲击的过程。竞技体育不仅追求力量、速度以及高度的无限优化,同时追求竞技过程中体现出来的一种无限逼近人体极限的顽强精神。竞技体育为追求这种顽强精神,常常以损害竞技者健康作为代价,单方面掘进竞技体育无限超越精神,职业化、商业化、兴奋剂等问题将竞技体育的美好理想化进行了一次次尝试。而现代人却没有意识到自己已经在很大程度上成为这些意识形态的奴隶,竞技体育所有的这些负面的影响都在"更快、更高、更强""公平、公正、公开"等一系列的美好愿望面前被无限缩小。正如弗洛姆所说的那样"这些意识形态既不是真理也不是谎言,或者说,既是真理,又是谎言——人们真诚地相信这些意识形态,就这个意义而言它们是真理;从另一个意义上来讲,即就这些被合理化了的意识形态具有掩盖社会和政治行动的真正动机这一点而言,这些意识形态又是谎言"。竞技体育的商业化、技术化特征消解了它原本对真善美的追求和理想,同时,它的消遣性和娱乐性特征又消解了人们对竞技体育发展现实的不满和反抗维度。在华丽口号的鼓动下,组织者漂亮的煽动下和在精彩比赛过程的遮蔽下,人们仍将竞技体育视为一项高尚的文化活动。竞技体育倡导的一些价值理念意味着每一个个人与偶像化了的专业体育明星联系了起来,使得竞技体育活动通过体育明星的形象变成了一种集体表象,即社会共享的文化形象。由此可知,从表面上看大众化的竞技体育不存在强制性,但其对人的操控与统治十分深入,拥有"润物细无声"的特点。

2.大众文化时代的竞技体育

大众文化是发达工业社会与后工业社会中,伴随文化进入工业生产与市场商品领域而产生的崭新社会现象,是经过大众传媒技术与现代信息技术塑造和支撑的文化生产形式与文化传播形式。大众文化彻底破除了文化阶层对文化垄断这种文化特权现象,使得文化逐步走向民间,和广大群众的精神文化生活产生了直接性联系,发展成他们的日常生活,使得文化舍弃了以往仅仅依附于少数人的寄生性特征,并由此得到了广泛的社会性,让文化精品由封闭的神秘存在中走出来,转变成每个人都能够欣赏的东西。在工业化、市场化向全球扩展的今天,大众文化已成为世界性的文化潮流。大众文化是社会全面发展、综合进步的结果。竞技体育作为一种世界性的体育文化,随着经济全球化的潮流而不断地在世界范围内得到广泛地传播。随着现代传媒的高度发达和商业化的介入,在体育明星的巨大感召下和经营者的苦心经营下逐渐成为一种大众普遍使用和利用的文化消费形式,能够满足人们的闲暇生活,作为一种赏心悦目的审美文化活动能够解除疲劳,缓解压力。同时它也活跃着观赏者的感官,震撼着他们在正常生活中无法体验到的竞争欲望,舒张着被文明束缚已久的肉体,亢奋自我压抑多时的精神世界,从而达到一种身心良性发展的目的。

尽管人们对文化有很多种理解,但长期以来人们都把文化当成了具备精神特征与价值特征的东西,和广大群众日常的具体生活行为,特别是经济行为存在着本质区别。文化的价值体现在人的全面发展与审美水平的提升,而不是盈利或其他实际利益。不管是哪类文化,传统发挥着文化发展基础的重要作用,让文化得以延续与持续发展。无论是哪种文化,传统构成了文化发展的基础,使得文化得以延续和一脉相承。无论继承或保守,反叛或激进,都与其文化传统有着密切的联系。就竞技体育而言,无论是诞生于古希腊的古代奥运会抑或是风靡全球的现代奥运会,作为诞生于西方文化摇篮中独具魅力的身体文化,从诞生之日起便有着自己独特的价值追求。它标志着人类对自身现状的不断反叛,体现出了人类对人生意义的积极探索和自身价值实现的不断追求,为人类提供了一种思维范式和行为方式。竞技体育最初与物质追求没有丝毫关系,优胜者的奖品不是贵重之物,而是一个用树叶编成的简单的冠。顾拜旦在复兴现代奥运会时也对现代体育寄予了美好的愿望,从时代的背景出发,希望通过举办体育活动来增进各国之间的友谊,来化解矛盾。由此可知,古代与现代的竞技体育都大大超出了一项简单的身体运动,很大程度上寄托了人们的理想与期盼,反映出了理想的开放程度、对人格的尊重、对公益事业的积极性、对身体美的热爱。和竞技体育向往的美好期盼相比,迫使人们开始怀疑自己走错了路,值得庆幸的是人们有过这种崇高理想。

但是,在大众文化时代到来与现代传媒形式更新的背景下,竞技体育正在用绝无仅有的广度与深度传播着,竞技体育的形式、内容、传播方式均和传统体育文化存在很大差异。世俗社会的出现,消费文化的兴起,商品经济意识在大众文化传播中的渗透推动了文化的繁荣,使得文化成为一种产品,一种可以用于交换的商品。文化不再是一种个人的精神和灵性的活动,而异化为大批量生产的工业。正如法兰克福学派指出,在浅层意义上,它过分激发了人的感官享受的欲望;在深层意义上,它把人的非物质的精神活动降格为特殊的物质活动,从而悄悄地扼杀了人的自由天性,取消了人的理想。随着社会全面走向市场经济,文化将不再是一种孤立的文化现象,而成为一种经济现象,体育文化领域也不可避免地沾染上了世俗商业化的尘埃。在竞技体育领域内,自1984年美国洛杉矶奥运会以来,竞技体育便与商业化结下了不解之缘,某种程度上说,正是由于商业化的介入才使得现代奥运会恢复了生机。但另一方面是,伴随着商业化与职业化的加深以及高科技手段的大范围普及,传统上赋予竞技体育健康、全面、和谐发展人格的观念在物质欲望冲击下变得越发无力,标志着无限生命力的圣火同样在丑恶滋生的实际生活中变得黯淡无光。这一切无不与竞技体育文化大众化生产和传播密切相关,消费社会中的竞技体育已经丧失了真正的文化本质规定性,呈现出明显的商业化的趋势,具有商品拜物教的特征。今天的竞技体育追求的不是高尚的价值理念,关心的不再是团结教育,它成了受市场导向、利润动机和交换价值支配的商品。此类消费性特征明显的竞技体育的组织者和参与者关注的是比赛的上座率与经济效益,并非单方面的和谐教育与审美功能。因此,现阶段和商品拜物教相同,出现了"竞技体育拜物教",人们对竞技体育的崇拜已经异化成了对竞技体育能够获得交换价值的崇拜。

在大众文化发展迅速的情况下,传统文化被持续挤压和持续消解,传统文化的神圣经典已经被流行文化和时尚文化所取代。纵观世界体育发展的格局,在经济全球化的影响下,西方体育(竞技体育)借助强大的政治、经济实力迅速在世界范围内得到传播,成为当今世界体育文化的时尚主流形态,而其他民族的传统体育被压缩在一个狭小的空间内苟延残喘。竞技体育之所以有如此巨大的辐射力,在于它迎合了当今人们的消费欲望,成为一种时尚性的文化消费。文化的时尚和传统几乎没有什么重大的关联,而是受到现代社会中人们的消费欲望支配。大众文化时代的竞技体育文化形态表现出传统追求与现代观念的断裂,似乎是一种无根的文化,随着大众的欲望上下翻腾。竞技体育的时代特征与生活与文化一道在心理因素、社会因素和经济因素的影响下发生着变化,并成为时代的表现。这些风格的变化时常是急剧的,时常是从一个极端转向另一个极端。竞技体育用人们喜闻乐见的形式去迎合大众的口味,刺激着被现代文明压抑已久的感官,因为大众的需求是竞技体育发展的主要动力。在这样一个崇尚消费的时代里,竞技体育要最大限度地争取大众的消费,就要刺激他们的欲望,从而获取更多的经济利益。现代竞技体育花样不断翻新,各种比赛层出不穷,赛前宣传,明星效应都使得它具备了新奇性和时尚性,成为一种用完即扔的"快餐文化"。人们像消费物质产品那样,消费竞技体育所反映出的有益于身心的视觉享受和听觉享受,这属于消费社会中体育文化的一项显著特征。在这种心态的作用下,竞技体育的发展已经离"更快、更高、更强""重在参与"的期盼越来越远,自身文化的单薄程度越来越明显,文化内涵丧失了积累性。

(三)体育休闲,一种生活方式的变革

与其他活动为比较对象,现代体育具备独有的社会性、高尚性、自发性、娱乐性的文化特征。在现阶段,不同的体育运动已经覆盖广大群众的日常生活,现代传媒更让现代体育进入广大群众的生活中,报刊、电视以及传播无时无刻不在推广着体育比赛的消息。今天,最无法想象的就是今天的人类倘若失去体育活动会怎样? 还有人也无不感慨地设想:过去的人类在没有体育活动的时候是怎样打发时光的? 体育运动的大众性使其成为一个独特的领域,不但能起到强身健体的作用,也是一种集竞技性、观赏性、娱乐性于一身的公众休闲手段,扩大了人们的休闲范围,丰富了人们的休闲手段。

在科学技术迅猛发展的背景下,人们的自由时间越来越多,同时拥有了巨大的精神活动空间。从理论上来说,在此类没有空间的自由时空中,人们能够从很多琐事中脱离出来,生活应当比之前更好,至少不存在困惑。但当人们面对的物质财富不断增多后,人们不间断地在无限欲望中付出相应代价,这不但挤占了很多自由时间,而且使得人们向往的自由越来越远。人们并没有珍惜这来之不易的自由时间,没有合理、科学地消费这些宝贵的人生

财富,没能从根本上提升自己的生活质量。人们拼命地想从有限的时间里挖出无尽的财富,每个人都希望在有限的生命中获得更多的享受。大量的自由时间被人类贪婪的本性糟蹋得体无完肤,人们在拼命挤压时间的同时,其实无异于在疯狂地榨取自己。人类已经不会心平气和的在理想的状态下生活一段时间了,生活的千篇一律,在现代性的话语里怎还奢谈人的自由。"人生而自由,但却无往不在枷锁之中。"卢梭的这句名言至今仍真实地反映着人类的现状。

在休闲时代到来的背景下,人们对社会进步的定义出现了本质性改变,传统意义上的进步使得物质生活水平不断提升,当前物质财富的满足将让位于人们热切追求的精神生活。对于不断增加的闲暇时间来说,人们有能力创造区别于他人的休闲方式,并非只是被动地忍受现代性带来的负面作用。对于休闲来说,常见含义往往涉及消除体力的疲劳与得到精神方面的慰藉。休闲包括很多种方式,从休闲兴起开始,体育就通过十分鲜明的休闲价值充当着人们参与休闲活动的关键性选择。21世纪是人类休闲的时代,随着经济和社会的发展,我国也正在迈入休闲的门槛。体育作为一种社会文化现象,其休闲参与价值正在越来越多的为人们所认识,成为一种健康、文明、科学的休闲生活方式。通过体育的方式来休闲成为一种生活方式和生活状态。体育与休闲的结合并不是一种简单的概念嫁接,而是在时代的背景下,人们对工业文明带来的人性异化现象的反思,是以体育为手段的一种以人为本的回归。自古至今,体育与人类的休闲和游戏活动密切结合在一起,现代生活中的各种球类运动都可以在中国古代的休闲游戏中找到身影。在实际生活中同样如此,以广大群众的日常生活为例,在闲暇时间人们可以借助电视或者现场观看体育比赛、体育展览、体育表演,这就是体育欣赏活动;人们阅读体育期刊书报,这就是信息咨询活动;人们参与包括网球、健身等在内的体育运动项目,这就是体育健身活动。换句话说,人们每天都在利用体育的形式参与不同的休闲活动。

与社会学的其他研究领域相比,对生活方式问题的关注历史并不算长。其实生活方式就是一个回答"怎样生活"的概念。从休闲的角度概括来说,一个人的生活方式有"两极化"趋势,即工作和休闲。在社会持续进步的社会背景下,人们已经由生产型社会迈进消费型社会,人们对消费的地位和观念出现了翻天覆地的变化。原本在人们日常生活中充当娱乐形式的体育,正在逐步发展成人们消费中的时尚产品,体育休闲被称之为时尚。体育休闲,是一种紧张工作后的积极休息,是被物质压抑和束缚的解放,是摆脱贫乏与困窘的一种标志,是抛弃狭隘与自我封闭后的心灵开放。体育休闲的主体是人本身,体育休闲是人暂时离开物质生产与创造等约束下的个体化行为,它使人能按照自己的意愿自由地拥有自己的生活方式。它所体验的是一种他人不可替代的完全个性化的自我体验。体育休闲中,个人与个性不是自闭、孤立、缺憾、偏执与自私的,而是丰盈、完整、敞开、平和与宽厚的。体育休闲是对抛弃人、异化人的一种"背叛",是以自己为目的、以人的生存为目的、追求生命本真的一种全面的放松与悠闲。体育休闲是人在与身体轻松自在的对话中真切地感受到自己存在的价值,直观地体验生活中的真、善、美。体育休闲实质上是一种更为积极更具本体意义的自我实现、自我完善的一种创造。体育休闲促使人们回归到自足丰盈、健康和谐的自我认同的精神状态中,回归到人类自身的精神家园。体育休闲是人类在"异化年代"的一种主动创造,它不是以满足人的生活的物质需要为目的的那种物质性或工具性的创造,而是人类为自身创设的一种充满活力的感觉,享受着一种进入生命的活力,塑造人进化的需要。站在人类的立场来分析,每个人都需要树立一种自身进化的责任感,回归自我就是回到生命本身,真切体验自我存在的深层次价值。因此,从本质来分析,休闲体育是一种回归,并非一种超越。

第二节　世界体育文化的基本态势

一、竞技体育地位稳固

由于竞技体育能够表现出人类的潜能,所以其原本就在人类进化过程中发挥着参照性作用。自从竞技体育获得政治家和企业家的重点关注后,这个人类特殊文化活动的发展速度不断加快。作为国家和民族间交往的舞台,作为世界经济展开角逐的战场,作为哲学家思考人类精神和命运的对象,作为天才们展现自身价值的媒体,作为地球上的人们为之癫狂的观赏和娱乐物,竞技体育已经没有办法再回避和推脱自己的责任了。如今,一个无视竞技体育的国家和民族绝不可能在人类的竞争面前应付自如。俄罗斯、美国、德国、英国,还有一切试图在世界上证明自身的国家和民族都义无反顾地投身于竞技体育。分析以往的奥运会可知,各个体育代表团的表现往往对很多国家的民族情绪与国家意志具有鼓舞作用,很多国家立足于优化国际形象与提升国际地位的立场展开了强化竞技体育的政策取向。以每4年一届的奥运会为例,其就是彰显国家形象、提升国家地位的竞技运动会。

在竞技运动和运动成绩不断提升的情况下,运动员只凭借自身天赋和力量来获胜早就成为历史。在今天,运动员取得成功的必要条件包括运动自身才能、常年艰苦训练、高水平教练员、现代化训练条件、控制训练过程处于最佳状态的精密仪器、丰富的国内外比赛经验等。由于一名运动员在奥运会上成绩的优劣也反映了他所在的社会能否为他提供这些条件和提供的程度如何,于是在某种意义上,运动员所表现出的运动成绩凝聚着国家的、社会的力量,而不可能仅是个人的成败。因此,运动员的血肉之躯在竞技场上拼搏的胜负便具有被视为一个国家力量的表现的可能性。

然而,只具备以上两个条件是远远不足的,仅仅是具备可能性而已,但奥运会一系列强化民族意识的仪式把运动员个人之争转变成了不同民族、不同国家之间的象征性竞争。虽然国际奥委会反复强调奥林匹克竞技是个人之间而不是国家之间的比赛,但是在奥运会的百年历史中,没有一名运动员纯粹代表自己进入奥林匹克竞技场。任何一名参赛者都一定要经过这个国家和地区的奥委会同意才能参赛,因而他们也是国家的代表或地区的代表。而覆盖世界各地的电视通讯网络系统,是利用一系列技术方式把此类竞争的象征意义呈现在无数观众面前,促使人们相信竞争比赛就是民族、国家间的竞争。近些年的奥运会和其他国际竞技运动比赛逐步让这种象征意义在人们心中扎了根。

由于竞技运动比赛结果的不可争辩性和运动员的成绩与其所在国家或地区的不可分割性以及奥运会特有的一系列强化民族意识的仪式和新闻媒介大规模的宣传作用,使奥运选手的表演与国家的形象结合了起来,成为增强人们的民族认同感的一种象征,起着增强民族凝聚力的作用。这不仅是当今世界很多国家热心对待奥运会的主要原因,还是奥运会原本没有国家奖牌得分名次的比赛,但绝大多数国家与新闻媒介不禁持续比较的原因,也是所有举办城市都尝试在建筑、设施、服务等方面实现比上一届更好的原因。

二、保健运动方兴未艾

在社会发展与人类物质文明进步的背景下,当前人们对保健问题持有的观念正在发生着翻天覆地的变化。首先,人们不再把没有疾病就看作健康,而认为人的身心群都处于一种积极的健康状态才是健康;其次,增进健康、改进体质和预防疾病显然比治疗更合理和少花费,生病的责任应归咎于自己;再次,注意自我保健,养成良好的个人生活习惯是达到健康的必由之路,没有必要为一点小病都要求助医生;最后,人们不再把医生作为我们社会唯一的高级神父,也不再把所有药物视为治疗疾病和恢复健康所必须的灵丹妙药。

自我保健运动的常见内容有彼此作用的科学营养、存在规律的有效体育活动和锻炼、戒除不良嗜好等，维持个人良好的生活习惯是一项最为重要的因素。我国各个时期流传的口号充分展现了时代变革的背景下为自我、为健康、为生活的鲜明价值取向。

三、健身健心势头强劲

就工业社会生产力来说，机器是重要因素，机器生产造成的异化劳动是其特征的决定性因素，体育对异化劳动产生的负面作用进行着自觉医疗或不自觉医疗，是对异化劳动的积极抗衡。工业化体育发展目标就是恢复异化劳动带来的生理疲劳，促使人们积极参与体育锻炼，特别是积极参与比较简单、比较平和的运动项目。除此之外，人们逐步认识到延长人寿命的深远意义是延长人的"黄金时代"，具体来说就是尽全力愉悦身心，享受生活，但并非苟延残喘，由此可知必须将更多精力投入在健身与健心两个方面。

健身和娱乐体育的发展促使体育社会化、终身化、娱乐化、生活化，正是生产发展和科技进步带来的经费和设施以及更多的闲暇时间使得健身体育和娱乐体育具备了条件。现在人们从事健身运动的热情十分高涨，并且呈现出继续蓬勃发展的势头。健身运动正在成为各种年龄、不同性别和职业的人们日常生活的内容。因此，体育工作者不仅在学校向学生传授正确的健身运动知识与健身运动技能，还要大胆走向社会，服务于更多的人，给社会各个领域的人们带来切实科学、科学准确的几十年的健身运动计划与健身运动指导，从而让健身运动朝着最佳道路前进。

四、体育教育追求终身教育

毋庸置疑，教育变革为今后的体育教学训练带来了很多崭新课题，同时体育教学训练体系也出现了翻天覆地的变化。首先，体育教师一定要如同教会学生明白怎样成为一名合格的终身学习者一样，教会学生如何发展成一名终身参与体育锻炼的人；其次，体育教师不可以只让学生掌握有效的锻炼手段，还要让学生掌握学会创造自我展开适度体育锻炼手段的技能，培养学生体育锻炼的良好习惯，促使学生拥有获取和运用锻炼新信息的水平；再次，让学生积极投入自我保健运动和健身运动；最后，由于更多的成年人返回学校，体育教师应该制定中老年人进行体育锻炼的指导性计划，以满足他们的需要，提高他们的生活质量。这个自 20 世纪 50 年代就已出现的体育思潮将毫无疑问地成为 21 世纪的体育思想主流。

我国同样实施了体育教育改革,在我国国民生活水平不断提升的情况下,学生的课外身体运动时间不断缩短。针对这种情况,体育教育改革已经成为时代的必然趋势。因此,1999 年国务院批准了《面向 21 世纪教育振兴行动计划》,明确提出要实施跨世纪素质教育工程,整体推进素质教育,全面提高国民素质和民族创新能力。改革课程体系和评价制度,争取经过 10 年左右的试验,在全国推行 21 世纪基础教育课程教材体系。2001 年,全国基础教育工作会议发布了《国务院关于基础教育改革与发展的决定》,在这个决定里面,明确地提出"加快构建符合素质教育要求的基础教育课程体系"。

在大范围调研我国当前义务教育课程实施情况与高中课程实施情况的基础上,经历了大面积的国际比赛,重点对亚洲、欧洲、北美洲等二十多个国家与地区近些年来中小学课程改革情况展开了比赛研究,于 2001 年形成了新一轮课程改革的系统性文化与政策的框架。构建出新课程方案与体育课程标准之后,还在全国范围内大面积征集意见。与此前的体育课程相比,新一轮中小学体育课程改革从学生的学习主体地位出发,坚持把"健康第一"作为体育课程的最高目标,更加注重学生体育兴趣、体育意识的培养和情感变化,注意学生养成良好的行为和提高学习能力,随着年级升高逐步增大学校、教师和学生对体育学习内容的选择性。从实施的情况看,新课程明显提高了学生体育学习的积极性,学生对运动技能的掌握和应用程度也明显提高,因而普遍受到了教师和学生的欢迎。

五、体育科技快速革新

科技和体育共同走过了一段繁荣发展的阶段。截至当前,依然是高科技快速发展的时期,通讯技术、电脑技术以及闭路电视系统发展得越来越精细。个人和家用电脑逐步像现在的电视机和冰箱一样成为人们必须的广泛应用的重要设备,它正在体育运动中发挥作用。如协助人们进行生物力学分析,设计体育控制和管理报告系统,制定锻炼指标,测量记录分析体质和健康状况,设计比赛以及随时取得准确的必要数据和信息。体育科技正为体育推波助澜。

在现代奥运会参与人数持续增加的情况下,奥运会已经成为全世界规模最大、最需要多系统与全方位高科技支持的人际交流活动。和举办奥运会相关的所有活动都涉及科技。例如,参赛选手科学训练和赛前心理准备,赛事组织管理和赛事信息传递,运动员食宿和交通保障,比赛场馆设计建造和新技术运用,更新比赛装备和改进裁判器材,运动员安全保卫和违禁药物检测分析。

在每届奥运会的特定时间和特定空间中，为了参加、报道、观赏最高水平的体育盛会，来自全球 200 多个国家和地区的体育代表团、大众传播媒体和游客观众共聚一堂，这无疑为现代科学技术成果的应用、展示与交流提供了得天独厚的特殊条件，使奥运会成为最新科技成果的"交流平台"和"展览橱窗"。以悉尼奥运会为例，在短短的 15 天内，全世界收看奥运会电视转播的观众累计近 40 亿，奥运会期间组委会正式网站的访问率达到 110 亿次。随着奥运会在世界各地影响力不断增加，同时在世界各国传播媒体的密切关注下，奥运会赛场上应用的最新科技成果和科技知识往往会被迅速而广泛地传播与扩散。奥运会大大提高了传递科技知识的速度，奥运会已经发展成科技成果展示与交流的博览会。除此之外，包括奥林匹克科学大会在内的一系列会议也为交流科技成果提供了良好时机。

体育运动是人类一项十分关键的实践活动，具备自身的特殊规律与科学内涵。就竞技运动训练过程来说，其组成环节就包括科学选材、系统训练、伤病防治、医务监督等。当前，奥运会已经真正迈进更加理性、更加科学化的时代。随着奥运会在全球范围的普及，随着竞技运动水平的普遍提高，奥运会的竞争日趋激烈，提高运动成绩、夺取奥运金牌的难度越来越大，所以科技工作显得尤为重要。在很多项目中科技的运用让体育运动增添了更多的神采，比如仿鲨鱼皮泳衣，它可以减少 3% 水的阻力，这在 1% 秒决出胜负的游泳比赛中意义非凡。运用科学的设计和高科技材料建设的游泳池，大大降低了水波起伏对运动员的干扰，并提高了蹬池壁后的滑行效率。在运动项目中所涉及的各种服饰、鞋袜、用具、记分设备、跟踪设备等等，科技无处不在。

六、体育产业发展良好

就世界竞争来说，主要包括军事力量竞争和综合国力竞争两个方面。经济，这个人类生活的主宰裹挟着一切可以被它左右的事物。"市场经济主导全球，体育亦全方位展开营销运筹。"体育资源商品化，体育探险磨炼心志，体育旅游积极度假，体育服装新型时尚，健身器材进入万家，健康投资人人入股，体育产业日新月异。体育产业在不少欧美国家已经成为重要的"朝阳产业""无烟工业"，意大利和美国的体育产业产值甚至超过了不少直接关系国计民生的工业。

在经济全球化的作用下，提供体育服务产品的体育产业正在加快达到体育资源国际化。通过优惠条件和实实在在的事业来吸引国外高水平教练员和运动员,已经转变成国际体育的常见手段。自20世纪90年代开始,苏联与德意志民主共和国已有几千名高水平运动员和教练员流入西方,美国、欧洲和澳大利亚成为最大的接收和受惠地区和国家,典型例子是苏联游泳功勋教练图列茨基来到澳大利亚,几年中将澳国家队带入世界一流水平,现已超过俄罗斯。此外,中国的体操、乒乓球、跳水和羽毛球运动员、教练员几乎遍布全球,姚明加入NBA等,就是这种世界范围内人才流动的体现。与此同时,体育资源国际化的另一项表现是安排教练员、运动员、后备人才到高水平国家培养训练,从而使其水平得以提升。埃塞俄比亚、肯尼亚等国的长跑选手长期在美国接受训练;美国训练的南非运动员为南非夺得第一枚奥运游泳奖牌;亚特兰大奥运会后韩国将击剑队派往法国训练,收到了很好的效果。国际奥委会等一些国际体育组织也在采取这种办法帮助第三世界国家提高运动水平。当前,竞技体育已经彻底进入体育和体育人有国家、无国界的全球化新时代,体育资源国际化必将成为21世纪的主要潮流,同时对竞技体育发展与运动水平提升发挥积极作用。

第三节　全球化背景下世界体育文化的交融

一、全球化背景下的文化交流与合作

不管是哪一个民族,都有自己的文化传统与社会发展道路。人类历史经验证实,各类传统文化要想实现共同繁荣,就必须做到相互借鉴。在人类文明不断进步与社会不断发展的基础上,没有一种文明能够单独发展或单独存在,东西方文明与国际文化间交流协作已经发展成难以阻挡的世界主流。不同文化传统间的沟通有利于促进国家间政治、经济关系的发展,有助于消除民族隔阂和偏见,有益于保护文化多样性前提下文化的和谐共生。我国著名人文学者费孝通、季羡林、汤一介等对此都有精辟的论述。

在各国之间形成文化交流和发展的机制,加强联系和对话,减少冲突和磨擦,有利于在经济全球化过程中实现传统文化的继承和发展。经济全球化条件下保持文化的多样性的前提是尊重各国各民族文化的独立性和独特性。同时,需要不同文化间加强交流与交往。通过相互吸收,相互借鉴,可以达到文化的共同繁荣,这是一种在保持自身文化特征前提下的相互促进关系。世界因不同而精彩,交流因不同而必要,创新因交流而迸发。文化发展需要各民族间建构一种相互的交流环境。由此可知,不同文化之间相互尊重、相互学习、相互交流,已经发展成一套文化交往基本准则与有效机制的体系,将演变成世界各国都需要解决的一项问题。以上准则与机制不但要覆盖绝大部分国家,而且要保证准则与机制的可操作性。

二、全球化和体育

当前,体育已经发展成跨国家文化产业化与文本化的重要核心,还可能是普及范围最广的大众文化,体育对全球化所做的比所影响的更多。在体育职业化与国际化不断加深的基础上,体育的商品化与科层化已经演变成人们认识体育国家文化复杂化变革的根本。时代、种族、性别、阶层等因素对体育表演与体育观赏都发挥着重要作用。通过贸易的历史、体育职业化、球队拥有者、美国符号的出口、商品的搭售,全球化、政府化、美国化、电视化、商品化如何影响体育,新的文化劳务国际部门如何通过让运动员和观众为人体科学、媒介、资本、政府表演而使体育商品化;电视使体育成为全球化的核心;全球化环境下如何治理,谁制定规则和谁受益? 国外学者对此项问题较早做出的论述为探究全球化背景下体育发展走向提供了关键性启示。结合当今世界文化的发展特点,这里对其已经反映出来并将继续发展的态势进行逐一阐述。

(一)东西方体育文化的交融

当今世界最本质的大势是多元格局与和平发展主流,这对世界文化交往拥有正面影响,体育文化在这种国际背景下获得了十分可贵的发展机遇。国际竞技和群众体育的融合在国际奥林匹克运动和联合国教科文组织、世界体育组织的努力下日渐紧密。世界两大体育文化体系——东方和西方体育文化也出现了空前的交融态势。不管是东方体育,还是西方体育,都是人类共同的体育文化,都是人类彼此交往、彼此沟通的结果。东方体育文化主要是黄河、尼罗河、底格里斯河等文明孕育而来的,西方体育文化主要是不列颠和美利坚等文化的产物,是古代希腊与意大利罗马体育文化发展的结果。在现阶段,世界文化在日益开放和密切交流过程中越发趋同,东西方体育文化正在逐步融合。

就东方体育文化来说,主要是在自给自足的自然经济环境形成比较独立与隔绝的状态中,显著特征是封闭性、宗教性、民俗性、伦理性以及军事性;就西方体育文化来说,主要是为更好适应现代社会生产方式形成并发展的,主要发展走向是普遍化、个性化、娱乐化以及竞技化等。这两种不同时代中产生和发展的体育在人类进入近代社会以后逐渐打破了隔阂。资产阶级工业革命以后,东方体育文化在被动与主动、自觉与不自觉中开始了与西方体育的冲突与交融。如今,西方的田径、游泳、足球等项目已成为东方体育文化的主要内容,西方体育中的平等竞争等观念也已日渐深刻地影响到东方体育(包括中国传统体育)。一部世界近现代体育史,实际上就是东西方体育互拒互斥、互渗互融的历史。中国传统武术借鉴了西方体育竞赛方式,由此产生了散手竞技,气功被引入现代科学理论,龙舟和风筝都被融入了现代人的精神需求,这些中国传统项目已经发展成同时适宜东方和西方的竞赛与活动方式,逐步获得西方人的肯定与欢迎。这充分彰显了东方体育文化和西方体育文化日益契合的发展走向。

以奥林匹克主义为主的西方体育观念"和平与友谊""平等地公平地竞争""体育为大众""重要的在于参与"等逐渐为东方体育所吸收。而中国传统体育中的伦理道德观、健康长寿观、自然养生观、形神相关论、动静相关论、人天相关观等构成的整体体育观也被西方体育不同程度地接受;东西方体育在运动形式、方法与手段上也不断趋同,西方的摔跤、举重、拳击被东方接受,网球、橄榄球也被引入。

综合分析当今世界文化发展走向的高度,能够清晰看到东西方体育文化契合的发展走向。古老的中国"性命双修"的生命哲学与养生方法以其固有的特点与优点达到了与世界最新文化观念的契合一致,西方日益兴起的气功热、武术热就是两者契合的标志。与此同时,纵观民族体育发展史同样能发现东方体育和西方体育相互融合的态势。竞技性、娱乐性、健身护体性是世界体育融合的内部文化动因,移民迁徙、大众传播媒介、组织国际竞赛则是外部动因,上述六项因素也是促进东西方体育契合的因素。

综上所述,立足于内容、趋势、动因三个角度能够发现东方体育和西方体育的趋同。展开文化的本质来分析,世界上不存在彻底封闭的文化,从某种程度来说将世界文化划分成东方文化和西方文化都存在一些武断成分。文化是人类创造出的产物,其原本就是日益趋同的过程,世界上没有静态的、固定不变的文化,体育文化同样是这样。当然,划分东西方体育并对其进行比较研究无疑有助于加深对当前世界体育文化特点和不同体育文化个性的认识。但是,我们不能过分强调这种划分与差异,甚至把它绝对化,这样容易忽视人类体育文化的共性基础,夸大矛盾,看不到世界体育文化的趋同倾向。值得高兴的是,文化界的文化优劣绝对论对体育界影响较小,在探讨东西方体育文化的特点时,大多数研究者认为二者无明显的优劣之分,只有个性不同,而且两者趋同的趋势不可避免。这属于体育文化论中相对客观的看法。它对人们立足于世界体育文化的高度来理解和探讨东方体育文化和西方体育文化具有很大的积极作用。

（二）多元价值功能的交融与分殊

体育具有多项功能，这些功能往往处于分割状态或者受人们主观影响没有得到全面开发和利用。当前，随着社会的发展和人类文明的进步，人们对体育价值的认识和利用也日益全面和深刻，出现了体育文化多元价值功能的交融与分殊态势。主要体现在下列两个方面。

1. 健身、养生、娱乐、交往功能的融合

工业化带来的城市"文明病"导致了人的异化，电子化时代推动人们进入"数字化生存"，在肉体与精神分离、生理与心理不协调、生活目标和生活方式背离的情况下，使得人们出现了高情感需求。广大群众追求身体与心理和谐以及自我实现的趋势越来越明显。体育的多元化价值被个体自由与个体解放这个整体目标所统摄。一个商人在宾馆里进行保龄球等体育活动，既是与人交往的需要，又是强健身体的需要，既有商业谈判的目的，又有娱乐身心的目的。全面的异化和数字化统治使人们迫切需求全面的解放。体育活动作为沟通人的感性和理性最佳的手段，自然成为人们对现实生活的暂时逃避的手段。学者胡小明指出，21 世纪的体育需要为人类做出贡献的内容有追求健康、寻找极限、保护生存空间、满足审美需求和娱乐需求、融入经济全球化。学者胡小明的有关论述同样论证了体育价值功能出现转向过程中彼此交融的发展走向。

2. 竞技体育与健身体育的分流

职业体育不仅是一门特殊行业，同时是一门诱人行业，为更好地谋生而参与体育表演与体育竞赛已经演变成很多人热爱的行业。黏附和依托于此的人员与利益无法计算。体育竞技越来越向高、精、尖发展，极大地提升了人类的潜能，给广大观众带来了无尽的喜悦和快感。没有专门的选材、投资、科学和艰苦训练等一系列的过程，要想跻身于职业体育行业将变得不可能。从不承诺身体健康的竞技体育在职业的驱动力之下并没有吓倒狂热而具有天才的少数人。

有人预言："未来一个世纪，竞技体育这个龙头理当继续先导体育之全局。"更多的人则在充当痴情的旁观者的同时对自己的健康给予了更精心的关注。它们以追求生命的质量和个人的自由为目的，参与或简单或复杂的运动，投身或激烈或轻柔的活动，融入或嘈杂或寂静的环境，进行太极拳、慢跑、拔河、踢键子等运动。健身与健心对人们的重要性越来越明显，同时变得越来越容易。各个社会阶层、各个年龄段、各种信仰、各个民族、不同性别

的体育追求都融入人们身体和心理都健康的期待中。

（三）运作方式的多样化

人类掌握世界的方式有精神的与实践的、审美的与艺术的、宗教的与信仰的、科学的与哲学的方式。在实际生活中，人类很难把自己把握世界的方式截然地分开。随着社会生活的日益发展，随着人类对自己与世界命运的关注，人类的体育文化活动也将在分化与综合的游离中走出自己新的道路。

1.与文艺的日渐交融——体育艺术化趋向

体育文艺的出现详细反映了体育艺术化的发展走向。综合分析人类的很多种文化，往往是在这种分离、融合、再分离、再融合，相互的借鉴，辩证否定中扬弃、升华、发展的。"审美竞技运动项目"的出现改变了人们的体育价值观，舞蹈的内涵和外延不断变化，难以确定，传统的"舞蹈"与"体育"观念被抛弃，代之而起的是新的"人体文化"观，舞蹈与体育的融合成为一种自觉行为和新的文化发展趋向。现代西方艺术的未来主义运动的特征虽不是为了表现体育运动，但从现代竞技运动中得到启发，绘画艺术捕捉到身体运动的力量感和动感，这是生命力的灌注。现代美术不满足于古典主义的静物、肖像和风景的逼真，不满足于学院派的玩弄技巧，它要求艺术生活化、过程化。现代体育运动的发展路线与其相同，体育运动通过独特姿态融入城市人的闲暇消费生活方式中，让余暇运动实现了大众化。

2.科技的逐步融合——机械型运动竞技

一方面，科技发展对优化体育器材设备和革新训练方式发挥了积极作用；另一方面，科技发展直接提供了部分以机械水平来反映人的竞技能力的竞技运动，这是第二次世界大战后世界竞技运动发展的重要标志之一，其让体育竞技从一般工具与动物为中介的历史正式迈入以机械为中介的崭新时期。飞机、各种赛车、摩托车，甚至滑翔伞、滑水项目等也借助了机械的能力，速度和技巧在这里成为主要的运动能力的评价指标，运动员驾驭和控制机械的精细感觉成为最重要的能力指标。16个人的空中花样跳伞容不得半点差错，在赛道上时速300多千米的赛车不允许赛车手有一毫闪失。那些命丧赛场的冤魂没有阻挡赞助商和观众对这类运动的热情。可以预见，这些展现人的能力、智慧和机械水平高度统一的运动还将继续得到发展。

3.环境的日益和谐——绿色体育休闲

随着社会发展速度和社会生活节奏持续加快，需要人们承受的生理负荷与心理负荷越来越重。一方面,人们为了解除神经高度的紧张和疲劳,在寻求征服对手和自然界的刺激中得到快感和心理满足与宣泄;另一方面,人们通过运动,不仅要求获得或增强某种生理机能,而且要求一种精神享受和超自然的感觉,寻求较为轻松的项目。世界上许多国家广泛开展的休闲体育或健康体育就是例证。英国的"乡村运动",西欧的"户外运动",美国的"室外娱乐",日本的"快乐体育",表明回归大自然成为一种时尚。

此类绿色体育也源自于人类对当今生态环境破坏、能源危机等的焦虑,以及人类对部分科技含量很高的体育运动带来的人类自然化丧失的焦虑。包括攀岩在内的多项回归自然的户外运动把人和自然融为一体,人们不仅能和大自然拥抱,还能充分体验体育带来的享受。

(四)实施空间的拓展

1.城市体育和农村体育空间的拓展

城市文化空间的时代性,要求具有现代经济生活条件才能造就现代城市的现代文化。走向 21 世纪的现代化城市应该是新材料、新能源和信息技术三大现代科技所支撑起来的文明大厦。与此同时,现代城市文化一定要具备文明的环境,文明的生活方式以及繁荣昌盛的文化教育事业。这些都为体育活动顺利发展带来了发展契机。

(1)文化环境建立基础是文明的道德和文明的行为规范,现代化城市体育场馆为人们参与体育运动带来了良好空间,同时对人们的各种行为产生了约束,体育精神、体育道德、运动规则、社会规范通过外在的硬"规矩"勾画了人的内在素质提高的"方圆"。

(2)文明的生活方式标志着生存需要满足以后,人们追求生活的多样化和生活空间的扩展——从家庭、亲属之间交往走向社会生活网络,更多地选择生活样式。这就要求科学、文明健康的生活方式,体育以其独特的优势首当其冲。

(3)繁荣发达的文化教育事业是现代文明的基础,现代水平的文化系统不能缺少体育文化,它担负着城市精神风貌展示和文化积累、发展和传播的功能,是城市文明的培育器。

农村生活水平提升与各类观念革新,闲暇时间增加,城乡交流随之出现的城市体育文化渗透和感染,都向农村体育发展提供了有利条件。各级政府大力组织农民体育活动同样推进了农村体育的发展。一些居住人数少的少数民族地区也逐步在与密集人群聚居的城市交流过程中接受了体育文化思想。喜庆和节令娱乐活动往往成为农村体育的温床。农村体育将成为农民生活方式和思想观念现代化、农村现代化的重要组成部分。城市人群向农村的移动对这一趋向也具有推动作用。

2.民族体育文化与世界体育文化的交融

时代性和民族性是体育文化的两大普遍属性，依次彰显了体育文化传统和现代化的矛盾统一、民族体育文化和世界体育文化的对立统一，这里仅对体育文化的民族性和世界性展开详细阐述。在世界体育文化发展范围持续拓展、国际体育活动大范围开展的情况下，民族体育文化和世界体育文化在很早之前就反映出了日益交融的态势。

体育是一个世界性的文化体系，它是人类社会发展到一定阶段的必然产物。尽管不同的时空、民俗、宗教、文化等的差异导致了体育文化在内容与形式上的差别，但是从体育活动的本质特征和内在价值来考察，我们发现它们具有趋同的性质，这不仅反映了人类创造体育文化的原始体育文化的相同，而且预示了世界体育文化一体化的前景。随着人类社会和文化的发展与交流，世界体育文化形成体系的趋势不可抗拒，各种体育文化将在互补中走向世界一体化。近代西方体育文化之所以能在近代历史上很快被各民族所接受，是因其先进性和合理性。然而，西方体育文化并非没有缺陷的，其未能完全舍弃民族主义与沙文主义带来的影响，其极端的政治倾向性、文化侵入性、吸收和强制并存深刻性都说明其需要进一步优化，所以东方体育和西方体育的融合远远没有结束。就我国传统体育来说，其包含的习惯性、民俗性、群众性、健身性以及娱乐性都充分反映了其社会文化价值。

奥林匹克运动对各国体育发展的绝对导向性客观上造成了"经济强国体育的双向发展和经济弱国体育的单项发展"倾向，随着奥林匹克运动本身的完善和对群众体育的重视，各国传统体育也将得到更大发展。中国龙舟深受外国人的喜爱，早在三百多年以前龙舟就传入日本、朝鲜和东南亚各国，现在美国、英国、加拿大、澳大利亚等十几个国家和地区都风行龙舟，也成立了龙舟组织，每年组织比赛。香港从1976年开始举办国际龙舟邀请赛，1983年广东顺德首次参赛，夺得香港大赛和香港市政杯赛两项冠军。此外，澳大利亚、日本、澳门也组织了国际龙舟邀请赛。1987年6月11日，我国大陆成功地举办了首届国际龙舟邀请赛，来自日本、澳大利亚等国家和地区的7支龙舟队参加了比赛。和我国的龙舟相同，很多国家的民族体育已经借助国际竞赛或民间互访等方式成功融入世界体育发展的大潮流中。

3.奥林匹克运动拓展世界体育文化的发展空间

除了奥运会和世界单项竞赛的盛大规模和集中展示的直接贡献之外，

奥林匹克文化还在以下几个方面拓展世界体育文化的发展空间。

（1）加速国际体育交流与合作

在奥林匹克运动发展过程中，20世纪以来的国际体育合作获得了很大进展。20世纪前10年北欧区域性体育组织建立，1913—1934年亚洲成立了远东奥林匹克组织，东南亚和巴尔干等地区也开展了区域体育合作。1910年第一个南美洲体育组织的成立和1951年泛美运动会的举行标志着大洲体育合作的加强。地中海体育组织、阿拉伯体育组织的成立展示了洲际体育合作的前景。英联邦运动会的举办和欧洲共同体育的合作以及世界范围内学生、军队、残疾人等体育的合作反映了世界体育合作不断拓展的强劲势头。1976年联合国教科文组织成立了政府间体育运动委员会和国际体育运动发展基金。奥林匹克运动对这些深广的国际体育交流与合作做出了突出贡献。1972年开始的援助落后国家体育的奥林匹克团结计划是一个鲜明的例证。

（2）促进城市体育文化繁荣

奥林匹克运动使得人类生存和体育之间的联系越发密切，在文化多元选择中，重视身体文化挖掘拥有关键的世界性文化的交流意义。随着奥运会逐步兴起，奥林匹克运动充当一种独立力量介入城市文化，同时演变成城市文化的一个组成部分，由各申请的城市的社会、文化、经济发展、安全措施、发展奥林匹克精神等方面进行全面衡量，奥林匹克运动不仅作为文化景观嵌入区域文化的发展史，而且更多地以积极因素促进城市文化的健康发展，在文化现代化的进程中，选择最适合自己的道路。第二次世界大战以后国际奥委会在选择奥运会举办城市时不再完全偏向发达国家，使得处于经济恢复和上升时期的韩国和日本总共得以4次获得夏季和冬季奥运会主办权。举办奥运会已经成为现代都市的"成年礼"。

主体特征：城市文化以人为中心价值的创建。传统文化一个重要的价值取向就是注重对人的本性的思考。现代城市随大工业的发展遍布世界各地，并努力以合适的空间来满足人的多方需求。然而现代工业文明也随人们的道德观念、生活方式、哲学信仰、思维情感逐步走向传统文化的反面，各种先进的物质设施在向社会提供便利之际，或多或少压抑了人性和人的潜能发展。然而体育，作为与人类同步发展的身体文化方式则越来越成为现代社会方式的一个重要内容。换句话说，奥林匹克运动所代表的现代体育运动发展已经演变成缓解和治疗现代"文明病"的一项有效手段。体育明星运动相关的各个方面形成各种文化现象与审美主体的符号活动反映出的文化心理，一起构建和烘托出了城市文化中心特征。一般情况下，奥林匹克运动会发展成赛场所在城市特定时间下的文化热点。

本体特征：城市文化的历史写照和本质认同。奥运城充当着奥林匹克运动的载体，不仅是世界性的选择，还是历史的必然。截至当前，综合分析现代夏季奥运会产生的奥运城中，雅典、巴黎、伦敦、斯德哥尔摩、阿姆斯特丹、柏林、罗马、慕尼黑、蒙特利尔、莫斯科属于积淀产生历史文化的一类，圣路易、安特卫普、洛杉矶、东京、亚特兰大以经济等某一方面的决定力量代表了奥运城文化新开端，而赫尔辛基、墨尔本、墨西哥城以永恒的地域环境优势保持本体符号对产生文化创新的活力。最终得出，彰显奥林匹克精神，反映奥林匹克组织，总括奥林匹克运动项目的奥林匹克文化系统在品种增减、频率调整、程序转换、内涵外延延伸的同时，都始终按照稳定的历史文化发展轨迹。就奥林匹克运动来说，其宗旨、格言、口号、徽记、火炬、会旗、不同项目的名称和具体动作都是由历史因素决定的。文化系统的具体演变，不但取决于体育内部规律的发展，而且取决于高度城市化为本体特征的发展带来的物质条件，以及其形成的产生文化中心对本体特征的吸引与容纳，而本体特征的确定一开始就从弘扬奥林匹克精神出发，从充分表现人的自由意识与和平愿望的本质出发。

客体特征：城市文化焦点显现和区域文化调整。城市文化最终繁荣在很大程度上取决于方方面面的力量，而奥林匹克客体特征最可以触动其焦点显现，包括建筑、汽车、家居、服饰、食物、语言、传播在内的各个方面在奥运期间的发展能够形成城市文化的相关特征，反过来还能够加快城市文化增长速度，从而对区域文化发展的总体节奏进行合理调整。

（3）对世界优秀体育文化的认同

世界体育文化实际上就是奥林匹克文化，虽然奥林匹克运动会是世界上少数优秀选手四年一度的竞赛，但奥林匹克运动是一项世界性的运动，无论男女老幼，不分社会阶层，均可参与。奥林匹克文化所涉及的绝不只是运动员之间的竞争比赛，它的内涵包括了伦理、道德、教育、哲学等多重意义，它是一种理想，是维护世界安定和谐的一种文化。建设和发展奥林匹克文化，需要世界各国人民的长期努力。梁漱溟先生在《东西文化及其哲学》一书中曾断言，只有中国文化所表现的人生态度于现实最合理，可以拯救西方人在功利竞争方面的精神烦恼，"世界未来文化就是中国文化的复兴"。虽然言之有些过分，但中国传统文化中的群体观、从爱家和爱国引出的"大同"说，与奥林匹克理想就有内在的一致性，中国传统文化所提倡的道德认为人依靠理性的自律可以处理好人际关系，这是现实主义的表现。东方传统的体育体系，如中国气功、太极、印度的瑜伽，强调人的身心同步发展，动静结合，由动返静，这是东方传统哲学和人体观、人天观的产物，与西方传统体育观念和理论方法明显不同，而且东方古老的体育体系正越来越显示出其高度的科学价值和健身功能,以个人自我修复、自我调整、自我保健、自我发展为特点的东方传统体育在世界范围内的兴起不是偶然的。今后的体育文化结构将是一个多元化体育世界,是东方传统体育精神和西方传统体育精神的相互补充。奥林匹克文化已经演变成世界人民的共同享有的财富。奥运会中吸纳东方体育项目,充分反映了奥林匹克文化的涵容力与吸附力。1994年,日本柔道正式成为夏季奥运会比赛项目;2000年,韩国跆拳道正式成为夏季奥运会比赛项目。奥林匹克运动单方面的西方文化色彩形象正在逐渐被改变。

（4）对国际群众体育的推动

在现代奥林匹克运动的创始人顾拜旦的思想中,竞技运动与群众体育就是高度统一的。1905年7月召开的奥林匹克代表大会就提出了在中小学、大学、农村、城市和军队开展体育以及参加体育运动的报告。第二次世界大战以后,国际奥委会更是成立了"大众体育委员会",并且承认国际聋哑人体育联合会和国际伤残人体育联合会,1990年承认了国际大众体育联合会。如今,世界各地每年6月23日举办的"奥林匹克日",群众体育活动也显示了奥林匹克文化对国际群众体育的推动,我国由百城市参加的国际奥委会主席杯自行车赛就是一个例证。这是国际奥林匹克运动对外界"奥林匹克就是体育竞技"说法的理论和事实否定。

（5）对奥林匹克文化教育的重视

一直以来,奥林匹克运动都和文化教育交织在一起,奥林匹克运动原本就是涉及方方面面的文化体系与教育体系。即便最开始奉行的"业余精神"仍旧没有丧失其教育价值,倘若以布伦戴奇持有的观点和顾拜旦的"业余精神"为依据,则能够将其理解成生命的光辉、正当的娱乐、自由的意志三个方面。通过参与体育体验人生的真谛、意识生命的价值,这本身就是生命光辉的发挥;为兴趣而参与体育运动,摆脱名利的诱惑,这本身就可以培养正当的人格;为爱好而运动,为比赛而比赛的洒脱,这本身就是自由的意志。这种体育运动的境界追求依然具有重要的教育价值。

设置国际奥委会奥林匹克博物馆和积极开展相应的展览活动,不仅对世界各国体育博物馆的相关工作有指导意义,而且奥运会前后的体育艺术展览与科学报告均能够加深人们对奥林匹克文化的理解。奥运会历史上的大量文学作品和美术作品、科学成果都是活生生的见证。如中国连续举行全国体育美术展览,自2002年开始连年举行奥林匹克文化艺术节,这类体育文化活动无疑拓展了奥林匹克文化教育活动的范围和深度。

需要补充的是,遴选女性委员人数的增加,发展中国家委员比重的提高等,同样是奥林匹克文化在扩大体育文化发展空间上做出的贡献。

从整体来分析,体育文化全球化趋势是在传统和现代、民族体育文化和世界体育文化的纵向运动与横向运动及其相互统一的基础上形成的。传统文化能够给体育文化全球化带来稳固的文化积累,体育文化全球化能够向传统体育文化带来内在统一的动力;民族体育文化能够给体育文化全球化带来差别较大的文化多样性,体育文化全球化又给民族体育文化带来了广阔的舞台。换句话说,体育文化全球化是一个动态的历史进程。

第五章 竞技体育文化分析与发展研究

竞技体育是体育事业发展的重要内容之一,随着现代体育运动的不断发展,竞技体育以较高的观赏性、娱乐性和高度的专业化等特点,深受人们的欢迎和喜爱。由竞技体育所形成的竞技体育文化也得到了很好的发展,这使得竞技体育各个方面发展的步伐愈发加快。本章就竞技体育文化进行分析,并对其发展加以研究,以此来更好地促进竞技体育文化的不断丰富和发展。

第一节 竞技体育文化的理论研究

一、竞技体育概述

(一)竞技体育的分类

根据不同的划分标准,可将竞技体育划分成不同的类型。例如,根据竞争的目的来分,可将竞技体育划分为技巧动作竞技、记忆竞技和几率竞技等类型;根据参与的人数多少,可以分为单人、双人和团队等类型;根据活动开展的空间可以分为陆上、水上、冰上和空中等类型。而从竞技体育社会学的角度来看,竞技体育可以被分为非正规竞技体育、组织化竞技体育和商业化竞技体育三种类型。下面主要就以上三种类型的竞技体育进行阐述。

1. 非正规竞技体育

非正规竞技体育,是指运动参加者为达到娱乐休闲目的而进行的带有健身性和游戏性特点的身体活动。

虽然说这些活动并不属于正规的竞技体育,但他们同正规的竞技体育是一样的,这些活动的开展同样也是在运动规则的指导下来进行,只不过这些规则并没有竞技体育那么严苛,具有明显的临时性和随意性等特点。

一般来说,非正规的竞技体育在组织方面比较松散,在开展运动时有时甚至不需要裁判员,场上出现的争议问题主要是由双方通过协商来进行处理。这种运动几乎没有任何功利目的,参与运动的人也不是为了达到一个多么高的技术水平。一般非正规竞技体育包括学校班级间的非正式比赛、社区组织的竞赛、大众体育中的初级竞赛活动等。

2.组织化竞技体育

组织化的竞技体育的特征为其拥有一个基本的管理组织,为了能够使比赛双方在一个公平的环境下争夺"利益",于是它有正规的球队、团体和竞赛活动章程、规则,以及有关的组织体系,并提供运动设施、管理人员,在有争议时可以出面仲裁,还为参加者提供训练和比赛的资格和机会,维护参加者的合法权益。一般各国各地区体育协会、职业俱乐部、体育运动青年会、大学球队等都属于这类竞技体育组织。

在我国,组织化竞技体育的开展较早,如我国体工队、体育运动专科学校、业余体校和高校组织成立的高水平运动队。这一类组织是在竞技体育的基本体育宗旨和业余原则指导下开展活动的,是社会发展高水平竞技体育的主体,也是最需要进行改革和发展的部分。

以俱乐部的形式发展竞技体育已经成为世界通行的方式,这种民间的自发组织形式可以充分调动全社会办体育的积极性,也是鼓励社会广泛参与的途径。然而在我国,俱乐部的建设尚处于起步阶段,与国外高度商业化和职业化的体育运作方式相比其基础还很薄弱,即便是职业化较为成功的足球和篮球运动,其基础也仍旧显得十分脆弱。这种不足是全方位的不足,它不仅体现在俱乐部的运作方式上,更体现在相关部门的竞技体育运动职业化理念和管理模式上,这一点需要引起足够的重视。

3.商业化竞技体育

商业竞技体育具有非正规竞技体育与组织化竞技体育的某些要素,但其更多地被笼罩于某种商业目的或企业文化目的之下,由此使得竞技体育中增添了许多商业活动和商业行为,甚至是一种强权政治的延伸。这种竞技体育具有高度组织化的特征,参与者被分割成对立的利益群体。

职业体育的诞生要早于现代奥林匹克运动。当时在一些体育发达的欧美国家,一些运动队组成俱乐部联盟,以此更好地彼此沟通和协调,促进该项运动的交流与发展。美国第一支职业体育球队是1868年成立的职业棒球队,从此,美国开始发展有组织的职业体育。在这种模式的促进下,俱乐部开始进行相关的经济运作,如出售比赛门票和纪念品等等。由于门票收入较为客观,这引得其他运动组织也悉数效仿这种商业运作模式,后来美国又陆续组建了职业拳击、马术队。此外,德国、法国、意大利、荷兰、俄国等,在这一时期也出现了以盈利为目的的职业体育组织和相关运动。

近几十年来,随着欧美国家商业对体育的渗透,职业体育获得很大发展,并由此向全世界蔓延。目前,世界上大约有 40 个国家在发展职业体育。最为普及的项目有足球、篮球、棒球、拳击、自行车、高尔夫、网球、冰球等。

在创办现代奥运会的初期,为了保持奥运会的神圣纯洁性,奥运会倡导者顾拜旦和一些欧美绅士就坚定地提出抵制职业运动员参加奥运会的立场。与非政治化、非商业化、非女性化等早期奥林匹克原则一样,非职业化原则带有明显的复兴古奥林匹克传统的理想主义色彩。

然而,从现代奥运会诞生之日起,非职业化原则就引起人们的争议。由于对非职业化原则的概念和定义的理解不一以及其他因素,现代奥运会的早期在历史上出现过多次由于运动员非职业资格问题而导致的剥夺运动员所获奖牌的事件,也发生过国际单项体育联合会和国际奥委会之间关于是否允许职业运动员参加奥运会问题的纠纷。尽管从 1896 年第一届现代奥运会到 20 世纪 70 年代初,禁止职业运动员参加奥运会的立场并没有根本性的改变,但随着时代的发展,以非职业化原则来保证现代竞技运动的思想内容的美好愿望与现实社会已难以适应。西方国家职业体育的蓬勃发展,职业与变相职业运动员日益增多,给传统的奥运会非职业化原则带来一次又一次冲击。为适应社会和国际奥林匹克运动发展,1972 年,国际奥委会对这一原则的态度逐渐有所转变。1974 年,在维也纳召开的国际奥委会会议,决定允许奥运会参赛运动员因参加训练和比赛而获得工资补偿,允许运动员在食、宿、交通、运动装备、医疗、保险等方面获得资助,也允许西方国家的大学生运动员获得体育奖学金。这样,就使得东西方国家相互指责的对方运动员破坏非职业化原则的各种现象合法化,使得不同体制国家的运动员在训练条件和参赛条件上的差异得以缩小,使运动员能够在比较平等的条件下参加比赛。另外,允许职业运动员参加奥运会也是诠释奥运会“更高、更快、更强”的精神追求,在这种思想下,自然是能者取胜,弱者失败,而这一切应该与该运动员是否为职业选手没有任何关系。

(二)竞技体育的特点

1.公平性特点

要想使竞技体育的结果能够服众,首先就需要保证竞技比赛的公平性,而这也是竞技体育的基本特点。具体来说,竞技体育的公平性特点是想让竞技体育比赛在合情合理、公正、公开的环境下进行,赛事组织者和工作人员不偏袒任何参赛者。之所以将公平性作为竞技体育的基本特点就在于如果竞争不是在公平环境下进行的,那么竞技体育将无法正常进行,可以预想到比赛将是一片混乱。

为保证公平、公正地进行竞争,竞技体育的组织者对比赛项目、时间、地点、场地器材及运动员的参赛资格做出了明确的规定;对运动员的参赛行为及比赛组织和裁判工作制定了严格的行为规范。比赛规程和规则就是其中最主要的要求参加者共同遵守的行为规范,不仅比赛必须严格根据规程和规则的要求来进行,平时训练也必须针对规则的要求有针对性地进行。

2.规范性特点

现代竞技体育的发展要求运动员必须具有高度完美的技艺,否则就难以取得比赛的胜利。高度的技艺性是竞技体育赖以存在的基础,但高度的技艺又是以对技术、战术和各种训练的规范性要求为基础建立起来的。

竞技体育的规范性还表现在各个竞技体育项目竞赛规则、竞赛规程等制约机制的规范性和竞技体育管理的规范性等方面。竞赛规则是保证竞技体育开展公平竞争的法律性文件,竞赛规则的核心是平等,它不承认除身体、心理技术以外的任何不平等。竞赛规则具有模拟社会法规的性质,具体如下。

(1)竞赛规则和任何法律一样,必须明确规则的适用条件。各种不同的规则适用于不同的项目,不同性质和级别的比赛,也有其特殊的条款。

(2)竞赛规则必须对竞赛场上的各种动作或行为做出明确的规定,说明哪些是允许的、要求的或禁止的,供运动员、教练员遵守。

(3)与一切逻辑上完整的法律一样,竞赛规则也指明了违反规则后应承担的法律后果。任何竞赛规则都具有罚责,并规定了对违反规则行为的处理办法。比赛之所以能使激烈竞争中的双方保持清醒的头脑,做到令行禁止,和竞赛规则所具有的强制性是分不开的。

(4)竞赛规则要明确指出判别胜负的原则和指标。

(5)竞赛规则具有权威性,它形成的文字经过国家的体育权力机构或国际单项运动联合会审定公布,任何人都不得随意修改和解释。

3.极限性特点

竞技体育的发展,尤其是现代竞技体育运动,其运动技术水平在多种体育科技的帮助下已经达到了一个非常高的水平。现代运动员要想在比赛中获得胜利,需要从小参加专业的系统训练,然后再历经多年甚至十余年的努力才能有几率达到一定的高度。竞技体育中的任何一个运动项目的参加者,必须要表现出超人的体力和娴熟的技艺,直达人体的极限。这是任何其他体育活动所不可比拟的。正是由于现代竞技体育的发展水平将至人体的极限,所以世界大赛的结果往往扑朔迷离,不到比赛的最后时刻谁胜谁负都难见分晓。由此可以看出现代竞技体育的胜者和负者之间水平的差距已经相当微弱,甚至比赛已经发展到了看哪方少犯错误而决定胜负的地步。

4.竞争性特点

竞技体育顾名思义其本身就具有竞技性的特点。细化来讲,竞技一词中的"竞"字,是指比赛和竞争;"技",是指运动技艺。将两词的意思合并在一起即为在运动技艺比赛中比较双方的技艺水平高低的活动。激烈的竞争性就成为竞技体育区别于其他体育运动的最本质的特点。竞技体育表现出一种强烈的排他性,即从事实上说,竞技比赛的结果只有一个胜者。这种性质显得非常残酷。因此,为了成为优胜的一方,就需要运动员在日常训练中加倍努力,不断提高自身身体技能、心理素质、战术意识、团队精神以及把握机遇的能力,以此获得战胜对手的能力。

5.公开性特点

公开性与公平性从性质上来讲有些类似的地方,其本意都是为了竞技体育运动能够正常的开展。现代通讯系统的发展,使重大的体育比赛活动能够成为吸引全球数亿人关注的社会活动。而且,竞技体育具有比一般社会活动更为明显的公开性和外向性特点。在运动训练方面,新的运动技术和训练方法,经由运动员的比赛,很快就可为大家共享,同时也可能会成为被对手利用而战胜自己的武器。因此,竞技体育的公开性也在很大程度上促进了竞技体育的不断创新和发展。

同时,竞赛的结果是否有效与公平,往往在很大程度上取决于它的公开性。这种公开性就是所谓的"透明度"。竞争的公开性是一种社会民主的主要标志,不能向民众公开的竞争,就会有人怀疑它的真实性。竞技体育提倡的竞争,就是要求竞技体育在高度公开的情况下进行,是一种体现了高度民主精神的竞争。

6.功利性特点

竞技体育拥有追求功利目的的特点,这也是竞技一词的最好体现,特别是在商业化和经济化的竞技体育中更是如此。在功利性特点的作用下,从理论上讲,竞技体育应该是在规则允许的范围内毫不留情地击败对手,除此之外,它还体现在一些集体项目中只有能者上、弱者下的规则。

竞技体育的竞赛活动在规则的基础上确定比赛的等级和差别,然后决定胜负与名次,随之而来的是优胜者的物质奖励和社会荣誉。竞技体育的功利性具有如下特征。

(1)功利性特点产生和确定于对抗之中,经过一定形式的社会承认,因此结论是不容置辩的。

(2)功利性特点的确定过程直接而迅速。因为竞技体育的功利追求和确定具有这样的特征,所以更容易激发强烈的竞争愿望。

国家、民族、团体之间的某些方面的较量,如政治制度的优劣、经济实力的强弱、科学技术水平的高低等的评价均需大量的工作和实践的检验,而竞技体育竞赛结果的判定过程则是明确而迅速的。所以,竞技体育的竞赛结果经常用来显示国家、民族或团体的优越性。

7. 群体性特点

竞技体育的群体性特点的意义为竞技体育运动必须由若干运动员组成群体来行动。必须有一定数量的运动员同时参与,才有可能组织竞赛活动,这也是竞技体育的组成部分之一。在个人项目的竞技体育运动中群体性特点的表现尚不明显,而在集体运动项目中,这种群体性的特点表现得极为突出。例如,足球、篮球、排球等集体竞技运动项目,在集体中的每一个个体都要发挥各自的作用,成为构成集体的有机的组成部分,由此使集体具备一定的功能以完成预期制定的比赛目标,此为外部集体性和团队性。除此之外,竞技体育的群体性还表现在运动员或运动队与其他个人或集体的关系之中,即所谓的内部集体性,如与教练员、科研人员、管理人员的关系,与裁判员、球迷和观众等各方面人员之间的关系。所以说,竞技体育是由很大的群落系统参与的社会行为。

8. 观赏性特点

竞技体育虽然是以运动员为主体的,但是构成竞技体育还不能缺少另一个关键组成部分,那就是观众。现代竞技体育的竞争性日益加强,这种竞争性几乎已经完全遮蔽了最原始的休闲娱乐性。竞争性的增强带来的是越发增强的观赏性。当然,这种观赏性不仅限于观众对对阵双方的观赏,还包括对手与对手之间的彼此观赏。因而,观赏比赛成为广大群众休闲娱乐的最好的方式之一。竞技体育以其独特的观赏性赢得广大群众的认可和支持,奠定了其自身发展的坚实基础。

二、竞技体育文化的内涵

在长期的发展过程中,竞技体育不断发展,在不同时期被赋予了不同的内涵。下面是诸多学者提出的关于竞技体育文化的观点和见解。

学者曾志刚和彭勇认为"竞技体育文化所具有的价值和意义是非常重大的,它既能够对民族精神进行弘扬,并彰显和展示民族个性、民族特色和民族魅力,同时对于精神文明的建设也是非常有利的。除此之外,竞技体育文化还具有人本思想,主要表现为奥林匹克运动中的人本思想和竞技体育运动的大众文化。"

学者李龙和陈中林认为"和谐这一内涵始终都孕育在竞技体育文化之中,这主要从人自身和谐的构建这一方面得以表现出来,对和谐的人的个体进行构建,就是指要使人既要具有健康的身体,同时也要具有健全的人格,并且具备正确的人生观和世界观,能够对个人与环境的关系进行正确的看待和处理。"同时认为:"对人与自然的和谐进行构建就是指既要对人类进行关注,同时又要对自然进行关注,从而实现人与自然携手,生物与非生物共进,过去与现在相统一,现代与未来对话,时间同空间相互协调;在对人与人之间的和谐进行构建时,人与人之间公平、公正的关系,每个人享有权利与义务对等,在整体上没有根本利益冲突、个体之间存在一定利益冲突的前提下,能达到相互激励、相互促进又相互依赖的人际互助社会构想;构建国际社会关系和谐。"

李秀认为:在传统文化和历史方面因素的影响下,中华民族传统体育从整体上表现出了"中和""中庸"的价值观念,在传统体育发展的过程中,对"养生化"的价值主线以及"境界""意念"对生命的价值进行了着重强调。西方体育更加倾向于另外一个维度,人体肌肉的健美、对人体外形的称颂、健壮的体格则是其始终追求的目标。

白晋湘则认为:对于个人修养,中华民族传统体育文化是非常重视的,并且以追求"健"和"寿"为目的,融进了身心合一、动静结合的导引养生、武技的发展,这也大大削弱了体育运动所具有的竞争性;而西方竞技体育文化却始终坚持朝着惊险性、竞技性、健美性、公开性、趣味性的方向发展,对人的全面发展非常注重,而对人在竞争中的道德教育予以忽视,这容易造成残忍和暴力。

张恩和李龙认为:"竞技体育追求的是身心的和谐一致,展现的是力量的较量,表现的是一种充满活力、积极向上的拼搏精神,中国现代竞技体育文化展现的是一种精英文化,彰显的是一种和谐理念,传播的是一种礼仪文化,具有浓郁的民族文化特色,包含大量的健身文化元素,体现出一种道德文化。"

邱江涛和熊焰认为:"作为一种比较特殊的体育文化现象,竞技体育中,以竞技体育文化作为核心的奥林匹克运动涵盖了一半体育文化的范畴,逐渐成为社会发展的主流文化,这也更加体现出了竞技体育文化所具有的特殊性。"

总的来说,竞技体育文化作为体育文化的重要组成部分,它包含了国际关系的和谐、人与自然的和谐、人与人的和谐和人自身的和谐等内容,同时也体现出了公正、公平、积极乐观向上、充满活力的拼搏精神。

三、竞技体育文化的特征

(一)选择性特征

竞技体育文化还具有选择性的特征,这主要表现在竞技体育活动的主体的选择活动。在竞技体育活动中,参与主体的选择其实就是人与体育活动的双向选择过程,不同的参与主体有不同的选择,也可以说是活动内容对不同参与主体的选择。根据参与主体、活动的内容、社会角色等来对这种选择进行确定。通常来说,普通人是不可能参加一级方程式赛车、高尔夫球等运动的,而参与各种竞技体育项目的运动员则具备这种条件。

竞技体育活动内容的选择性主要受两个方面因素的制约,即活动内容本身和不同的参与主体。在竞技体育中,运动员选择的活动内容在形式上体现出高度的专门性,但需要注意的是,也有一些运动员在其他项目方面表现出高超的能力和技艺,如"飞人"乔丹既是篮球高手,又是棒垒球高手。在确定好竞技体育活动的主体和内容后,下一步就是活动方式的选择。但需要注意的是,尽管可能会出现不同社会角色选择同一活动内容,但是活动方式在质量和数量上仍然具有明显的差异。以竞技体育运动员和大学生为例,二者尽管选择了同一运动项目,但参与运动的方式却不同,运动员参与运动中所表现出来的竞争性和竞技性要更加强烈。

(二)多样性特征

体育文化的内容异常丰富,其中包含诸多角色,不同的角色在某种条件下都会形成一定的体育文化形态。在竞技体育中,包含教练员、运动员以及各个部门的管理人员等角色,通过这些角色的通力合作,运动队才能取得理想的比赛成绩,进而获得好的发展。对于观众来说,观众通过欣赏高水平赛事,能很好地宣泄自己的情感,起到愉悦身心的作用。对于赛事组织者和管理者来说,体育活动只是一个工具,在竞技体育高速发展的今天,竞技体育逐渐发展成为市场经济下商品社会的附属品,体育经理人对赛事的操作,队员的转会实际是运动员作为商品的买卖,更多的表现出的是商业利益,对利益的追求是运动队的根本目的。如西班牙皇家马德里足球队来华访问,其根本意义在于从中获得一定的商业价值,其次才是中国足球队与其之间的沟通和交流。从这一点上来说,竞技体育中的不同角色都直接地产生了经济效益和社会效益。

竞技体育文化自身的内涵非常丰富,参与者将体育作为一种健身健心的手段,从而使自己获得生理和心理上的享受,这也将现代人们的体育价值取向充分反映出来。体育文化的多样性反映了不同角色以不同目的或价值取向以及参与方式而形成的文化形态,很明显,体育活动内容的多样性与民族文化、地域环境等因素是分不开的,正是在诸多因素的影响下才产生了多种多样的体育文化形态,这些体育形式经过长时间的发展和完善从而为广大民众所接受,进而获得了多样化的发展。

另外,竞技体育文化在内容上也具有特殊的指向,在某一体育赛事中,运动员参加比赛要根据组织者指定的活动内容进行,但对于一般民众来说,他们可以根据自己的具体实际和爱好自由选择可参加的体育活动。在这一点上,后者对活动内容的选择具有较大的自由度和随意性,一般来说,具有较强的健身特性,而竞技体育的"竞争性"却很少见。这也就表明,活动内容所具有的多样性对活动方式的选择产生了相应的作用。根据不同的活动内容和活动目的,参与活动的主体所采用的参与方式也是有所不同的。总的来说,运动员自身的价值是在运动训练和运动比赛中得以实现的,而普通民族的自身价值是在自发的活动中来实现的。

(三)规则性特征

竞技体育文化具有的规则性特征,主要表现为竞技体育主体参与运动比赛受各种规则的制约。在竞技体育中,参与体育运动的主体要想参加某种体育项目,必然会受到这一项目规则的相关约束,否则这种特殊游戏的运动进程就很难得到有效把握,事实上这是物对人的制约,同时也是参与运动主体之间的相关制约。

总之,竞技体育活动主体的规则性是自我约束机制的产物,是体育不同于其他活动方式的准绳,也是体育文化内部多种形态的基础。否则,体育运动就不可能呈现出现在这样的文化形态。

（四）互动性特征

体育文化是在人与自然，人与人关系的过程中的行为意识、行为方式、行为准则的积淀，这种积淀只有在活动的主体，即人与人在特定条件下的互动中才可以实现。而竞技体育文化同样也是如此。

在竞技体育中，参与主体相互之间的互动，主要包括运动员相互之间的互动，运动员同观众之间的互动、观众相互之间的互动、运动员协会与球迷协会相互之间的互动等。在以上各种互动的情况下，时常会发生一定的冲突，这是不可避免的。除此之外，我国政策制定的金牌战略、举国体制、职业化等也是受这种互动影响的结果。在某些体育活动中，活动内容之间具有一定的相似性，这种相似性使得活动项目之间的迁移有了某种可能，如乒乓球与网球，篮球与橄榄球，橄榄球与足球之间就表现出深刻的互动性特征。

（五）渐进性特征

对于某一个事物来说，其文化特征不是一成不变的，而是随着时代的变化和历史的变迁而不断发展的。对于竞技体育来说，竞技体育文化在发展的过程中，其文化内涵也会发生某种程度的变化，这种变化就是竞技体育文化渐进性特征的表现。竞技体育文化的渐进性主要表现在纵横两个方面，纵是活动主体实施体育后在身心发展方面的渐进性，横是主体在实施体育后所形成的不同层次主体，这两个方面互相作用促进竞技体育文化不断向前发展。

竞技体育活动方式的渐进性是活动主体在长期体育运动实践过程中，对体育如何进行总结和归纳，最为根本的目的就是更好地参与体育活动，在参与体育活动的过程中，运动器材的革新对主体活动方式具有非常大的影响。如合金材料的使用使得某些体育运动器材更加轻便，因而更加容易创造优异的成绩；激光电子产品应用使得运动员的成绩更加准确；计算机技术的运用让体育竞技比赛变得更加公平和公正。总之，竞技体育文化在发展中表现出鲜明的渐进性特征。

（六）功利性特征

体育文化具有一定的功利性，竞技体育文化作为体育文化的重要内容之一，也是如此。体育文化的功利性表现为它是促进体育活动主题向自我、自然进行挑战的源泉之一，它是人类陶冶身心之后的愉悦，征服自然之后的快意。社会角色不同，其功利性也是不一样的，处于社会任何地位的人都是如此。从事竞技体育的运动员的功利性表现在:首先是自身价值的社会认可,然后是生存手段,即谋生的工具。

功利性是和活动主体的价值观紧密联系在一起的。如在竞技体育中,运动员所获得的社会认可与自身价值相联系,或名高于利,或利高于名,又或名利双收,这都是功利性的体现。除此之外,不同的竞技体育活动,在内容上也表现出不同的功利性特征。如足球是第一运动,田径是运动之母,它们之中都蕴含着极大的价值,普通人从中能感受到运动的魅力,享受运动之美,而政府官员则从其职业化和商业化发展中谋取利益,获得经济价值。

另外,相同的运动项目,由于环境等各方面因素不同,其活动方式也不同,于是也就表现出不同的功利性。具体来说,活动主体根据个人的价值观和自身实际需要来选择不同的方式,如南美足球是艺术化的细腻,欧洲足球则是大刀阔斧的直白,这就是不同活动方式的具体体现。

四、竞技体育文化的价值

在竞技体育方面,西方竞技体育一直占据着主流地位,对我国传统体育文化的发展造成了一定的冲击。

西方竞技体育在中国的发展过程中,给中国的体育运动带来了巨大的影响,这种影响不仅表现在运动方式方面,更突出表现在文化价值观念方面。总体来看,竞技体育文化对我国文化的影响主要体现在以下几个方面。

(一)规则意识

竞技体育比赛要想顺利的进行,就必须要遵从一定的规则,为了体现公平竞争的精神,各种体育运动项目都有自己的竞赛规则,参赛者必须要遵守规则,否则要受到规则的处罚。在竞技体育中,所倡导的公正、公平、公开的原则,同我国市场经济的发展有着异曲同工之妙。

20世纪50年代,受政治因素的影响,由于中国台湾在国际奥委会中的席位问题,中国同国际奥委会断绝了一切联系。但是竞技体育运动规则的存在,促使中国必须要接受国际奥林匹克的非政治性原则。于是,经过双方间的协商,中国最终同意台湾地区在改名、改徽、改旗的情况下,保留其在奥林匹克中的席位,这是"一国两制"在竞技体育中的体现。

在按规则办事的原则影响下,我国于1979年重新获得了国际奥委会的合法席位,经过多年的快速发展,我国的竞技体育取得了令世人瞩目的成就,正向着体育强国的方向大踏步迈进,这是按规则办事的良好体现。

(二)公平意识

任何竞技体育竞赛都有一定的规则,规则要求所有的竞赛参与者,包括教练员、运动员和竞赛管理人员等都要本着公正、公平的原则进行一切活动。可以说,如果没有公平原则,竞技体育便无法顺利的进行。竞技体育运动员在比赛中起点相同,其比赛成绩都由共同的尺度来衡量,如果采用不同的尺度,那么比赛也就很难继续进行下去;在结束比赛之后,要用共同尺度来决出胜负结果。

在竞技体育中,所有运动员都享有自由、平等的权利,要在正当的竞争条件下努力获得比赛的胜利。所有的竞技体育运动员在比赛中要贯彻公平竞争的精神,按照既定的比赛规则参加比赛,不允许不正当竞争的发生。因此,竞技体育中公平竞争意识的倡导为人类文化的发展做出了巨大的贡献。

(三)竞争观念

不同于其他体育运动,竞技体育具有强烈的竞争性特点。竞技体育所表现出来的这种竞争性对中国文化产生了较为深远的影响,它对于弘扬社会竞争意识具有重要意义。

中华民族有着悠久的历史,受传统文化和封建统治的影响,中国人民在漫长的封建统治中压抑了人性,泯灭了锐意进取的精神,在这样的形势下,中国国民素质低下、体质羸弱,甚至被称为"东亚病夫"。其中,最为欠缺的就是勇于向前的竞争意识。

中国有着优秀的传统文化,然而受近世纪闭关锁国的影响,我们在对人类文明的贡献方面已经没有什么值得骄傲的了。在社会各个层面,我们都十分欠缺先进的观念和竞争的意识。在西方竞技体育进入中国后,中国社会各个层面都发生了一定的变化,对中国体育文化形成了一定的冲击和影响。在西方竞技体育文化传播的过程中,一些健康的、积极向上的竞争意识开始渗透到社会各个层面,对传统文化形成了一定的冲击,这对于促进中国多元价值观的建立与发展起到了重要的作用。西方竞技体育所倡导的竞争观念,从某种程度来说,同市场经济发展的要求是相符合的,随着时间的推移,竞技体育所带来的竞争意识的价值也在不断显现。

(四)国际化观念

由于受各国历史传统、文化形态、观念意识等因素的影响,竞技体育所表现出来的特征也是不同的,但竞技体育不存在国界之分,它是人类共同的一种文化形式。就某种意义来说,竞技体育已发展成为世界全球化的人类语言,增进了世界各国人民相互之间的交流和沟通,更促进和维护了世界和平,如 1971 年中国的"乒乓外交",就是竞技体育促进国与国之间文化交流的典型事例。

改革开放后,中国的竞技体育获得了快速的发展,受到各个国家的瞩目。在国际比赛中夺取金牌,使得体育的地位越来越重要。在国际赛场取得的每一个成绩都增强了国人的信心,激发起了国人的自豪感,这也为中华民族的伟大复兴奠定了基础。

竞技体育所倡导的公平、公开、公正的竞争意识,实际上是树立了一种和平竞争的国际化观念。这对我国的发展也产生了较为深远的影响,这能促使我国对政治多极化、竞技全球化、文化多元化的国际社会环境快速适应,从而更好地在世界上立足。

(五)道德建设

在我国竞技体育教育中,集体主义、爱国主义教育会时常在各个体育运动队中得以开展,以此来更好地帮助运动员树立正确的人生观和世界观,养成良好的运动风气。在竞技比赛中,中国运动员所表现出来的"胸怀祖国、放眼世界,为国争光的精神;不屈不挠,勤学苦练,不断钻研,不断创新的精神;同心同德,团结战斗的集体主义精神;胜不骄,败不馁的革命乐观主义精神和英雄主义精神"对于我国社会各行各业都有良好的示范作用,而同时这也是中华民族实现伟大复兴的宝贵财富和重要前提。

(六)娱乐思想

中国传统文化在很多方面都表现出较大的功利性,并一向轻视游戏,认为很多游戏都属于"玩物丧志""游手好闲"的活动。而西方的竞技体育则完全不同,西方竞技体育中很多运动都是从体育游戏中发展而来的,而这些体育游戏都带有较强的娱乐性。发展到现在,竞技体育获得了飞速的发展,但其娱乐性特征仍然存在,并有不同程度的展现。竞技体育运动参与者通过表现自我、战胜对手而获得了愉快的心理体验;观众也从中获得了美的享受。这就是竞技体育娱乐思想的深刻体现,发展到现在,观赏体育赛事已成为大部分人们的一种生活方式。

第二节 竞技体育文化的发展概况

一、各竞技体育项目发展的基本现状

新中国成立后,在举国体制下,我国的竞技体育获得了快速的发展,一些竞技体育运动的成绩和竞技水平节节上升,竞技体育已成为国家兴旺、民族发达的象征。

(一)田径运动

新中国成立后,在政府的大力扶持下,我国的田径运动水平不断得到发展与提高。20 世纪 50 年代,郑凤荣打破了女子跳高的世界纪录。发展到20 世纪 80 年代,中国的田径运动已处于亚洲最高水平。朱建华两次打破世界跳高纪录,徐永久、阎红相继在世界杯竞走比赛上夺冠。在奥运赛场上,陈跃玲(女子 10 千米竞走)、王军霞(女子长跑)、邢慧娜(女子长跑)、刘翔(110 米栏)等都获得过金牌。特别是"东方神鹿"王军霞,1994 年荣获田径运动员的最高荣誉"欧文斯奖",1996 年夺得美国亚特兰大奥运会 5 000米金牌和 10 000 米银牌,成为中国和亚洲田径史上里程碑式的人物。在2004 年雅典奥运会上,刘翔夺得 110 米栏冠军,打破了黑人选手对田径短跑项目的垄断,而在 2012 年伦敦奥运会上,我国竞走运动员陈定夺得 20 千米竞走的金牌,成为继刘翔后第二名在奥运田径赛场夺得金牌的男子运动员。2016 年里约奥运会中,我国田径队获得了 2 金 2 银 2 铜的好成绩,创造了历史佳绩。

(二)体操

1.艺术体操

艺术体操是我国新兴的竞赛项目之一,1980 年以前还处于学习初创阶段,直到第 1 届全国体育学院艺术体操比赛后才逐步得到推广。1981 年我国首次组队参加世界比赛,1982 年 11 月在第 3 届四大洲艺术体操锦标赛上,我国获团体亚军。2001 年夺得世界大学生运动会艺术体操集体五人项目的金牌,这是中国艺术体操选手首次在国际大赛上夺金。2002 年,中国艺术体操队成立,在 2008 年北京奥运会上,中国艺术体操队夺得集体全能银牌。2014 年 3 月 16 日,中国艺术体操队参加世界杯匈牙利站比赛,在团体单项决赛中夺得一枚金牌和一枚银牌,实现了在世界杯赛上夺金的梦想。最近几年,中国艺术体操成绩稍有波动,但总体呈现不断提升的趋势,希望我国艺术体操能够再创佳绩。

2.竞技体操

竞技体操是我国开展较晚、基础较为薄弱的项目,获得快速发展是在改革开放后。1979 年,我国恢复了在国际体联的合法席位,从此开始了 10 年的夺牌历程。1982 年,李宁在第 6 届世界杯体操赛上创下了一人夺得 6 枚金牌的奇迹。1983 年,在第 22 届世界锦标赛上,中国体操队战胜世界强队苏联队,荣获团体冠军。1984 年洛杉矶奥运会上夺得 5 枚金牌,为我国金牌总数在金牌榜上的升位做出了巨大贡献。这一切表明体操已经从我国的弱项变成了强项。

中国体操对世界体操技术的发展做出了巨大的贡献。国际体联 1985 年的国际体操评分规则中首次出现了以中国人名字命名的新动作——“自由体操李月久空翻”“鞍马童非移位”“吊环李宁摆上”和“双杠李宁大回环”。2005 年,中国女子体操运动员程菲摘得体操世锦赛女子跳马桂冠。她的成功不仅填补了中国女子体操单项世界冠军的最后一个空白,而且她完成的动作被命名为“程菲跳”。在 2008 年北京奥运会上,中国体操队夺得男子团体冠军、女子团体冠军、男子全能冠军、男子自由体操冠军、男子鞍马冠军、男子吊环冠军、男子单杠冠军、男子双杠冠军和女子高低杠冠军,成为本届奥运会夺金最多的项目。在 2012 年伦敦奥运会上,中国体操队获得 4 金 3 银 1 铜的良好成绩。2016 年里约奥运会中,中国体操队表现不甚理想。

3.技巧运动

1957 年,我国技巧运动首次被列为正式比赛项目。1979 年,中国技巧队加入国际技巧联合会,1980 年首次参加世界技巧大赛,1993、1994 年连续两年称霸世界。中国竞技技巧运动自发展以来,就一直是中国竞技体育中非奥运会项目的优势项目,为国家的体育事业做出了重要的贡献。

(三)重竞技运动

在重竞技大项中,举重的成绩十分突出。中国运动员创造世界纪录的历史就是以举重为起点的。1956 年,陈镜开以 133 千克的成绩打破了最轻量级世界纪录。此后的 11 年里,又先后有 10 人 30 次打破 5 个级别 10 个单项的世界纪录,并战胜了日本、埃及等世界强队,中国举重队正在赶超世界先进水平。

改革开放后,中国举重队获得了快速的发展,先后 6 次打破 2 个级别 3 个单项的世界纪录,并在第 23 届奥运会上一举夺得了 4 枚金牌,显示了中国举重运动水平进入世界先进行列。到 20 世纪 90 年代中期,中国举重的整体水平已居世界第三位。

在 2004 年雅典奥运会上,中国举重队夺得 5 枚金牌,占该届奥运会举重金牌总数的 1/3,成为我国重要的夺金点。

另外,我国在柔道和跆拳道等项目上也取得了较好的成绩。1986 年,我国柔道女选手高凤莲在第 4 届世界女子柔道锦标赛上夺取了 72 公斤以上级金牌,这是我国选手夺得的第一个世界柔道冠军。1992—2000 年的三届奥运会上,我国运动员庄晓严、孙福明、袁华、唐琳相继夺冠,实现了奥运会上大级别的三连冠。在 2004 年的雅典奥运会上,中国柔道队获得了 1 金 1 银 3 铜共 5 枚奖牌的历史最好成绩。

1995 年 8 月正式成立了中国跆拳道协会。1999 年 6 月,在加拿大埃特蒙多举行的世界跆拳道锦标赛上,我国运动员王朔获女子 55 公斤级冠军。2000 年 9 月,在悉尼举行的第 27 届奥运会上,陈中获女子 67 公斤以上级冠军,并在 2004 年雅典奥运会上卫冕,是我国第一位获跆拳道奥运会冠军的运动员。此外,罗微获雅典奥运会女子 67 公斤级冠军。在 2012 年伦敦奥运会上,吴静钰夺得女子 49 公斤以下级跆拳道冠军。2016 年里约奥运会上,赵帅获得中国男子跆拳道历史上第一枚奥运会金牌,郑姝音获得女子 67 公斤以上级决赛冠军。

(四)球类运动

1.篮球

新中国成立后,经过一段时间的发展,我国篮球运动取得了非常大的进步。通过举办各级各类篮球比赛,逐步形成了比较固定的竞赛制度。1959 年,中国男子篮球队先后战胜了世界锦标赛第 4 名保加利亚队、欧洲冠军队捷克斯洛伐克队;中国女子篮球队两次与欧洲冠军保加利亚队打成平手,并战胜匈牙利队。当时不仅国家队,还有"八一"队,北京、河北、黑龙江等队也战胜过欧洲强队。这说明我国篮球运动队已具备了一定的同欧洲强队相抗衡的实力。"文化大革命"期间,我国篮球运动水平急剧下降,国际篮球组织也与中国中断了联系。1974 年和 1975 年,随着中国在国际业余篮球联合会和亚洲篮球联合会的合法地位相继恢复,我国篮球队有了同世界强队接触的机会。1975 年以来,男子篮球队多次获得亚洲冠军。1994 年,中国男篮在第 12 届世界篮球锦标赛上第一次进入世界前八名。女子篮球队自 20 世纪 70 年代已冲出亚洲,在 1983 年第 9 届世界女子篮球锦标赛和 1984 年第 23 届奥运会上均获得第三名,进入了世界强队的行列。在 1992 年第 25 届奥运会上夺得亚军,证明了自己的实力。1995 年,中国男子篮球职业联赛成立,从此我国篮球走上了职业化发展的道路,经过近 20 年的发展,我国的职业篮球联赛水平已走在了快速发展的轨道上,在全球范围内也产生了一定的影响力,吸引了一大批世界优秀篮球运动员前来效力,极大地促进了我国竞技篮球运动水平的提高。

2. 足球

新中国成立后,由于受历史等各方面因素的影响,我国的足球运动并不普及,运动水平也较低。而经过一段时期的发展,我国足球运动取得了一定程度的进步和发展。在 1978 年,我国建立了全国成年、青少年的各项稳定而系统的竞赛制度,次年国家体委决定将足球重点城市从 10 个增加到 16 个。中国女子足球运动起步快,水平提高迅速,在亚洲女子足球锦标赛上,中国女队曾获得冠军。20 世纪 90 年代,足球界进行了改革,明确提出了我国足球运动发展的根本是改革体制,转换机制,推行足球俱乐部制。这次改革对中国足球运动的发展产生了重大作用,同时也对我国竞技体育运动的发展产生了较为深远的影响。1994 年我国足球走上了职业化发展的道路,这种遵循市场经济规律的做法是值得大力提倡的,虽然目前我国的职业联赛水平并不高,中国国家男子足球队也屡次冲击世界杯未果,但相信只要坚持开展职业足球联赛,我国的足球运动水平终有一天会得到大的提升。

3. 排球

新中国成立后,我国引进了六人制排球,1956 年,中国男、女排球队第一次参加在巴黎举行的男子第 3 届、女子第 2 届世界锦标赛。20 世纪 60 年代上半期,我国排球运动发展较快。"文化大革命"以后,女排引进了男排的许多打法,注重全面性训练,运动技术水平有了显著提高。1979 年,我国男、女排球队双双冲出亚洲。特别是女排,在身体条件、训练质量、比赛作风、技术和战术水平等方面进入了世界先进行列。1981 年女排夺得世界杯赛冠军,并在以后的奥运会和世界杯赛上多次取胜,赢得了"五连冠"的殊荣,在世界排球运动史上写下了光辉的一页。20 世纪 90 年代,中国女排分别在 1990 年和 1998 年世界锦标赛、1991 年世界杯赛、1996 年奥运会上 4 次获得亚军。2001 年重组后的中国女排的精神面貌为之一新,在世界大冠军杯上获得冠军。2003 年,中国女排在世界杯赛上夺回了失去 17 年的世界冠军称号,并于 2004 年雅典奥运会上再次夺得奥运会金牌。2012 年奥运会上,中国女排夺得第五名。2014 年,中国女排在决赛中输给美国队夺得世锦赛的亚军。2016 年里约奥运会中,中国女排 3∶1 逆转塞尔维亚,时隔 12 年再次获得奥运冠军,这也是中国女排第三次获得奥运会金牌。

4. 羽毛球

新中国成立后,在党和国家领导人的指引下,我国的羽毛球运动获得了快速的发展。1954 年,我国组建了以归国华侨为骨干的国家队。1956 年全国比赛开始举办,到第 1 届全运会时,已有 21 个省、自治区、直辖市的代表队参赛。在 1963 年以后的几年中,由于中国在国际羽联的合法地位尚未恢复,中国队一直被正式的世界大赛排斥,包括洲际羽毛球赛和汤杯、尤杯比赛。但在与羽毛球强国印尼、丹麦的比赛中,我国运动员却取得了震惊世界的好成绩,成为国际羽坛的"无冕之王"。20 世纪 70 年代,我国羽毛球逐渐形成了快、狠、准、活的风格特点,成为世界羽坛的一支劲旅,在 1974 年 5 月被亚洲羽协接纳为正式成员的 4 个月后,便在第 7 届亚运会上取得了男女团体、男女单打和女子双打 5 项冠军。

进入 20 世纪 80 年代以后,中国羽毛球队实力继续上升。1982 年,中国运动员第一次夺得标志世界羽毛球运动最高水平的汤姆斯杯。1998 年,中国女队击败印尼队,夺得尤伯杯。2004 年,中国女队实现尤伯杯四连冠,中国男队重夺汤姆斯杯。2006 年中国男女队再次包揽汤尤杯。这一切向世界证明,中国羽毛球又全面领先于世界羽坛。之后,在 2010 年巴黎世锦赛、2011 年伦敦世锦赛和 2012 年伦敦奥运会上,中国羽毛球队包揽了 5 个项目的全部冠军,在 2013 年,中国羽毛球队又夺得了苏迪曼杯的冠军,完成苏迪曼杯五连冠,这是一个了不起的成就。2016 年里约奥运会和伦敦奥运会成绩相比,中国羽毛球队表现的差强人意,只获得了男子单打金牌和混双铜牌。

5. 乒乓球

由于我国乒乓球所取得的令人瞩目的历史成绩,因此乒乓球被认为是我国的"国球"。在 20 世纪 60 年代,中国乒乓球全面崛起,并开始称雄于世界。20 世纪 70 年代,乒乓球队进行了技战术的创新,随后在第 36 届(1981年)和第 43 届(1995 年)世界乒乓球锦标赛上,中国乒乓球队两次囊括了全部的 7 项冠军。

中国乒乓球队从参加国际大赛以来,就根据自己的特点创造了近台快攻打法,逐渐形成了快、转、准、狠、变的风格。20 世纪 60 年代,凭借这一特点,我国成为世界头号乒乓球国家。20 世纪 70 年代,中国队继续发挥自己快速之长,并吸取了欧洲的弧圈球技术,在球拍以及发球技术方面进一步创新。在国际乒联三项改革——改大球、无遮挡发球、11分制之后,我国乒乓球队进行针对性训练,技战术水平得以长期处于世界领先地位。在2001年第46届世乒赛上,中国乒乓球队再次创造奇迹,第三次包揽全部7项冠军,使得中国队在步入大球时代后,再次从整体上走在了世界乒坛的前面。在2012年伦敦奥运会上,中国乒乓球队又包揽了男单、女单、男团、女团四个项目的金牌,再一次展示了乒乓球的世界霸主地位。2016年里约奥运会上,中国乒乓球队再次包揽男单、女单、男团、女团四个项目的金牌。

6.其他球类项目

网球作为一项世界性运动,近年来在我国取得了较快的发展,尤其表现在女子网球方面。改革开放后,我国的网球运动开始逐步发展。1980年我国首次举办"万宝路广州网球精英大赛",有10多个国家的著名选手参加。近年来,我国网球运动水平提高较快。在2004年的雅典奥运会上,孙甜甜、李婷夺得了女子双打的冠军,这是中国网球选手夺得的首个奥运会冠军。在2006年澳大利亚网球公开赛上,中国选手郑洁、晏紫夺得中国网球在四大满贯赛成年组双打比赛中的第一个冠军。之后,李娜分别在2011年和2014年获得法国网球公开赛和澳大利亚网球公开赛的冠军。

曾经被人称为"贵族运动"的台球,在新中国成立后相当长的时期未得到开展。改革开放后,台球运动勃兴,特别是在社会上广为流行,出现了社会办台球的专业户。2005年,我国台球选手丁俊晖夺得世界冠军,这不仅是我国选手在又一小球项目上首次夺得世界冠军,而且完全脱离了"业余体校—体校—省体工队—国家队"的传统培养模式,说明社会办体育也是一条极有前景的成才途径。

(五)射击运动

中国射击运动起步较晚,真正取得突破性发展是在改革开放后。1981年,中国射击队第一次参加在阿根廷举行的飞碟、移动靶项目世界射击锦标赛,女子飞碟项目运动员巫兰英以184中的成绩取得中国在该项目的第一个世界冠军。1984年,在美国洛杉矶举行的第23届奥运会上,许海峰以566环的成绩荣获男子自选手枪冠军,这是中国运动员在奥运会上获得的第一枚金牌。1992年第25届奥运会射击项目又立新功,取得两枚金牌、两枚银牌的优异成绩。女射手张山在飞碟项目比赛中,一举挫败世界男选手荣获金牌,震撼了世界体坛。王义夫连续6次征战奥运会,1992年奥运会上他获得冠军。之后,1996年和2000年分别在亚特兰大和悉尼奥运会上取得银牌,2004 年雅典奥运会上再次夺金。此外,冯梅梅、吴小旋、王正、姚烨、杜丽、朱启南、贾占波等也取得过优异的成绩。在 2008 年北京奥运会上,中国射击队更是夺得了 5 枚金牌,为祖国争得了荣誉。在 2016 年里约奥运会上,中国射击队获得 1 金 2 银 4 铜的成绩,成绩有所下降。

(六)水上运动

1953 年,我国优秀游泳运动员吴传玉在布加勒斯特获得男子 100 米仰泳冠军,为新中国夺得了第一枚世界体育大赛的金牌。1957—1960 年,又有 12 人 30 次在 4 个男子项目上达到世界先进水平,这是新中国成立以来我国泳坛最辉煌的时期。穆祥雄、戚烈云等是这一时期震撼泳坛的著名运动员。此后,游泳运动水平有所下降。但到 20 世纪 80 年代后期,我国已成为亚洲泳坛的劲旅。1988 年,在 100 米自由泳的比赛中,女选手庄泳首次为我国夺得奥运会金牌。

进入 20 世纪 90 年代后,我国游泳运动已跻身于世界先进之列。在第 25 届奥运会上,我国女队的"五朵金花"——庄泳、林莉、杨文意、钱红和王晓红,一举夺得 4 枚金牌、5 枚银牌,奖牌和积分跃居世界四强行列。此后,乐静宜、罗雪娟成为中国女子游泳的领军人物。

1974 年,我国跳水界分析了世界跳水运动的技术特点和发展趋势,提出了"走在跳水难度表的前面"的口号。同年,我国跳水运动员在第 7 届亚洲运动会上一举囊括了男女跳台、跳板的 4 项冠军。它标志着我国跳水运动已成为亚洲之强,同时也肯定了我国跳水运动的大胆创新之路是正确的,进一步激励了运动员攀登世界跳水运动的高峰。

在中国重返世界竞技体育大家庭后,女子跳水运动员陈肖霞、周继红、高敏、陈琳、许艳梅、伏明霞、池彬等,以及后来的李娜与桑雪、郭晶晶、吴敏霞等源源不断地从奥运会、世锦赛、世界杯带回金牌,这说明中国跳水运动长期居于世界前列。2016 年里约奥运会上,中国跳水队获得了 7 金 2 银 1 铜的优异成绩。

(七)其他运动项目

改革开放进入新时期后,我国还开展了各种各样的其他国家流行的运动项目,如滑冰、滑雪、冰球、棋类、桥牌、钓鱼、登山、航海模型、滑翔机、跳伞、无线电测向、自行车、摩托车、射箭等各种各样的竞赛活动,有的项目还组织了运动队,坚持常年训练,参加国内外的比赛,并取得了优异成绩。其中,我国在滑冰运动的短道速滑、花样滑冰和速度滑冰三个大项上实力较强。随着国际比赛项目的增多,滑水、现代五项、门球、毽球、保龄球等项目也在我国陆续开展起来,为竞技体育的繁荣增添了风采。

二、竞技体育文化研究的基本现状

竞技体育文化是一个国家文化的重要组成部分,对国家文化建设与发展具有重要的作用。当前关于竞技体育文化的研究主要集中在以下几个方面。

(一)竞技体育文化内涵的研究

学者李龙和陈中林认为,现代竞技体育文化和谐的内涵主要表现在:人自身的和谐、人与自然的和谐、人与人的和谐和国际社会关系的和谐四个方面。文中认为:"造就和谐的人的个体,就是要使一个人既有健康的身体,又有健全的人格,有正确的世界观和人生观,能正确地看待和处理个人与环境的关系;所谓人与自然的和谐,是指既关注人类,又关注自然,实现人与自然携手,生物与非生物共进,过去与现在统一,现在与未来的对话,时间与空间协调;所谓人与人之间的和谐,是指人与人之间的公平、公正的关系,每个人享有的权利与义务对等,在整体上没有根本利益冲突、个体之间存在一定利益冲突的前提下,能达到相互激励、相互促进又相互依赖的人际互动的社会构想。"

学者曾志刚和彭勇在《竞技体育文化的几点内涵探析》论文中分别从竞技体育的文化本质、民族精神和人本思想三个方面来论述竞技体育文化的内涵。关于竞技体育文化的本质,他们认为:"竞技体育是一种社会文化模式,它的文化成因在于满足了人们因工业化发展而产生的社会需要。"文中还认为:关于竞技体育文化的民族精神,我们应该用国际角度来审视,国际奥林匹克精神与民族精神相辅相成,民族精神与国家和民族的共同理想和目标是一致的;奥林匹克文化还是"以人为本"的体育文化,在锻炼人的体魄的同时,还能展示人的个性魅力。

李龙和黄亚玲在发表的《竞技体育文化的动态和谐内涵阐释》一文中论述了竞技体育文化的和谐内涵,主要内容为:"体育与德育、智育、美育和劳动教育相协调,共同达到培养全面发展人的目的的理想追求。竞技体育文化努力塑造一种个体的身心和谐、人格和谐,以及个体与环境的和谐,但这种和谐在一定意义上讲是相对的,同时也是动态的过程。"

(二)竞技体育异化的研究

关于竞技体育异化的研究,焦现伟、闫领先和焦素花在《关于竞技体育异化理论的探究》一文中阐述到："竞技体育是人类自身创造并发展起来的。从游戏的创立、比赛的规则到竞技的对抗,竞技体育在其社会化的进程中,也不可避免地出现与人类的初衷相悖的异化问题。科学技术的进步是永恒的,然而被利欲所驱使,在竞技运动中利用科技成果作假舞弊及摧残人性的异化行为是违背科学的。"

徐红萍在《关于竞技体育异化问题的探究》一文中阐述到："随着市场经济不断完善和发展的深入,竞技体育的发展方向开始面向商业化和职业化,由于经济方面的诱惑,竞技体育的异化问题不断地崭露头角,成为当今阻碍竞技体育运动发展的重要因素。"解决竞技体育异化问题需要从理论层面进行深入分析,该篇文章从竞技体育异化的概念入手,搜集和总结竞技体育异化的现象,并且对其形成的原因进行分析,结合实际提出解决竞技体育异化的应对策略。

庞建民、林德平和吴澄清在其发表的《对竞技体育中异化现象的分析与研究》一文中认为："竞技体育异化已经成为危害竞技体育发展的毒瘤,因此很有必要研究和探讨竞技体育异化相关问题。"在竞技体育未来发展的过程中,要高度重视体育异化这一现象,充分分析其产生的原因,并提出解决竞技体育异化的基本思路:"弘扬人文精神,让竞技体育回归本质;弱化竞技体育的政治功能;正确引导商业化,建立良好的竞技体育环境。"

学者杨杰和周游在其发表的《论竞技体育的观念及其异化》一文中认为："竞技体育的观念表现在竞技体育的精神境界之中。竞技体育的精神境界包括三个方面:运动员之间的友谊、运动员为国争光的民族情怀和运动竞技的审美。在抽象的国家观念和市场经济的功利原则下,竞技体育的观念发生了异化。克服竞技体育观念的异化,是体育事业发展的前提"。

(三)竞技体育文化公平发展的研究

关于竞技体育文化公平发展的研究,学者范素萍在《重塑体育公平竞争的理念》一文中阐述到："在体育竞赛中应该重视公平竞争的重要性,体现体育竞争过程中公平竞争的基本要求。要加强体育道德建设,培养良好道德品质;维护法规的权威,发挥其警示作用;加大监督力度,净化竞赛环境;完善奖励机制,引导人民见贤思齐。"

学者刘湘溶和刘雪丰在《竞技体育比赛中的欠公平状况及其合理性评判》一文中认为："竞技体育比赛中的核心就是公平精神,当前竞技体育比赛不公平的状况也不在少数,表现在比赛用的器械,比赛前的训练和比赛中的竞技竞争,都体现竞技体育的不公平,分析出现这些不公平现状的原因,最重要的是这些现状在当前的不合理性以及判断的标准,这是我们应该引起重视的,这样才能在竞技体育竞赛过程中体现其竞技意义和公平的竞技体育伦理观,才能不断地推动竞技体育向前健康发展。"

学者王渊在其发表的《传播人文体育理念,打造高校体育品牌》一文中认为"人文体育思想的渐进,反映了现代社会对人的价值的尊重,也体现了人们对体育的人文意蕴的感知。"体育是高校校园文化建设的重要组成部分,对学校教育的发展具有重要的影响和作用,学校各部门及领导要引起高度重视,充分利用体育具有凝聚力和亲和力的作用,加强校园体育文化品牌建设,传播人文体育理念,形成具有特色的校园体育品牌。

(四)竞技体育文化特征及价值的研究

关于竞技体育文化特征及价值的研究,邱江涛和熊焰在《竞技体育文化特征探析》一文中认为:"竞技体育是一种特殊的体育文化现象,以竞技体育文化为内核的奥林匹克运动超越了一般体育文化的范畴,成为社会发展的主流文化,更说明了竞技体育文化的特殊性,竞技体育文化的特征表现在活动主体、活动内容、活动方式形成过程中的多样性、规则性、渐进性、选择性和功利性等几个方面"。

学者张恳和李龙在其发表的《我国现代竞技体育文化的特征》一文中阐述到:"现代竞技体育文化是精神文化、彰显和谐理念、礼仪文化、健身文化和道德文化。"

李萍美和孙江在其发表的《对竞技体育文化特色的研究》一文中认为西方竞技体育文化的几点特色,正是东方国家传统体育所缺少的因素,"借鉴和有选择地吸取西方竞技体育文化特色,有利于促进民族传统体育发展。"

张连江和李杰凯在《全面小康社会与绿色体育文化建设的广义进化论阐释——兼论竞技体育文化建设中的价值观问题》一文中阐述到:"针对竞技体育领域现存的各种不良行为倾向,提出其本质是价值观及其评价体系的扭曲和偏离,对引发价值观体系的'逃离'倾向以及导致竞技运动文化生存空间萎缩的后果进行了分析。论证了体育系统反腐败的重要意义,对建设'绿色'体育文化提出了强化体育发展战略研究、建立符合我国国情的发展目标、治理体育文化灰色污染、强化体育为人民服务的法规建设以及加强对政府体育主管部门的监督等措施和建议。"

另外,学者林萌在其发表的《论竞技体育文化的价值及发展趋势》文章中,也认为竞技体育文化具有教育价值、经济价值、娱乐价值。

(五)竞技体育与科学发展观的研究

关于竞技体育与科学发展观的研究,田麦久教授在其发表的《试论我国竞技体育的科学发展与国际责任》一文中认为："我国竞技体育事业的发展应该遵循'以人为本,全面、协调、可持续发展'科学发展观的思想和要求来设计、规划与组织实施,要准确把握竞技体育的社会定位,努力拓展'享受竞技'的现代观念,不断完善竞技体育的发展环境,大力增强竞技选手的参赛实力,科学培养竞技体育的从业人才。"田麦久教授还认为随着我国竞技体育运动的不断发展,我国应该在国际体育事务中发挥自己的应有的作用和价值,为世界竞技体育的发展做出自己的贡献。

学者陈淑奇和范叶飞在发表的《体育科学发展观的提出及内涵探讨》一文中认为："运用逻辑推理、因果分析等方法对新时期提出体育科学发展观的必要性和客观依据进行深层次的阐述,提出新时期的体育科学发展观应当确立以人为本的价值内核,是以人为本的体育价值观、全面体育观、协调体育观和持续体育发展观的统一体。"

另外,学者王勇在发表的《发展体育产业必须树立科学发展观》文章中阐明了我国竞技体育产业的健康发展必须要走科学发展观的道路,保持竞技体育文化科学化的发展,要以科学发展观的眼光看问题。

三、竞技体育文化发展中存在的问题

受社会各种因素的影响,竞技体育文化在发展过程中遇到了一系列的问题,这严重制约着竞技体育文化的健康发展。这些问题主要表现在以下几个方面。

(一)竞技体育过度商业化发展

现代竞技体育比赛的越来越多使得竞技体育的商业化越来越浓,在这样的情况下,竞技体育运动的参与者都将追求利益作为其主要目的,这是导致竞技体育中出现各种腐败现象的重要因素。对于优秀的运动员来说,他们通过赢得高水平的赛事,除去赢得比赛奖金外还能获得企业丰厚的广告收入;而对于那些实力不强的运动员,当面对巨大的利益诱惑时,他们往往会铤而走险,服用兴奋剂,或者通过各种特殊的渠道获得利益,这就导致了竞技体育中各种丑陋的现象。所以说,竞技体育的这种高度的商业化发展在一定程度上破坏了以人为本的科学发展,对竞技体育的健康可持续发展是一种阻碍。

(二)生态环境遭到破坏

随着竞技体育的不断发展,各类体育赛事层出不穷,每年各个项目、各种类型的体育赛事数不胜数,在这样的情况下,需要不断建设新的体育场馆,以满足体育赛事的需求,但是体育场馆的扩建,需要向自然界获取森林、占用农田、绿地等资源,这在很大程度上破坏了生态环境,给我们所居住的城市带来了一系列生态和环境问题,这是竞技体育文化在发展过程中所遇到的生态环境破坏的问题,需要赛事组织者及整个社会参与人员共同合作,尽量避免和降低竞技体育发展对生态环境的破坏。

(三)强权政治不断侵入

竞技体育运动的发展是离不开社会政治的制约的,在一定意义上来说,竞技体育还可以作为改善世界各国政治关系的一种手段,如中国的"乒乓外交"就是典型的事例,它加强了中国同美国之间的交流与发展,是竞技体育手段良好的运用。当然,政治干预竞技体育既有积极的一面,也有消极的一面,在这样的情况下,就非常容易造成竞技体育文化迷失的现象。当前国际竞技体育舞台仍然存在着强权政治、霸权主义的身影,这在一定程度上阻碍着竞技体育的健康发展。

(四)暴力事件不断增多和升级

近年来,在竞技体育赛场上经常会看到暴力事件的发生,有时甚至会发生危害生命的事件,这说明在竞技体育高度发展的背景下,暴力事件也在不断增多和升级。对于竞技体育运动来说,运动员在比赛中可以利用身体的合理接触来获得比赛的优势,这是规则所允许的,然而有些运动员迫于利益的驱使,在比赛中故意采用有悖于比赛规则的手段而获利,对对方运动员构成身体伤害甚至危害其生命安全,这种做法是不可取的,破坏了比赛的公平竞争的原则,是受到大力谴责的。一般来说,国际和国内对运动员暴力行为的处罚都非常严重,但即使这样,暴力事件仍然不能完全避免,甚至是时有发生。暴力事件的发生在很大程度上破坏了竞技体育所该有的公平、和谐,不利于竞技体育文化的建设和发展。

(五)运动员培养理念出现异化

在商业利益的驱使下,很多竞技运动队为了追求眼前的利益,根本不重视对年轻运动员的培养和发展,这不利于本运动项目的长远发展。在这种商业理念的影响下,运动员的比赛成绩与教练员和俱乐部的经济利益之间有着密切的关系,因此在运动员培养理念方面会出现一定的异化现象。在很多运动队及俱乐部中,教练员只注重运动员竞技能力的培养和提高,而忽视了对运动员生理及身体机能的保护,忽视了心理技能的培养,忽视了对其科学知识能力的培养,这种做法是不可取的,这直接导致运动员在退役后很难适应正常的社会生活,给自己的日常生活带来了诸多不便。很多运动员在退役后生活都非常艰辛,由于他们的自身知识水平与社会需求差距大,从而不能找到适合自己的理想的工作。因此,当前竞技体育中运动员培养的这种理念应引起各体育运动队及职业俱乐部的高度重视,采取必要的措施和手段加强对年轻运动员的培养和管理,这样才能保证整个运动队及竞技体育的健康发展。

第三节　竞技体育文化的发展展望

一、影响竞技体育文化发展的因素分析

(一)政治因素

可以说,竞技体育自诞生以来就同政治有着千丝万缕的联系,竞技体育运动产生于一定的社会经济、政治基础之上,受政治、经济的制约和影响,正是在这样的形势下,竞技体育运动才获得了不断的发展。

竞技体育与政治之间是相互影响、相互作用的关系。在一定历史时期内,社会政治的需要制约着竞技体育的目的和性质。但在当前社会,竞技体育这种文化现象已被整个社会所接受,并且服务于整个社会,因此也被政治所青睐。在这样的情况下,竞技体育逐渐成为政治社会化的手段。任何一个运动队,在国际比赛中,都是代表一个国家在比赛,所取得的荣誉和成绩与国家之间有着密切的关系。在现代竞技体育条件下,随着国家民族尊严的激发,竞技体育成绩得到了极大程度的彰显,观众的情绪也随着竞技成绩的好坏而跌宕起伏。这就是政治因素对竞技体育的影响。

发展到现在,竞技体育运动发展水平已成为一个国家综合实力的体现,能在很大程度上体现一个国家或民族的地位,因此这就直接涉及国家在国际上的政治地位。在国际比赛中,竞技运动场上的每一次胜利,都能为一个民族或国家带来自豪感,激起人民大众的爱国之心。

(二)经济因素

竞技体育的影响因素也突出表现在经济方面:第一,竞技体育通过吸收社会经济而促使自身不断发展;第二,竞技体育本身可以产生巨大的经济价

值,反过来又推动着社会经济的不断发展。经济对竞技体育的影响具体体现在以下几个方面。

1.社会经济为竞技运动的发展提供了必要的设施及条件

在奥林匹克影响力越来越大的情况下,主办城市都加大了市政基础设施建设以及体育场馆、设施等的建设,这些建设需要大量的资金,如果没有强大的经济做后盾是很难想象的。如为了保证北京奥运会的顺利进行,我国政府投入了超过 2 000 亿人民币用于市政建设和体育场馆、基础设施建设。

2.社会经济基础是竞技体育发展的保障

以奥林匹克运动为例,现代奥林匹克运动自始至终就受到社会经济的制约和影响。1896 年,第 1 届现代奥运会就面临着巨大的经济问题,为了筹集资金,希腊全国上下掀起了募捐活动,希腊侨民富商乔治·阿维罗夫也对本届奥运会进行了巨额捐赠,这才使得第 1 届现代奥运会顺利举办。

纵观整个奥林匹克运动的发展史,我们可以清楚地看到现代奥林匹克在市场经济渗透下的发展过程,这也充分说明了经济因素对奥林匹克运动发展的影响。

3.竞技运动的结构和手段受到社会经济发展水平的制约

经济因素对现代体育竞技运动发展的影响主要表现在运动场地、器材、运动员的服装和设备等方面,如竞技体育中一些高水平的比赛选手,借助科学仪器的帮助和科学训练的手段,获得了优异的竞技比赛成绩,而这些科技手段的运用则是建立在经济发展的基础上的。

4.竞技运动的规模和水平受到社会经济发展水平的制约

人类文明的发展离不开经济的推动和影响,这是一个客观存在的发展规律。对于竞技体育运动来说也是如此。竞技体育要想获得健康的发展就必须要有强大的经济基础做后盾。

(三)科技因素

在现代竞技体育运动发展中,科技因素的影响力越来越大。如现代体育运动高水平赛事正是通过现代电视、电脑网络等科技手段的运用,才使得广大人民群众得以观赏到。

在现代大型竞技体育运动会上,通过科技设备、产品的使用能保证赛事的顺利举办。现代科学技术的飞速发展,使得竞技体育呈现出明显的大众化趋向,使得竞技体育带有了一定的消费色彩,这种变化在现代社会变得越来越明显。

大量的事实表明,现代竞技体育运动成绩的比拼,已逐渐演变成为多学科科研人员的"幕后操纵的科技之战"。每一项运动记录的产生,都包含诸多的科技要素。科技与体育的结合推动着竞技体育向"更高、更快、更强"的方向发展,这又同时反过来刺激着科学技术的不断创新与发展。

综上所述,竞技体育比赛拉近了人与人、国与国之间的交往,也在一定程度上提升了科技发展的动力。竞技体育与科技发展之间相互联系、相互影响,共同促进。可以说,先进的技术手段的运用和通讯设备的发明都是由科技发展的,而竞技体育运动的场地、设备、服饰等也只有在科技的光照下才能显示出其价值。总之,科技的任务不只是简单地给予竞技体育以科学意义的伸展,更重要的是借体育这个舞台来探究时代和时代的体育价值。

二、竞技体育的发展逻辑

(一)竞技体育本质与可持续发展的必然联系

事物的性质、特点、发展与变化趋势都是由事物本质的、特殊的、内在的规定性所规定的。由此看来,竞技体育的发展也应该是围绕其自身本质基础而建立的。如果脱离这种本质而存在,竞技体育就会变成无水之源,并最终失去群众基础这一可持续发展的重要社会基础。其原因在于竞技体育可以为群众体育的发展提供示范、增强吸引力、探索科学的方法和手段,给予技术性指导和服务,而群众体育是竞技体育优秀后备人才的源泉及促进竞技体育社会化、职业化发展的重要基础。两者有着不可分割的关联。

以我国足球运动为例,从 20 世纪 90 年代后期开始,"出线足球"成为中国足球界的核心理念,足协官员将其视为中国足球"冲出亚洲、走向世界"的"绝世秘籍"。为此便将一切可能调配的资源全部用于"出线"任务,在此阶段正是为了给 U23 国家队出线创造最好的备战条件,末代甲 A 的赛程一改再改,整个赛程被改得支离破碎,"只要成绩、不讲过程"的"结果论"成为中国足球的标准。

在这种情况下,便使得足球运动的本质规律遭到弱化。功利主义的足球在追求成绩的同时忽视了最该予以重视的青少年足球的培养。这才是包括足球运动在内的所有竞技体育运动可持续发展的源泉。任何违背这一规律的发展都是不科学的,不符合可持续发展理念的。从短期上看未必能获得成功,而从长期上看是根本不能获得成功的。

　　之所以要求要寻求竞技体育发展的本质,就在于要兢兢业业地踏实工作,从一点一滴的小事做起,基础性工作尽管在短时间内不能获得较大的政绩,也不能看到明显的效果,但是"不积跬步无以至千里,不积小流无以成江海"是铁的定律。由此可见,不遵循竞技体育的发展规律,不理解竞技体育的本质,就根本谈不上竞技体育的可持续发展。

(二)竞技体育的发展道路

　　辩证唯物主义认为,人有生存、享受和发展三种基本需求。正是在人的需求的基础上,现代竞技体育具备了发展壮大的必要基础。因此,现代竞技体育之所以成为一项影响巨大的社会实践,就在于它为人们提供了一种除它以外任何其他社会活动均不能提供的体育产品。人们通过参与、欣赏及消费这种产品,获得的不仅是一种"享受",还是一种个人"发展"的资本。

　　从经济学角度来看,现代体育系统形成了体育服务的生产系统与体育服务消费系统的对立统一的结构。有消费(需求)才有生产,生产与消费从来都是决定现实一切经济活动发展的基本动力,体育焉能除外。袁旦教授(2002年)在分析美国竞技体育的发展历程时认为,美国(竞技)体育产业依据市场逻辑发展的历程,实际上是近代以来世界体育和体育产业发展的一种重要程式,其他某些西方发达国家的体育和体育产业的发展大抵也循此程式。这种程式是体育在西方社会经济、政治、文化发展条件下,经过无数或小或大的尝试和失败,从偶然性中开辟出的道路。换言之,这种程式乃是在体育与社会经济、政治、文化之间长期的历时性矛盾运动过程中选择确立的;是近代以往西方自然经济社会中以分散、自发、小规模状态存在的"小体育",向现代市场经济社会中以集中、自觉、大规模状态存在的"大体育"过渡(即体育的社会化)的过程中,随着体育与社会经济、政治、文化间的矛盾逐渐展开和逐渐解决而自然体现出的发展程式。因而,它使美国和某些西方国家的体育和体育产业具有自然发育的性质,是近代以来世界体育和体育产业发展中存在的一种常规程式。相比之下,长期以来,中国竞技体育是国家观念指导下"自上而下"的发展,从当前我国竞技体育改革的目标来看,显然又对这种方式予以了扬弃。在社会主义市场经济的路径依赖看,中国竞技体育的发展无疑又面临着新的选择。

　　体育经济活动过程中起主导因素的是竞技体育的产品提供者(主要是竞技者)和观赏者,他们形成了货币交换关系,成为双向功利联系的统一体。竞技者运动水平越高,观赏者愿意支付的货币价值也越高。

　　竞技体育存在发展的根本目的是提供示范性表演,满足人们通过观赏高水平竞技表演获得一切其他表演艺术不能取代的审美享受,而群众体育的发展不断提高着人们在各种竞技项目上的欣赏水平,为竞技体育发展培养大批后备人才。如果竞技体育失去观众,竞技体育的示范作用则无从谈起,当辉煌的竞技体育成绩面对现实的选择,只有适应和变化才能与时俱进的发展。

三、竞技体育文化未来发展的理念

(一)"人文体育"理念

"人文体育"理念伴随着现代社会的发展而出现,它是竞技体育在现代社会发展中非常重要的价值观,因此竞技体育文化在发展的过程中,还要坚持"人文体育"的发展理念。

在竞技体育中,"人文体育"理念主要表现在:"人的全面发展是一个提高生存机会的过程,从总体上说,健康、长寿、接受良好的教育和生活幸福美满是人类发展的基本标志"。"人文体育"理念在很大程度上顺应了现代社会的发展规律,对促进社会主义现代化健身和和谐社会建设提出了新的思路和方法。因此,在竞技体育发展的过程中,要坚持"人文体育"的发展理念,坚持"以人为本",这样才能保证竞技体育文化的科学化发展。

竞技体育对大众有着巨大的影响,通过"人文体育"理念的贯彻,能使全体人民认识到参与体育运动的重要性,通过参与体育运动锻炼能增强自身的体质,提高免疫力,在平时的生活和工作中保持充沛的精力,提高生活质量和幸福的满意度。这是竞技体育价值的具体体现。另外,在竞技体育中,还要加强对运动员的人文关怀,在训练过程中不仅要培养和提高运动员的技术能力,同时还要培养其文化知识,促进综合素质的发展和提高,这样才能有利于运动员的更好发展。总之,"人文体育"理念的提倡,不论对于运动员还是一般体育锻炼者来说,都要合理地利用体育来发展自己,促进自身的全面发展。

在竞技体育文化发展的过程中,坚持"人文体育"理念的发展方向还可以吸引更多的专家和学者加大对竞技体育文化的研究,丰富和拓宽中国人文体育方面的研究成果,在不断吸取国外"人文体育"理念的先进研究成果的同时,丰富我国的体育文化理论研究体系。

(二)"享受体育"理念

发展到现在,竞技体育已发展到了一个很高的层面,它成为展现人类现代文明进步的一个窗口。因此,竞技体育文化应拓展"享受体育"的发展方向,促进"享受体育"的发展。"享受体育"具体表现在:运动员享受比赛过程;裁判员享受指导比赛的过程;观赏者享受比赛本身的内容等。

在竞技体育比赛中,有成功就有失败,但是不论成功还是失败,运动员都能获得不同的感受。在比赛中,运动员都有自己的人生经历和不同的感触,无论成功与否,运动员都在比赛过程中获得了极为宝贵的经历,享受到了自己所独有的快乐。教练员比赛前、比赛中和比赛后对运动员的指导和鼓励,对运动员也有深刻的影响,成为运动员的一种享受和体验。而教练员在指导运动员的同时,也能享受到竞技体育给自己带来的价值和愉悦的感受。因此,在竞技体育文化发展的过程中,要注意拓展"享受体育"的发展方向,这不仅能给体育运动参与者带来极大的价值,同时还能促进整个体育文明的发展与进步。

(三)"绿色奥运"理念

奥林匹克运动作为竞技运动的重要组成部分,对竞技体育的发展起着重要的作用。因此,在竞技体育文化发展的过程中应倡导"绿色奥运"的理念。

所谓"绿色奥运"是指在不对自然环境造成破坏的前提下,奥运会及奥林匹克运动的开展通过重视可再生资源的利用,保护水资源,加强废物的利用和管理;保护人类生存适宜的土壤、水和空气;保护古建筑等文化和自然环境的社会活动方式。竞技体育文化的发展对"绿色奥运"进行倡导,能够使奥林匹克精神得到更好的展现,并对竞技体育文化的内涵进行丰富。

在竞技体育活动的开展过程中,竞技体育文化大力倡导对绿色科技和绿色技术的应用,对自然资源进行充分利用,并对整个的生态系统平衡予以维护和保护,建设体育场馆选择无公害的绿色材料,提高体育场馆的利用率,做到充分利用不浪费。

另外,对于竞技体育运动中出现的兴奋剂问题、黑哨问题、假球问题等,要充分认识到此类恶劣事件产生的根源和深层次原因,这些恶劣事件发生的很大一部分原因是对利益的追逐。体育竞技运动参与者为了获得更多的自身利益而选择铤而走险,采用了与奥林匹克精神相违背的行为。所以,要对国民在竞技体育积极方面的认识进行正确引导,对奥林匹克公正、公平的精神进行宣传的同时,还要尽量避免竞技体育过度商业化,这对于建立一个公平、公正的比赛环境是非常有利的。在竞技体育发展的过程中,要努力推进竞技体育文化与社会方方面面的充分融合,以更好地促进体育与经济、政治、环境、文化和社会得以协调发展。

四、竞技体育文化未来发展的对策

(一)坚持"以人为本"的发展策略

人是竞技体育文化发展过程中的最为重要的要素,因此要坚持"以人为本"的发展理念和策略。竞技体育发展的最终目的就是促进全面参与体育运动的意识得以进一步加深,使整个社会形成体育运动风尚,增强人民的体质,提高国家的凝聚力,增进中国与世界其他国家的友谊。这就要求在发展竞技体育文化的过程中,既要对社会效益和经济效益给予足够的重视,同时还要能促进人的全面发展。在运动员培养和训练的过程中,不仅要发展和提高运动员的运动能力,同时还要注意加强对其文化知识的学习和培养,使运动能力和文化知识共同发展。总之,只有促使运动员的知识文化水平得以不断提高,才能使其在生活和训练中对作为社会人的感受有一个更为深刻的体会,在退役后也能更好地融入社会,提高社会适应力。而对于教练员和裁判员来说,要具备较高的职业操守和综合素养,在平时的工作中要对学习"以人为本"思想给予重视并加强,在实际操作过程中使这一思想得到应用,只有如此,才能更好地杜绝"假球""黑哨"等不良现象的发生。而对于体育运动爱好者来说,在观看体育比赛时,要保持平和、客观的心态,不要做出危害他人和社会的事件。

(二)坚持全面协调、科学化的发展理念

在竞技体育文化发展的过程中坚持"全面协调、科学化发展"的理念,就是要摆正竞技体育事业在国家经济与社会发展中的地位,处理好竞技体育与体育事业之间的关系,以及竞技体育事业内部各要素之间的关系。发展到现在,我国的竞技体育取得了举世瞩目的成绩,但要想实现体育强国的战略目标,还有很长的一段路要走,这就要求必须要坚持全面协调、科学化发展的理念,促进我国竞技体育事业的科学化发展。在竞技体育发展中,要促进中国体育事业与国家重大方针政策、经济建设、政治建设、精神文明建设等各个方面协调发展;在发展竞技体育文化的过程中还要注重大众体育、学校体育和社区体育的共同发展;在社会发展水平较低的地区,要采取必要的措施加强人们对竞技体育文化的认识,全方位促进我国竞技体育运动的发展。

(三)坚持人与自然的可持续发展

在竞技体育文化发展过程中,对人与自然的和谐发展予以坚持是必须

要遵循的对策和理念,也就是说竞技体育的发展不能以牺牲大自然为代价。作为人类社会活动的重要组成部分,竞技体育运动发展过程中会对周围城市的生态环境造成一定的影响,甚至破坏,如为了举办大型的体育比赛,必须要修建大型的场馆,准备必要的设施和设备,而这就需要大量砍伐树木、占据绿化之地等,这给举办城市的生态环境造成了极大的破坏。这种做法是不可取的。因此,在新形势下,人们应该反思这种破坏自然的行为所带来的代价,要采取必要的措施和手段促进人与自然的和谐发展。

(四)坚持与国际社会的协调发展

任何文化的发展都不是孤立的,竞技体育文化也是如此。在竞技体育文化发展的过程中还要坚持与国际社会的协调发展。中国自加入奥运大家庭后,就一直是其重要的一分子,并且取得了举世瞩目的成绩。在奥林匹克运动会上,中国有自己的传统优势项目,如乒乓球、羽毛球、跳水、举重等,我国在这些项目上有着绝对的实力和比赛经验,较易取得优异的比赛成绩。然而我们不应因循守旧,要主动将这些优势运动项目向全世界推广,加强同其他国家之间的沟通与交流,这样才能更好地促进以上各种运动项目的发展和创新,从而促进我国竞技体育的更好发展。

另外,对于一些我国潜在的优势项目和劣势项目来说,我们要认真学习和吸取国外的优秀方法和经验,并结合我国国情,走出一条适合我国发展的道路。总之,发展到现在,竞技体育文化与国际社会的协调发展已成为一个必然的趋势,我们要认清这个形势,更好地促进我国竞技体育文化的发展。

第六章 奥林匹克体育文化分析与发展研究

体育文化体系中所包含的内容是非常广泛的,不仅涉及竞技体育文化,还会涉及奥林匹克体育文化以及其他体育文化。本章主要对奥林匹克体育文化的相关理论进行深入分析,同时还会进一步探索和研究其发展状况。比如奥林匹克体育文化的发展趋势及其在中国的发展状况等,由此能够对奥林匹克体育文化有更加全面、深入的了解和认识,也为更好地探析现代体育文化及其发展提供一定的依据和支持。

第一节 奥林匹克体育文化的理论研究

一、奥林匹克体育文化的来源与范畴

(一)奥林匹克体育文化的来源

现代奥林匹克运动是 1894 年开始出现的,古代奥运会在一定程度上影响着现代奥林匹克。作为古代奥运的发源地,古希腊自公元前 776 年开始延续千年,关于古代奥运会的神话传说有很多,其中一个较为典型的传说为:早期的奥运会就是竞技运动,为祭神而举行,后来加入很多文学艺术及教育活动,成为古希腊的一种文化特色。

一直以来,古希腊文化都影响着奥林匹克运动的产生。古希腊文化对人类对于价值的赞美和追求较为注重,因此对人的全面发展也是较为重视的。其中,古代奥运会作为古希腊文化的杰出代表,能够将对全民发展的追求很好地体现出来。在古希腊,人们认为人要提高精神境界,其中一个重要的前提条件就是拥有一个强健的身体。因此,从某种意义上来说,奥林匹克运动是源于古希腊人对健康的推崇而诞生的。

顾拜旦被誉为现代奥运之父。"无论是古代还是现代,奥林匹克精神最基本的特点是贯穿其中的宗教精神。古代运动员像雕塑家那样,通过锻炼

塑造着自己的躯体,他们以此向上帝致敬。同样,现代运动员也以同样的方式为自己的祖国、民族及国旗赢得荣誉。因此,我认为,我最初围绕着重新崇尚的奥林匹克精神再创一种宗教感情是完全正确的。"这是他的主要观点。对此,他的解释为:"宗教体育的思想不仅包括国际主义和民主这两个所有文明国家建立新型人类社会的基础,同时还包括科学。科学的发展,不断为人类提供增强体魄、修身养性的新方法;提供以摆脱个性解放为由而产生的使人堕落的扭曲感情的新方法。"由此可以看出,宗教精神等古代奥运会的一些东西得到了继承,同时,奥运狭窄的宗教祭祀活动得到了扬弃。顾拜旦及其继任者为了能够更好地弘扬奥林匹克精神,与奥运会有机结合起来,开展了大量的文化教育活动。

由此可以看出,奥林匹克体育文化是从古希腊文化发源而来的,伴随着古代与现代奥林匹克运动的发展,又不断注入新的内容和精神。

(二)奥林匹克体育文化的范畴

奥林匹克文化是体育运动与文化和教育相融合的产物。为了更好地理解奥林匹克体育文化的范畴,可以从狭义和广义两个方面来对其进行分析和阐述。

1.从广义的角度分析奥林匹克体育文化

从广义上来说,奥林匹克体育文化包含相关的物质与精神文化,其包括奥林匹克运动的全部思想体系和活动内容,是奥林匹克运动在实践过程中所创造的物质与精神财富的总和。

这里所说的物质财富,就是所谓的物质文化,具体来说,主要指奥林匹克运动对人体技能的改造、发展,以及所采用的各类场馆、器材等物质文化设施和由此产生的文化形态。精神财富就是精神文化,具体来说,主要指奥林匹克运动对人的内心世界、社会行为的影响,以及与之相关的各项文化艺术活动。不论是古代奥运会还是现代奥林匹克运动,其中都蕴藏着丰富的物质与精神文化。

2.从狭义的角度来分析奥林匹克体育文化

从狭义上来说,奥林匹克体育文化主要指相关的精神文化。奥林匹克运动对人的内心世界、社会行为的影响,以及与之相关的各项文化艺术活动等都属于这一范畴。

现代奥林匹克运动是对古代奥林匹克运动以艺术活动参与的,如有形体、圣火、演讲、雕塑等文化这一传统的继承和发展。1906年,顾拜旦与国际奥委会专门对文化艺术在现代奥林匹克运动的作用问题进行了讨论,并选定建筑、雕塑、绘画、文学及音乐等主要文化艺术活动参与其中。1910年,顾拜旦对赋予奥运会以优雅和美感进行了再一次的强调,使其竞技运动成为具有审美精神的文化盛典,同时采取相应的具体措施,来使这一目标得以实现。《奥林匹克宪章》经多次修订,并且对以下内容做出了相关的规定:其一,奥运组委会必须制定文化活动,该计划应为促进奥委会的参加者和其他与会人士的和谐关系、相互了解和友谊服务;其二,文化活动须至少贯穿奥运村开放的整个时期。奥林匹克的各项文化艺术活动与体育运动结合,既提高了体育的品位,也促进了文化艺术的发展。

二、奥林匹克体育文化的性质

从奥林匹克体育文化的概念中,能够初步了解奥林匹克体育文化,为了更加深入地理解和认识奥林匹克体育文化,需要进一步剖析和探索其性质。具体来说,奥林匹克文化的性质可以从以下几个方面得到体现。

(一)奥林匹克体育文化的载体——体育

奥林匹克运动包含的内容非常多,比如较为主要的有竞技体育、大众体育以及与之有关的文化活动。从奥林匹克运动的文化组成来看,体育文化又占了相当大的一部分,许多其他文化也都与体育文化有着密不可分的关系。因而,奥林匹克运动文化在传播过程中,体育是作为一个主要的载体而存在的。

奥林匹克运动本身具有一定的文化特性,在其发展过程中作为一种载体为奥林匹克文化的发展创造了条件,这主要表现在两个方面:一方面,奥林匹克运动促进了人们身体健康水平的改善;另一方面,它对人的心理和社会行为也产生了积极的影响。作为一种体育运动,奥林匹克运动本身凝结着人类的智慧,在受人们关注的同时,人们也广泛参与其中,从而使其承载了更强的文化功能。另外,奥林匹克运动是不同国家和人们进行友好交往和文化交流的纽带,通过这一纽带,能够对不同文化的交流与融合起到积极的促进作用。

不管是奥林匹克运动,还是奥林匹克体育文化,都将促进世界各国人们之间的了解和交往,促进世界和平,作为重要的目标。可以说,体育运动使不同种族的人群之间的交流得到了有效的实现。同时,它在一定程度上超越了意识形态的束缚,是国际交流的有力工具。通过体育运动文化的交流,实现了促进文化融合、增进各国友谊的作用,这也是奥林匹克运动对人类社会发展的一个重要贡献。

（二）奥林匹克体育文化的主导——西方文化

古代奥林匹克体育文化是从古希腊文化中逐渐发源而来的,古希腊文化则是西方文化发展的重要组成部分。现代奥林匹克运动也是诞生在西方,最早的现代奥运会的运动员大多来自欧洲和北美。发展到今天,现代奥林匹克运动已有百余年的历史,运动员几乎遍及世界的每个角落。不过,尽管奥运的普及迫切需求更加多元的文化,但是由于受到历史及现实经济、政治等各个方面的原因的影响和制约,奥运会的组织安排等许多方面中色彩更加浓重的元素还是西方文化。在举办的现代奥运中,89％的奥运会是西方国家作为主办方的。而在国际奥委会当中,大多数委员都是西方人,在奥运比赛项目中,西方现代竞技体育项目的主导地位也是毋庸置疑的。上述这些方法都说明了一个问题,即现代奥林匹克运动文化仍是以西方文化占据着主导地位。

随着世界的发展,各国之间的交流也更加紧密,奥林匹克运动的普及程度也在与日俱增,由此可以推断,人类文化在奥林匹克文化当中进行多元化的交融已经成为一种必然。从本质上来看,文化的地域性和民族性是无法避免的因素。因此每一届奥运会由于不同的举办国家呈现出的文化特色也具有一定的差异性,这些特色贯穿始终,无论是在体育比赛还是艺术表演当中都体现得淋漓尽致。在奥林匹克运动文化的号召下,不同的文化渐渐融合到一起,成为多元性的奥林匹克运动文化。文化的多元性是当今的时代浪潮,它能够对不同民族之间相互了解、增进友谊起到积极的促进作用,因此多元文化的形成在很大程度上影响着人类文化的发展。

（三）奥林匹克体育文化的核心——教育

古代奥运会之所以会产生,是由很多方面的原因导致的,其中较为主要的因素有地理环境、城邦政治文化、宗教文化背景以及教育制度等。早在公元前7世纪,体育教育就已经在古希腊的教育制度中有所体现,古希腊人认为:"健康的精神寓于健康的躯体之中。"古代奥运会要求运动员不仅具有强健的身体,而且要有高尚的品德,这一切只能是教育的结果。获胜的运动员受到人们至高无上的崇拜,对希腊社会和广大人民是一种崇尚英雄、崇尚美德的教育。在现代奥林匹克运动创始之初,顾拜旦就坚决反对把这一运动称作纯粹的体育竞技运动,对此,他的主要观点是:体育具有高度的教育价值,他对教育在奥林匹克运动中的作用非常重视,他说:"首先,必须保持过去体育运动的特点,即高尚和骑士的性质,这是为了使体育可以继续有效地在现代社会的教育中起着希腊大师曾给它确定的值得赞美的作用。"

现代奥林匹克运动不仅在一定程度上继承了古希腊的奥运精神和教育思想，而且还有将其进一步发扬光大的显著趋势，现代奥林匹克运动以奥林匹克精神来教育全人类为宗旨，最终使我们的地球更加和平和美好。《奥林匹克宪章》中有一段话是这样的："奥林匹克主义是增强体质、意志和精神并使之全面均衡发展的一种生活哲学。奥林匹克主义谋求体育运动与文化和教育相融合，创造一种以奋斗为乐、发挥良好榜样的教育作用并尊重基本公德为基础的生活方式。"因此，当奥林匹克精神渗透到生活中时，其强大的教育功能就能够得到较好的体现。由此可以得知，奥林匹克运动是以教育为己任的，奥林匹克运动当中的所有活动都可以作为教育的手段而存在，教育就是奥林匹克运动文化中最重要的目的。

三、奥林匹克体育文化的内涵

随着奥林匹克运动会的不断开展，越来越多的人开始参与其中，通过这一形式，奥林匹克精神早已在不知不觉中深入体育乃至生活的各个角落当中。

总的来说，奥林匹克体育文化具有非常丰富的内涵，这主要从和谐发展、和平友谊、公平竞争、奋力拼搏、重在参与和为国争光这几个方面得到体现，具体如下。

(一)和谐发展

和谐发展是奥林匹克运动的重要文化内涵之一，使体育运动能够更好地服务于人类的和谐发展，而且促进和平、有尊严的人类社会的构建是奥林匹克运动的宗旨所在。奥林匹克运动能够使人的体质得到有效增强，促进人的文化素养、思维能力、意志品质等方面得到较好的发展。总而言之，其内涵体现了身体和精神两个方面。通过体育运动的交流，实现人类社会的和谐发展。

顾拜旦说："体育是增强民族体质、矫正畸形身躯的最直接的途径。""体育是培养荣誉心和公正无私精神的理想手段。"顾拜旦所作的《体育颂》对体育所能发挥的作用不吝赞美之词。他鼓励在体育运动中表现得更加积极，以人得到全面发展为目的，在拥有强健的体魄的同时，能够在素质上有着更高的升华，最终使每一个人都能变得高尚、公正、坚强、聪明、健美。

（二）和平友谊

通过体育运动增进世界各国人们之间的相互了解，以达到减少战争、促进和平的目的，是奥林匹克运动产生以来就担负着重要的使命和责任。在古代奥运会召开之前，人们聚集在奥林匹亚宙斯神庙前，举行庄严肃穆的仪式，宣布神圣休战开始，保证奥运会神圣不可侵犯；现代奥运会对古代奥运会的精神进行了集成，对国家民族平等较为重视，维护人的尊严，倡导多元文化，和平共处，在《奥林匹克宪章》中宣称："通过没有任何歧视、具有奥林匹克精神——以友谊、团结和公平精神——的体育活动来教育青年，从而为建立一个和平的更美好的世界做出贡献。"

和平友谊是世界各国发展的基础，也是人类生存与发展的前提，奥林匹克运动就对这一文化内涵进行了很好的诠释。从奥林匹克的精神到奥林匹克的标志，从奥林匹克运动对社会政治经济的影响到奥林匹克运动的作用，现代奥林匹克运动试图建立起沟通各国人民之间的桥梁，让人们以博大的胸怀去认识和理解自己民族之外的事物，建立真诚的友谊关系，从而对世界和平事业起到积极的促进作用。

（三）公平竞争

不管奥林匹克运动的内涵多么丰富，其实质还是没有改变的，具体来说，其核心依旧是体育运动，其中最重要的内容就是竞技体育。竞争是体育运动最为基本的特征，也是体育运动魅力的来源所在。奥林匹克主义当中体育的竞争，对体育活动有着一定的要求，具体来说，不仅要使公平的道德有所保证，还将"体育就是荣誉，但荣誉公正无私"的观点提了出来。这与商业化很强的其他体育运动是有所差别的，极大地尊重了人的尊严，从而使奥林匹克运动的宗旨得以实现。

竞技体育有着较为显著的特点，其中，最为显著的就是其具有非常激烈的对抗性，而且有着很强的娱乐性。体育运动竞赛中，运动员之间激烈的对抗一决高下，这一过程中身体经历了磨砺，意志品质同时也得到了锻炼，而观看比赛的观众则得到了较好的享受。竞争能够对人类社会的进步起到积极的推动作用。人类在竞争中才能使自己的雄心得以展现，聪明的头脑也能够得到进一步发展。参加体育运动必须要敢于竞争，面对强手如林的环境，要无所畏惧，超越自我，战胜对手，创造纪录与奇迹。人类的发展，正是靠着这种动力，才能够不断创新，不断迈进。

（四）奋力拼搏

在现代奥林匹克运动中,运动员要想取得理想的成绩,就必须不断挖掘自身的潜力,向自身体能、生命的极限发起挑战,由此可以得知,奋力拼搏也是奥林匹克运动文化中的一个重要内涵。而现代奥林匹克运动也提出了"更快、更高、更强"的格言,可以从两个方面来对其进行理解:一方面,它是指在竞技场上,面对对手时,发挥大无畏的精神,敢于斗争,敢于胜利;另一方面,其也指对自己永不满足,不断地战胜自己向极限冲击,将奥林匹克运动不断进取、永不满足的奋斗精神和不畏艰险、敢于攀登高峰的拼搏精神充分展现了出来。

敢于竞争、奋斗拼搏是实现生命价值的真谛。这种奋力拼搏的精神不仅是运动赛场上运动员的精神,同时也将人类的一种先进力量充分体现了出来,它鼓励人们勇于向大自然进行探索,克服各种不利因素,向未知领域发起一个又一个的挑战,这是人类对自身理想、品质、意志和能力不懈追求的表现,是奥林匹克运动的重要文化内涵。

（五）重在参与

"参与比取胜更重要",是奥林匹克运动重要的名言,也是奥林匹克运动重要的文化内涵之一。正如现代奥林匹克运动的创始人顾拜旦所说的:"生活中重要的不是凯旋而是奋斗,其精髓不是为了获胜而是使人类变得更勇敢、更健壮、更谨慎和更落落大方。"没有参与,取胜就无从谈起,而取胜也不是参与的唯一目的,没有了群众性的参与,奥林匹克运动也失却了本来的面貌。

在奥林匹克运动中,参与者高尚的品质、真诚的态度、奉献的精神和理想的追求等,其意义远远超过了运动成绩的获得。只有参与其中,运动员们才能在更快、更高、更强中超越他人、超越自我;正是由于参与精神的作用,世界各国参加奥林匹克运动,大量民众参加奥林匹克运动,使其超越一般竞技体育的范围,并对奥林匹克运动的发展起到了积极的促进作用。

（六）为国争光

奥林匹克运动在现代体育运动中具有非常重要的地位和作用,可以说,其是最耀眼的一颗明珠,参加奥运会的选手所代表的不仅仅是个人,还代表着自己的民族和国家。入场时运动员高举本国的旗帜,颁奖仪式上要奏国歌、升国旗,每一届不同的奥运会的开幕式、闭幕式也会将举办国的特色充分显示出来,大赛期间无数人都通过各种途径关注运动员是如何发挥表现的,这些举措使体育价值、社会价值的重担落到了运动员这一个体身上,这样运动员在实现其个人价值的同时,也将其体育价值与社会价值较好地得以实现。奥运赛场上英雄主义、集体主义、爱国主义高度一致,使得每一个参与者与观赏者的自豪感得以激发,其国家的民族凝聚力得以增强,奥林匹克运动的精神在此时也得到了进一步的升华。

参与奥运会的运动员的水平都是处于世界前列的,因此现代奥林匹克运动会是人类展示自我运动极限的盛会,运动员的水平往往就代表了世界最高水平。运动员的竞赛成绩不仅能够将其自身的水平反映出来,同时也与其所在国家国力的强弱有着重大的关系。正所谓国运盛,体育兴。奥运赛场的表现能够使人们看到运动员所在国家的英姿。奥运奖牌不仅是个人荣誉的象征,更是国家荣誉的一种体现。祖国和人民的关心、支持以及培养时刻激励着运动员去"顽强拼搏,摘金夺银",多拿奖牌,为祖国而战、为民族而战成为他们巨大的精神动力。

从上述内容中可以得知,奥林匹克体育文化有着非常丰富的内涵,奥林匹克运动的方方面面,每一个环节,它们之间的联系都是非常密切的。其中,和谐发展、团结友谊在一定程度上体现出了奥林匹克运动的宗旨和目的,公平竞争和重在参加的精神体现出了奥林匹克运动当中独有的法制原则和行为规范,而奋发拼搏、为国争光则充分体现出了奥林匹克运动的进取精神和思想境界。

从上述这几个方面精神内涵的分析中可以得知,这些都是人类取之不尽的宝贵精神财富,不仅代表了人类对真、善、美的追求,同时也将人类社会发展当中的崇高理想体现了出来。这些内涵对于一个民族和国家进行精神文明的发展建设,以及国民整体素质与运动员的奥林匹克意识和体育道德风尚的提高,所起到的作用都是不可估量的。除此之外,这也是奥林匹克体育文化在很大程度上影响世界的重要原因。

四、奥林匹克体育文化的特征

奥林匹克运动文化不仅有着丰富的内涵,同时还具有较为显著的特征。具体来说,可以从以下几个方面得到体现。

(一)对体育美的观赏性

作为体育运动中的一种现象,体育美是追求人体形态美的活动。奥林匹克运动会是人体展示的最高形式,运动员精湛的技术、拼搏进取的精神,将自身潜力最大限度地挖掘出来,向自身体能生命的极限挑战,从而创造一种在努力中求得欢乐幸福、身心愉悦的形象。

奥林匹克所展示的各类文化艺术形式,如同争奇斗艳的艺术天地,对观众有着非常强的吸引力。奥林匹克运动所营造的情感气氛、审美意境,构成的多姿多彩的文化景观,使其具有极大的观赏性。这种观赏性不仅使人的美感修养得到有效地提升,还能使其社会生活得到有效地美化。

(二)文化艺术性

奥林匹克运动有着丰富的文化内涵,从某种意义上来说,它不应该是一种枯燥的表达,而是一种充满艺术美的世界。1901年,顾拜旦曾经这样写道:三届奥运会已经成功举办,现在应考虑赋予奥运会以优雅和美感。国际奥委会也开始对文学艺术与奥运会的参与程度进行积极的讨论,用建筑、雕塑、绘画、文学、音乐等艺术形式来使奥运会的品位得到有效地提升。现如今,文化艺术已经深入到奥林匹克运动的方方面面:第一,《奥林匹克宪章》规定,组委会必须制定文化活动计划;第二,在奥运会仪式上,人们运用各种艺术手段,使这些活动成为当今世界上规模最大、水平最高的艺术表演;第三,在奥运场馆中,人们用各种绘画、雕塑等艺术方式进行装饰;第四,在奥运会举办期间,各举办国开展诸如文艺表演、艺术展览、博览会等各种文化艺术活动;第五,在比赛过程中,运动员在奋力拼搏的同时,展示着自身的形态美、力的美、运动的美等。

从根本上来说,奥林匹克运动文化的艺术性,就是一种美的展示与教育,通过对这些美好事物的创作与欣赏,人们自身的美感修养进一步加深,自身的情感修养得到提升,社会道德增强,最终使人格得以提升,以及人与人之间、人与自然和生活环境之间的和谐得以实现。由此可见,奥林匹克运动中文化的艺术特性,使奥林匹克运动的品味得到了极大程度的提升,对社会大众产生了非常深远的影响。

(三)科学人文性

所谓的人文,就是人类社会的各种文化现象,与之相关的是人文主义。人文主义源自欧洲文艺复兴运动,系指同人类有关的学问,以与欧洲中世纪占统治地位的神学相区别。

古代奥运会已成为希腊民族文化的一部分,现代奥林匹克运动则是人文思想发展的产物,对以人为本、人的和谐发展较为重视。长期的奥林匹克运动实践积淀了丰厚的人文精神,将人们对真、善、美的追求充分体现了出来。奥林匹克文化已经形成一门科学体系,应是人文科学的一部分。它所蕴含的人文性,不仅使其具有良好的教育价值,而且隐而深层地推动着体育的发展。

(四)普及与发展的多元性

通过对整个奥林匹克运动的发展史的分析和研究中可以得知,西方文化是奥林匹克文化的主导,在西方文化的基础上建立起来的。古代奥运会诞生于古希腊,而古希腊是西方历史的开源,古希腊人在哲学思想、历史、建筑、文学、戏剧、雕塑等方面成就了辉煌的文明,古希腊文明一代代延续下去,从而成为整个西方文明的精神源泉。现代奥林匹克运动会也是从西方开始的,从组织模式到思想体系,再到比赛内容无一不体现了西方文化的影响。现代奥运会的举办地大多是在西方国家,国际奥委会的成员也以西方人士为主,比赛项目也主要是西方现代竞技体育项目,由此可以看出,奥林匹克运动被赋予了非常浓重的西方文化色彩。

当前,现代奥林匹克运动越来越普及,并得到进一步的发展,奥林匹克运动已经开始朝着多元化的方向发展。而在走向世界的同时,奥林匹克运动的文化也将兼容性和多元性充分体现了出来。奥运会在不同国家举办所体现出来的文化特色也有所差别,从开幕式到闭幕式,从体育比赛到艺术活动等,异彩纷呈,争奇斗艳。奥运会吸纳的美国篮球、巴西足球、日本柔道、韩国跆拳道等民族传统的体育项目中,都能够将其文化折射出来,根植于民族文化的土壤之中。不同的文化特色彼此兼容,取长补短,汇聚发展成为五彩缤纷的多元文化。国际奥委会执行委员会委员,中国奥委会名誉主席何振梁先生对此发表了自己的观点:"从一百多年奥林匹克运动的历史看,它之所以成功,原因之一是它对多种文化的兼容和尊重。这个明智的政策不仅确定了奥林匹克运动的多文化性,也使它更具吸引力和凝聚力。可以毫不夸张地说,多文化性正是奥林匹克运动的财富和力量所在。"[①]

(五)艺术形式的象征性

所谓的特征,就是借助于某一具体形象的事物的外在特征,其暗示某种特定的富有特殊意义的事理或人物,以表达某种深邃的思想或真挚的感情,寓意深刻,耐人寻味。

奥林匹克运动提出了人的和谐发展的主张,同时也倡导团结、友谊、进步和公正平等竞争的精神,这些都具有一定的象征性意义。顾拜旦说:"奥林匹克运动是一个伟大的象征。"在奥林匹克运动的实践中,其主张的人的和谐发展的生活哲学,所倡导的团结、友谊、进步的精神,所规定的各项公正

---

① 何振梁.奥林匹克运动的普遍价值与多元文化世界[J].体育文化导刊,2002(6).

平等竞争原则,所形成的各项仪式规范等,皆物化成一系列独特而鲜明的艺术形式,其中较为具有代表性的有:奥林匹克会旗由蓝、黄、黑、红相互套接的五环组成,表示世界上五大洲的团结友谊以及各国运动员相聚在奥运会上;奥林匹克圣火在希腊引燃后,在世界各国进行火炬接力,在奥运会举行期间将一直燃烧,它是光明、团结、友谊、和平、正义的象征。

(六)内容的丰富性

奥林匹克体育文化的内容是非常丰富的,具体来说,奥林匹克运动在实践中所创造的物质与精神财富的总和都属于这一范畴。从狭义上来说,主要是奥林匹克运动对人的思想、社会行为的影响和与之相关的各项文化艺术活动。奥林匹克运动用体育竞技、音乐、舞蹈、美术、建筑艺术、雕塑、文学、影视等不同的文化形式来将自身的魅力充分展示出来,将人类社会中一切美好的事物都挖掘出来。

第二节　奥林匹克体育文化的发展趋势

一、奥林匹克体育文化未来发展中面临的危机

尽管奥林匹克运动已经发展到现在,但是其发展历程并不是一帆风顺的,自创立以来,它就不断经历着各种政治、经济、文化的冲击,度过了一个又一个危机。发展到现在,奥林匹克运动已经成为一个全球性的社会文化现象,它不仅引领着全球体育文化的演进,同时也成为一项在政治、经济、文化等诸多领域有着重要影响的国际社会活动。不可否认的是,现在奥林匹克运动虽然取得了巨大发展,获得了诸多成就,但是却面临着不可回避的文化危机,有过度商业化带来的奥林匹克运动文化危机,奥林匹克运动自身的理论缺陷引起的奥林匹克运动文化危机,以及体育道德的堕落,这些问题都对现代奥林匹克运动提出了巨大的挑战。

下面就对奥林匹克体育文化未来发展过程中将要面临的危机进行深入细致地分析和探索,具体如下。

(一)商业化程度过高

在现代社会,日益发达的经济条件使得奥林匹克运动开始向着商业化的方向发展。但不加节制的、过度的商业化发展却给奥林匹克运动文化的

发展带来了不必要的麻烦,阻碍着奥林匹克运动的发展。从现今奥林匹克运动的发展状况来看,商业化已经开始对奥林匹克运动文化造成冲击,甚至违背了当初奥林匹克运动的目标。在大多数情况下,奥林匹克运动会在经济发达的国家和地区举办,获得奖牌数量较多的也是经济发达的国家,近年来,一些商家还开始干涉对有关竞技问题的决定等等,这样不符合奥林匹克所倡导的公平原则。

奥林匹克运动的快速、健康发展,与商业化的操作有着非常密切的联系,两者是不可分割的,而这是历史发展的必然。然而当商业利益作为体育运动发展首要考虑的因素时,体育的利益就会成为牺牲的对象,当商业化在奥林匹克运动中被过度发展和使用时,就会严重干扰体育运动的正常状态,并与奥林匹克理想发生剧烈冲突,给奥林匹克运动文化带来巨大的威胁,这会使奥林匹克运动的文化受制于商业,而无节制的商业也会摧毁高尚的奥林匹克运动文化。因而,在商业化与保持奥林匹克运动文化之间找到一个合适的平衡点,成为奥林匹克运动所要急需解决的问题。

(二)自身理论方面出现异化现象

现代奥林匹克精神是从西方的古典人文主义和科学主义中发源而来的,人的意志自由要得到尊重是其本质思想所在,其对人的重要性较为重视。奥林匹克的格言"更快、更高、更强"也来源于"人定胜天"的信念,运动员们根据这一信念在赛场上奋力拼搏,不断挑战人体极限,不断超越人类自身自然的理念,这种不断超越自己、战胜自己的精神值得肯定,但这种精神推向极致后,会产生一系列奥林匹克运动文化上的异化危机。具体来说,这主要从以下两个方面得到体现。

(1)当这种过度强化的理念与国家和民族的荣誉相联系时,它就不仅仅是运动员个人的信念,而是上升到国家和民族荣誉的层面。这固然可以强化人们的民族自信心和凝聚力,但是也会引发个人与国家之间的冲突,当一个人背负着获得国家和民族的荣誉的使命时,奥林匹克运动所提倡的个人在体育中获得乐趣、获得和谐发展也将难以实现。另外,这种情绪还有可能导致国家与国家之间的对立,也违背了奥林匹克和平的原则。

(2)人的体能是有限制的,为了实现"更快、更高、更强"的目标,必定会借助于现代科学技术。事实上,这种借助于现代科学技术的方法往往提升的只是人的身体,人们过于依赖科学技术会忽视思想的进步,身体素质的提升代替不了精神方面的发展,这就造成了人的身体和精神不能和谐发展。

（三）体育道德方面有所堕落

对于奥林匹克运动来说，其发展过程中必须要面临的一个重要问题，就是体育道德的堕落。需要强调的是，这种道德的堕落会发生在奥林匹克运动的组织者身上，会发生在运动员身上，也会发生在观众身上，我们可以说这是人类社会发展的必然结果，但不可否认的是，这种道德上的堕落给奥林匹克运动及其文化带来了严重的危机。

奥林匹克的理想就是要让社会变成一个没有道德败坏、没有弱肉强食、没有腐败的美好社会，让人类社会达到尽善尽美的境地。可是在奥林匹克运动中出现的道德败坏和堕落现象却阻碍着这一理想的实现。国际奥委会的腐败问题，运动员滥用兴奋剂、毫无顾忌的酗酒、情绪激动的观众参与犯罪活动以及其他形式的异常行为等，这些不道德的行为严重影响了奥林匹克运动文化教育的功能，也影响了奥林匹克运动的健康发展。

（四）体育的政治化程度较高

奥林匹克章程里涉及体育不许政治干预等方面的问题，而从实际情况来说，这是不可能实现的，因为体育脱离不了政治，上层建筑不可能逃避政治影响。这是因为国际体育竞赛的胜负总是伴随着升国旗、奏国歌等渲染民族国家意识的一系列庄严仪式，直接关系到国家的荣辱。各国通过国际体育竞赛的获胜，可以激发全国国民自信心、自豪感，增强民族的向心力、凝聚力，对民众有巨大的吸引力和感染力。因此，现在各国政府比以往更加重视奥运会。

国际奥委会在1992年提出"奥林匹克休战"倡议；1993年在联合国大会上通过"奥林匹克休战"决议，号召从奥运会一周前至一周后休战，并确定国际奥运会百周年的1994年为体育与奥林匹克理想年。由此可见，国际奥委会为奥林匹克运动的健康发展做了努力。由于体育政治化的参与，一方面对奥林匹克运动的快速发展起到积极的促进作用，对提高民族自信心，维护国家的尊严，增强民族的向心力、凝聚力，促进国家威望和达到政治目的起到积极的作用。但另一方面，国际奥委会委员绝大多数来自少数资本主义发达国家，而这些发达国家的成员，很多都是资产阶级的政客，必然代表国际资产阶级的利益，排挤压制第三世界国家，甚至在一定程度上成为个别霸权主义国家利用的工具。例如，1980年美国抵制在苏联举办奥运会，1988年汉城奥运会朝鲜、古巴没有参加。1992年东欧剧变，联合国制裁南斯拉夫，不允许南斯拉夫的运动员代表南斯拉夫参加奥运会比赛。① 还有

① 熊斗寅.奥林匹克运动面临的挑战[J].中国学校体育，1994(6).

在我们申办 2000 年奥运会过程中,美、英等国的反对和破坏都是最好的实证。最近,美国奥委会调查委员会主席、美国前参议员米切尔提出今后举办奥运会的必须是"经济合作与发展组织"公约的国家。该公约签字国现有34 个,主要是欧洲和美国,中国没有参加,全世界近 200 个国家中参加的也不多。如果美国的企图得逞,中国也就没法申办 2008 年奥运会。①

由此可以看出,美国的真实意图就是控制国际奥委会。德国主管体育的内政部长也扬言,如果国际奥委会改革不彻底,欧洲联盟国家将抵制奥运会。因此,许多发展中国家强烈要求国际奥委会应该像联合国一样,每个国家(每个成员)都派一名代表参加,目前这一方案还通不过。因为在现任的112 名国际奥委会委员中,欧洲拥有 51 位,占总数的 45.5%,在 111 个国家和地区,奥委会无一名国际奥委会委员的情况下,意大利和瑞士都各有 4 名委员,美国、西班牙、瑞典也各拥有 3 名委员,明显存在着欧美中心主义。由此可以看出,奥林匹克运动要想得到持续性的发展,在未来的发展中坚持自己的宗旨就显得尤为重要。在很大程度上摆脱政治的干预和政治的利用所带来的一系列负面影响,才能使奥林匹克运动健康、稳定、有序地可持续发展得到有力的保证。

二、奥林匹克体育文化未来发展的展望

奥林匹克体育文化的生命力是非常强大的,在其时间并不长的发展历程中,战争、政治干预、经费短缺等都对奥林匹克运动的发展造成了不利的影响,甚至有时定期召开的奥运会不得不中断。但是,奥林匹克运动并没有终止。经过多年的发展,其日益发展壮大。在新的历史条件下,其呈现出了鲜明的发展趋势和发展特点。具体来说,主要表现在以下几个方面。

(一)奥林匹克运动的均衡发展

现代奥林匹克运动是在西方诞生的,因此其西方烙印较深。奥林匹克运动在各个方面都表现出了一定的欧美倾向性,这在其思想体系、组织体系以及运动项目体系等方面都有所体现。

在 100 多年的发展过程中,现代奥林匹克运动伴随着工业革命的开展而逐渐兴起,因此初期的奥林匹克运动的影响范围也仅限于欧洲国家。而随着世界经济政治中心的转移,奥林匹克运动也发生了相应的改变——由局限于欧洲变为转向欧洲和北美洲。

---

① 何振梁.国际奥委会的危机与改革[J].体育文史,1999(4).

第二次世界大战之后,和平与发展成为时代的主题,亚洲、非洲、拉丁美洲地区政治、经济的不断发展,综合国力不断提升,国际影响力也逐渐扩大。特别是在亚洲,伴随着中国、日本、韩国的迅速崛起,以前那种欧美绝对垄断地位开始被打破。"奥运会不出欧洲"的传统也逐渐被打破。

21世纪以来,各发展中国家经济快速发展,并迅速崛起,尤其是亚太地区,其对于冲破以欧美为中心的世界体育发展格局将会发挥更加突出的作用。现阶段,各类世界性的国际比赛也越来越多地在欧美以外的国家举办,在近几届奥运会的申办国家中,世界各大洲都有国家参与申办。在奥林匹克运动未来的发展中,在世界各大洲中都会留下其足迹,在五环旗的号召下,会对更多的人参与到体育运动中去,以及世界向着更好的方向发展起到积极的促进作用。

(二)竞技运动与大众体育、学校体育的发展更加均衡

《奥林匹克宪章》中明确规定"参加体育活动是人的一项权利。每个个体须有按照自己的需要参加体育的机会"。作为人的一项基本权利,残疾体育运动不应受到任何组织和个人的歧视。在现代奥林匹克运动创立之初,就尤为注重这方面的发展。

通常情况下,可以将奥林匹克活动的体系分为两大基本部分,也就是所谓的两个层次:一个层次是群众体育活动,它作为奥林匹克运动的基础,是持续性的、全球性的;另一个层次就是奥运会,它以高水平竞技运动为基础。以高水平竞技为主的4年一度的奥运会,是奥林匹克运动的最高层次。

尽管奥运会代表着现代竞技运动的最高水平,但是也不能忽视大众体育和学校体育的发展。将包括青少年在内的越来越多的人吸引到体育运动中来,是奥林匹克运动的宗旨,具有浓烈的大众体育色彩。

在奥林匹克运动的发展过程中,由于受到多方面因素的影响,奥运会中高水平竞技运动的发展较为迅速,并使得奥运会成为国家之间展示国力的舞台,使得其遭受了政治环境的污染。在竞技体育快速发展的同时,奥林匹克运动与大众体育及竞技体育的逐渐分离,致使大众体育、学校体育的发展越来越滞后。奥林匹克运动发展过程中出现的这些问题逐渐引起了国际奥委会的极大关注,采取了多种措施来推动大众体育和学校体育的发展成为国际奥委会的重要工作。在奥林匹克运动的未来发展过程中,竞技体育与大众体育和学校体育的均衡发展将会得以实现。

大众体育与学校体育的发展也具有其必要性。具体来说,在现代社会发展过程中,经济的快速发展一方面丰富了人们的物质生活,另一方面则引

发了环境问题和多种"文明病"。随着人们生活水平的提高以及健康观念的不断发展,大众需要用体育运动来改善人类自身的健康水平,而人们余暇时间的增多则为其提供了进行体育锻炼的可能性。因此,未来人们对体育运动的需求将不断增长。在这种情况下,世界各国纷纷制定大众体育发展规划,积极组织大众开展体育运动。

新的时代发展环境下,个人全面协调发展是人们的普遍追求,这与奥林匹克文化所倡导的"促进人的全面发展"理念不谋而合。伴随着国际奥委会的改革,这种趋势必将进一步加强,从而更好地促进大众体育、学校体育的发展。

(三)职业化、商业化发展将会得到有效地控制

20世纪80年代以来,奥林匹克运动实行商业化发展,在商业力量的推动下,其迅速摆脱了经济困扰,取得了快速的发展。职业化和商业化已经成为现代竞技体育的重要推动力,也成为其最为重要的特征。

经济体育的商业化和职业化之间有着非常密切的关系,具体来说,两者是相互促进的,两者共同对竞技体育的发展起到积极的促进作用。体育与商业的结合为其发展提供了强大的动力,同时也创造了一定的经济利益。商业化、职业化是奥林匹克运动发展的必然趋势,而其未来的发展过程中,职业化和商业化也将在控制之下,使其合理、有序的发展得以顺利实现。

1.奥林匹克商业化运作的发展

一直以来,人们就一直高度关注奥林匹克运动的商业化,在商业化运作之下,奥运会取得了成功,其所带来的商业价值也变得与日俱增。奥林匹克运动由抵制商业化到现在人们的普遍接受,其经历了一定的发展过程。

奥运会逐渐扩大的规模以及传统集资方式的实效使其不得不推行商业化的运作模式。20世纪70年代,世界性的经济危机使得西方经济社会陷入困境,奥林匹克运动的集资也变得十分困难。而举办奥运会需要庞大的开支,对于举办国而言,其是一项耗资巨大的活动,会加重经济方面的困难。1976年加拿大蒙特利尔奥运会耗资巨大,出现了巨大的亏空,这就对以后国家举办奥运会的动力产生了一定的影响。

1978年,洛杉矶市获得下届奥运会(1984年第23届奥运会)的申办权,而当年洛杉矶市所在的加利福尼亚州通过一项法律,即不准动用公共资金举办奥运会。在洛杉矶市政府不提供资金援助的情况下,奥运会不得不进行商业化运作,由民间组织承办,采用民间集资的办法。最后这届奥运会实

现盈利,成为现代奥运会发展史上的一个转折点。同时,这也是商业化运作正式介入的一个重要标志。

人类社会已经进入了高度发展的商品经济阶段,各项活动都在一定程度上受到商品价值规律的影响。人们在商品经济规律的支配下开展各项活动,从而使得庞大的经济体系得以形成。奥林匹克运动作为最为盛大的竞技体育盛宴,其商业色彩日益浓厚,纯粹的竞技体育已经不复存在。

奥运会的举办对经济实力有着非常高的要求,具体来说,其主要包括场馆设施建设、生活设施、城市基础设施建设、传播媒介、安全保卫、食宿等,在商业的巨大的财政支持下,奥运会才得以成功举办,奥林匹克运动也得到顺利发展。

需要强调的是,任何事物都具有两面性,在推动奥林匹克运动发展的同时,其也暴露出了一定的负面作用。国际奥委会也逐渐认识到了这一点,并采取了相应的措施降低负面作用的影响。为了防止电视转播对奥林匹克运动的控制和威胁,国际奥委会寻找新的经济资助,尽量降低电视转播费在总收入中的比例;为了减少商业化给不发达国家带来的不利影响,国际奥委会逐步加大了对这些国家的经济方面的援助,促进相关国家体育活动的开展。国际奥委会将采取各种措施,将与奥林匹克运动有关的商业行为进行有效地控制,使体育商业化朝着有利于奥林匹克运动发展的方向迈进。

2.有效控制职业化并使其进一步发展

20世纪80年代之后,职业运动员开始逐渐出现在奥运会的赛场上。职业运动员的参赛使得奥运会的竞争性和观赏性得到了空前的提高,观众在观看比赛中获得了前所未有的享受,奥运会也成为名副其实的最高水平的竞技运动盛宴。在职业化之后,奥运会的影响力进一步扩大。但是高度的职业化同样也给奥林匹克运动带来了许多不利影响,在这种情况下,国际奥委会采取了"有限度地开放"原则,同时制定必要的规则,从而使职业化产生的不利影响尽可能得到有效地限制。

(四)奥林匹克的发展会逐渐趋于民主化、平等化

具体来说,奥林匹克运动的民主化、平等化发展,主要从以下两个方面得到体现。

1.民主、平等的不断发展

奥林匹克运动会在成立之初,对民主与平等就非常重视,但是在其现实发展过程中,人们对这方面的问题却一直存在着一定的疑虑。在现代化发

展过程中,奥林匹克运动为了更加长远的发展,必须不断提高自身的发展,促进自我的不断完善,这样才能够更好地适应时代发展的需要。因此,更加的民主化、平等化是奥林匹克运动及其组织机构发展的方向。

目前还有许多国家没有自己的国际奥委会委员,许多国家只有参加活动的机会,而没有参与奥林匹克重大事务决策的权利。缺少在奥林匹克运动方面的发言权,使得很多国家的相关利益受损,从而打击了其参与奥林匹克运动的积极性。

为了能够对奥林匹克运动更好地发展起到积极的促进作用,国际奥委会会采取相应的措施,加大吸收亚洲、非洲、拉美地区的国际奥委会委员数,使世界各国都平等参与到奥林匹克事务中来,民主决策、平等合作,共同创造人类社会更好的明天。

2.女性参与到奥林匹克运动中来

由于最初奥林匹克运动的参与者只限于男性,后来才允许女性参加。因此,女性在奥林匹克运动中地位的提升涉及了平等。在萨马兰奇等的多方努力下,女性进入国际奥委会管理层。女性在国际奥委会中的地位基本得到确认。不仅如此,在国际奥委会的发展规划中,明确提出,要让更多女性进入各国家和世界性的体育组织中担任领导职务。在这样一个追求性别平等的大背景下,可以预见在未来的奥林匹克发展中,将会有越来越多的女性参与其中,为奥林匹克运动的发展做出应有的贡献。

(五)人文奥运的未来发展

对竞争的过分重视,会对人类的和谐发展产生不利的影响,这与体育精神也是相悖的。因此,在 2008 年的北京奥运会上,我国提出了人文奥运的理念。在今后的发展过程中,奥林匹克运动追求人文的倾向将会更加明显。

1.奥林匹克运动对文化的重视程度越来越高

和平与发展是当今时代的主题,在这种良好的发展环境之下,奥林匹克运动呈现出前所未有的良好发展态势。经过多年的发展,奥林匹克运动已逐步成熟,步入黄金发展时期。在这种情况下,奥林匹克运动转向追求文化具备了条件。文化教育是奥林匹克运动的核心,对文化、教育内涵的追求,既是对以往发展方向的扬弃,是继承与发展原则的良好体现,也是奥林匹克运动发展的必由之路。

奥林匹克运动作为一种文化,它作用于人类的不是简单的体育力量,而是一种文化力量,这种文化力量对人们的行为取向、道德升华、心理感受、文明导向等精神领域有着巨大的感召力和影响力。对奥林匹克文化价值的追求将成为一个新的发展方向。

2.奥林匹克运动对精神实质充实将会越来越重视

除了扩展自身表面的国际影响外,真正提高自身内在实力是奥林匹克运动求得更大的社会感召力的重要手段。奥林匹克运动提升自身文化内涵,扩大国际影响的重要举措是追求"和平、友谊、团结、进步"的宗旨,追求"更高、更快、更强"的精神,倡导"参与比竞争更重要"的理念等。

在人类社会的和谐发展方面,奥林匹克运动所起到的作用是非常重要的,可以说,它是人类文明史上的一大创举。奥林匹克理想和奥林匹克精神所昭示的和平与人道的主题,不仅寄托着人类对未来的希望和追求,同时其还会产生长远而深刻的影响。

今后,奥林匹克精神与奥林匹克理想的宣传还必须进一步加强,种族主义、性别歧视等不良影响将会逐渐消除。奥林匹克运动也将真正体现其价值,作为物质的奥林匹克文化和作为精神的奥林匹克文化将共同进步。

(六)现代科技在奥林匹克中的应用越来越广泛

奥林匹克的发展是在很多因素的推动下实现的,其中,科技就是重要方面之一。伴随着科学技术的飞速发展,各种高科技手段将在体育的各方面得到更广泛的应用,奥运会的科学性也必将变得越来越强。

奥林匹克运动的兴起,使体育科学研究的深度和广度都得到了进一步的拓展。在"更快、更高、更强"的奥林匹克格言鼓舞下,体育竞技领域成为人类不断超越自我、挑战人体极限的前沿阵地。第一次世界大战前后,奥运会逐渐发展成为世界各地运动会的基本模式,竞赛带动了单项运动成绩的显著提高,对训练提出了更高的要求,进而刺激了训练科学的研究与发展。在运动训练的手段和方法上,出现了一系列的改革和创新。运动训练的理论源于运动训练的实践,奥林匹克运动在实践中提出的一系列问题,促进了运动训练学、运动生理学、运动解剖学、运动生物力学、运动生物化学、运动心理学、运动营养学、体育管理学等新兴学科的形成和发展,以及整个体育科学体系的建立。

除了竞赛训练的科学化程度得到提高之外,其他方面的科技化程度也将获得快速的发展。其中,较为主要的有材料科技、管理科技、建筑科技、通讯科技等几个方面。

三、奥林匹克体育文化发展的基本策略

(一)进一步增强东西方文化的交流和融合

奥林匹克运动文化已发展成为开放的跨国度、跨民族的世界性文化体系。在这个体系中,古代与现代、东方与西方相互汇聚,为奥林匹克运动提供了取之不尽、用之不竭的文化源泉。但以西方文化为主导的奥林匹克文化毕竟是一定历史时期发展的产物,同样受历史条件的局限,需要随着时代的发展增添新的内容,不断地开拓创新,其关键需要进一步理解和尊重文化的多样性,加强东西方文化的交流和融合。应当承认东西方文化有很大差异。东方文化以中国传统文化为重心,其特点是重集体、和谐、伦理。西方文化源于古希腊,其特点是重个体、竞争、法治。东西方文化的差异又造成体育思想、价值以及活动方式、手段的不同。这些都是一定的历史地理环境和国情决定的。我们既要尊重不同民族、国家文化的差异;同时也要推动不同文化间的融合。历史经验证明,每一次文化的交流和融合都带来了文化的发展和繁荣,加强东西方文化的交流和融合,必将为奥林匹克运动文化增添新的光彩。

(二)使民族体育文化得到多元化的发展

民族体育是一种具有独特发生和发展机制的文化类型,带有强烈的民族文化气息,同时带有明显的稳定性和地域性,在相当程度上成为本地区和国家的象征。奥运会体育项目已经大量吸纳了欧洲民族体育项目,随着奥林匹克运动的发展,还需要不断吸纳其他地区具有代表意义的民族体育,进一步丰富奥林匹克运动文化的内容。奥林匹克运动文化实质是多元民族体育文化发展阶段的统一,多元民族体育文化是奥林匹克文化的根基,两者并行不悖。奥林匹克运动文化的发展创新应以多元民族体育文化为基础,民族体育文化的优秀成分将随着各民族间的交流和全球化的发展而为更多的人们所接受。

(三)将体育与文化教育更好地融合在一起

体育与文化教育的融合是奥林匹克运动对人类文明发展的重要贡献。这种融合不仅丰富了体育内涵,赋予体育以极大的文化价值和教育价值,而且为奥林匹克的创新提供了广阔的空间。国际奥委会对举办城市的文化活

动有明确的计划规定,但对文化活动的内容还没有具体定义。以往奥运会举办城市结合本地实际情况组织各种文化节、艺术节、博览会等活动或竞赛,虽然异彩纷呈,各具特色,但缺乏宏观指导,随意性较强。现在,国际奥委会适应多元文化与教育的形势,文化教育活动有了较大改进。与奥运会一流的竞技比赛相比,相应的文化教育活动有更充分的发挥余地和创新空间。按照《奥林匹克宪章》精神,奥运会的举办城市在文化教育活动创新方面负有更重要的责任。

(四)奥林匹克运动文化的研究与建设要更加深入

奥林匹克运动文化既是专门的科学领域,又是多学科研究领域。科学研究要随着实践发展而发展。现在,奥林匹克运动的规模空前扩大,内容更为丰富,影响甚为广泛,奥林匹克面临如何适应多元世界、如何进一步体现奥林匹克的普遍性及公正性等问题。国际奥委会已成立奥林匹克运动文化与教育委员会,有奥林匹克学院、博物馆等组织,需要不断整合这方面的力量,不断加强奥林匹克运动文化的研究与建设,促进奥林匹克运动的创新发展。

(五)权力分配的合理性要有所提升

西方体育长期占据奥林匹克运动的中心位置,除了因为奥林匹克运动起源于西方之外,其原因还包括国际奥委会权力的干预所致。国际奥委会的成员多由西方人组成,在处理各项工作时,凡是符合西方体育文化的就可能会被认为是合理的和先进的;反之,则会被认为是不合理和消极的。因此,很多西方体育项目更容易进入奥运会,获得进一步的发展。

在多元文化的发展背景下,为了促进奥林匹克运动更好的发展,应改变奥委会权力分配不公平的现象,使得发展中国家能够获得更多的话语权。这就需要发展中国家积极发展经济,不断提高自身的综合国力,从而在国际事务中能够具有更多的话语权。

第三节 奥林匹克体育文化在中国的发展

奥林匹克体育文化不仅在世界范围内得到了广泛的开展,同时在中国也得到了较好的发展,具体如下。

一、奥林匹克运动在中国的发展历程

(一)新中国成立前奥林匹克运动的发展

在新中国成立之前,奥林匹克运动已经有所发展,具体如下。

1922 年,王正廷担任国际奥委会委员,中国与国际奥委会建立了直接联系。此后,我国先后有三人担任过国际奥委会委员:王正廷(1922 年)、孔祥熙(1939 年)、董守义(1947 年)。

1928 年,中国获准派团参加在荷兰阿姆斯特丹举行的第 9 届奥运会,但由于准备不足,只派了宋如海一人作为观察员出席而未参赛。

1932 年第 10 届奥运会在美国洛杉矶举行。中国原准备派足球和田径选手参赛,但"九·一八"事变使计划落空。后来,在张学良将军的资助下,终于派出了一个代表团:代表沈嗣良,教练宋君复,选手刘长春。因旅途疲劳,体力不支,刘长春在 100 米、200 米预赛中即被淘汰。这是中国运动员第一次正式进入奥运会赛场,虽然成绩不佳,但向全世界宣告了中国奥林匹克运动的存在。

1936 年第 11 届奥运会在柏林举行。中国代表团共有运动员 69 人、考察员 34 人参加。除符保卢撑竿跳高进入复赛外,其余各项目的选手初赛即被淘汰。

1948 年第 14 届奥运会在英国伦敦举行。中国派出 33 名运动员参赛,但各项均未进入决赛。

(二)新中国成立后奥林匹克运动的发展

中华人民共和国成立后,中国各个方面发生了翻天覆地的变化,不管是政治、经济,还是文化等,都在很大程度上为体育的发展奠定了良好的基础,同时也为奥林匹克运动的开展提供了良好的机遇,使它在中国蓬勃地发展起来。1949 年 10 月,在北京召开了全国体育工作者代表大会,改组成立中华全国体育总会。全国"体总"对外代表中国的国家奥委会。

1952 年 2 月,中华全国体育总会致电国际奥委会,中国继续参加第 15 届奥运会。然而当时某些人敌视新中国,蓄意制造"两个中国"。最后中国代表团抵达赫尔辛基时,奥运会的赛程已过大半,只有游泳选手吴传玉有机会参加了 100 米仰泳比赛。

1958 年 8 月,中华人民共和国宣布中断与国际奥委会和有关单项体育联合会的联系,并退出国际奥委会。导致这一现象的主要原因在于国际奥委会主要负责人制造"两个中国"。

1979年11月,国际奥委会通过决议,承认"中国奥林匹克委员会"是中华人民共和国唯一合法国家代表,恢复了我国的合法席位,只允许台湾作为中国的一个地方性组织在国际体育组织留有席位,使用"中华台北奥林匹克委员会"的名称。中国与奥林匹克的正常联系终于得到恢复。

1984年7月29日,在美国洛杉矶举行的第23届奥运会上,射击运动员许海峰夺得自选手枪金牌,这是本届奥运会的首枚金牌,也是世界体育史第一枚属于中国的奥运金牌。此次奥运会中国军团共获金牌15枚、奖牌32枚,金牌总数列第4名,揭开了我国奥运史上新的一页。

在第28届雅典奥运会上,中国奥运军团创纪录地取得32枚金牌,63枚奖牌,并首次超过俄罗斯而居金牌榜次席,取得历史性的突破。

(三)2008年北京奥运会的举办

2008年,中国成功举办了北京奥运会,这不仅体现出了我国的综合实力已经得到世界的认可和关注,同时也为我国体育事业的发展创造了非常好的条件,这对于我国体育事业的发展具有非常重要的意义。下面就对北京奥运会的相关事宜加以阐述。

1.北京奥运会的理念

2008年奥运会既是历史赋予我们的机遇,也是历史给予我们的挑战。绿色奥运、人文奥运、科技奥运三位一体的口号本身就是北京奥运会的最大特色和亮点。

(1)绿色奥运

这是奥林匹克运动发展的新潮流。北京提出绿色奥运的寓意包括加快实施北京市的环保规划,促进城市的可持续发展,兴建奥林匹克公园,扩大人均占有森林和绿地的面积,改善水体质量,唤起民众的环保意识,提高城市的文明水平。

(2)人文奥运

所谓的人文奥运,是指突出"以人为本"的观念,倡导体育与文化、教育的有机结合。人文精神强调人的尊严、人的价值。2008年奥运会也应成为歌颂人、尊重人,一切以人为中心,塑造和谐、促进发展的人文舞台。人文奥运是人文精神与社会环境的结合。人文精神是社会环境的内化,社会环境是人文精神的外化,由人文奥运凸显出来的北京奥运特色,也应该由这两者淋漓尽致地展现。每种特定的文化传统都有其特定的人文精神,人文精神就体现在传统文化中。中国传统文化有其充满魅力的价值观念、人文观念、思维模式和行为模式,追求和谐的精神不仅是中国传统文化的特色,同时也是北京奥运的一个重要特色。

(3)科技奥运

在奥林匹克运动中广泛运用高科技手段,就是所谓的科技奥运。具体来说,其主要表现在以下几个方面。

首先,科技奥运呼唤科技产业的迅速发展,通过举办奥运会带动相关技术和产品的升级换代;其次,奥运会将成为最新科技成果的展示场,如软件、记分、通信手段的应用等;再次,奥运会将推动整个城市的现代化水平,促进电子、信息、环保、交通及旅游产业等对高科技的应用。科技奥运将在北京发展"知识经济"的过程中发挥着重要作用。

2. 北京奥运会的会徽

"中国印·舞动的北京"为第 29 届北京奥运会会徽。会徽以印章作为主体表现形式,将中国传统的印章和书法等艺术形式与运动特征结合起来,人的造型同时形似现代的"京"字,蕴含着浓郁的中国韵味。

"中国印·舞动的北京"的含义是多重的,具体来说,主要体现在以下几个方面。

第一,中国特点、北京特点与奥林匹克运动元素的巧妙结合。

第二,城市加年份的标准字体,设计别出心裁、独树一帜。

第三,总体结构与独立结构比例协调。

第四,有利于形象景观应用和市场开发。

3. 北京奥运会的口号

"同一个世界,同一个梦想"和"One world,One dream"为第 29 届北京奥运会中英文主题口号。

"同一个世界,同一个梦想"就将奥林匹克精神的实质和普遍价值观团结、友谊、进步、和谐、参与和梦想充分体现了出来,将全世界人民在奥林匹克精神的感召下,追求美好未来的共同愿望充分表达了出来;同时,其还深刻反映了北京奥运会的核心理念,将作为三大理念核心和灵魂的人文奥运所蕴含的和谐的价值观充分体现了出来。

4. 北京奥运会的吉祥物

北京奥运会吉祥物由 5 个拟人化的娃娃形象组成,统称"福娃",分别是"贝贝"(鲤鱼)、"晶晶"(熊猫)、"欢欢"(奥运圣火)、"迎迎"(藏羚羊)和"妮妮"(燕子)——他们的名字连起来读就是"北京欢迎你"。

北京奥运会吉祥物的每个娃娃都代表一个美好的祝愿：繁荣、欢乐、激情、健康与好运。娃娃们带着北京的盛情，将祝福带往世界各个角落，邀请各国人民共聚北京，欢庆 2008 年奥运盛典。

二、奥林匹克运动在中国的发展状况

当前，奥林匹克运动在中国已经发展了一段时间，并且也取得了一定的发展成效。下面就对奥林匹克运动在中国的发展状况进行更加深入地分析和阐述。

（一）奥运模式得以创立

由于历史遗留的原因，台湾地区与祖国大陆之间关于奥委会合法席位的问题始终存在争议，最后经过多方努力和长时间的协调，创立了著名的"奥运模式"，即根据"一个中国"的原则，确认代表全中国奥林匹克运动的是中华人民共和国的奥委会，正式名称为"中国奥林匹克委员会"，会址是北京，使用中华人民共和国的国旗和国歌；台湾地区的奥委会，正式名称为"中华台北奥林匹克委员会"，会址是台北，不得使用原来的旗、歌和徽记，需要确定新的会旗、会歌。

自从奥运模式确立以后，中国奥林匹克运动发生了很大变化，现在，奥运模式已经正式实施并取得了良好的效果。中国在国际体育组织中的合法席位已经恢复，中国体育已经全面走向世界，而台湾地区各项运动协会也按照"奥运模式"的方式，逐渐恢复了在各个国际单项运动协会里的活动。奥运模式既解决了中国参与奥林匹克运动时遇到的问题，也为国际上类似问题的解决提供了思路和方案。

（二）中国运动员在奥运会上有着非常出色的表现

当前，中国已经深深融入了奥运大家庭，并在奥运会上取得了突破性进展，登上了奥运会舞台，取得了优异的成绩，彰显了中国奥林匹克运动的成就，这与其不断的努力有着密切的联系。

在历届奥运会中，中国运动员往往都能取得理想的成绩。比如，2000年悉尼奥运会上，中国在本届奥运会上取得 28 枚金牌，16 枚银牌，15 枚铜牌，在金牌榜和奖牌榜上均居于第三位，这是中国首次进入前三强国家之列，是历史性的突破；2004 年雅典奥运会上，中国获得 32 枚金牌，17 枚银牌，14 枚铜牌，居于金牌榜第二位，奖牌榜第三位，这是中国首次进入奥运会金牌数前两名国家之列。在 2008 年北京奥运会上，中国以其强大的实力和主场优势,获得 51 枚金牌,21 枚银牌,28 枚铜牌,位居金牌榜第一位,奖牌榜第二位,既是中国第一次登上金牌榜榜首,也是奥运历史上首个登上金牌榜榜首的亚洲国家。在 2012 年伦敦奥运会,中国以 38 枚金牌,27 枚银牌,23 枚铜牌成为仅次于美国的金牌和奖牌获得国家。从这些数据可以看出,中国的奥林匹克运动事业已经到达了世界先进水平的行列。

(三)对奥林匹克运动的发展起到积极的促进作用

中国不仅只是参与奥运会,还积极申请举办奥运会,这些都在一定程度上对奥林匹克运动的发展起到了积极的促进作用。2008 年,北京成功举办了第 29 届夏季奥运会,在这届奥运会上,中国不仅将自己的实力和古老的中华文化充分展示给世界,更重要的是为奥林匹克运动带来了新的元素,具体来说,这主要在以下两个方面得到体现。

一方面,奥运会能在中国这个东方的、正在发展中的社会主义大国举办,本身为奥林匹克运动提供了一个更宽广的发展空间,奥林匹克运动的发展将不会受到意识形态、地域等方面的束缚。

另一方面,北京奥运会将以中国为代表的东方传统体育与以奥运会为代表的西方体育结合在一起,在很大程度上促进了中西方文化的平等交流与对话,促进了奥林匹克运动的多元化发展。

此外,中国还积极参加奥林匹克科学大会,展示中国在体育研究方面的实力;与其他国家和地区广泛开展交流与合作,向全世界 120 多个国家和地区派遣大批体育专家和教练,援助一些发展中国家兴建体育场馆,将中国的奥林匹克运动与世界紧密联系在一起,积极促进奥林匹克运动的发展。

(四)将奥林匹克运动与中国传统体育有机结合起来

奥林匹克运动与中国传统体育结合自中国举办 2008 年奥运会以来,就已经成为一个热门话题。中国传统体育依托于自身深厚的文化底蕴和强大的文化能量,它将有助于中国与世界展开广泛而深入的交流,同时也促进奥林匹克运动真正成为跨文化、跨民族、跨国度的交流途径,并促进奥林匹克运动向着更加健康的方向发展。中国传统体育以农业文明为基础,强调整体、以心为本,讲究"天人合一",追求静态美;西方体育以工业文明为依托,以自然科学为依据,注重分解,以身为本,讲究天人相对,富有冒险精神。这两种截然不同的体育文化在新时期的中国开始交汇,中国传统体育也开始对西方体育文化进行吸纳。

中国传统体育在与奥林匹克运动的融合过程中,并没有产生消亡。同时,奥林匹克运动也不会消失,而是两种相异的体育文化在相互碰撞中互相汲取了精华和具有现代价值的部分。具体来说，主要表现在以下几个方面。

第一，我们接受了奥林匹克运动表层的部分，吸收了奥林匹克运动先进的运动项目、规则、技术、设备和训练理念。

第二，奥林匹克思想所强调的公平竞争、规则明确、评价准确又强化了中国传统体育所淡薄的现代竞争意识。

第三，我们可以发现，中国传统体育与奥林匹克运动也存在着共同的目标，即赋予体育以文化教育的意义。

由此可以看出，在吸收了奥林匹克运动的有益成分后，中国开始参与奥林匹克运动，并以自己的传统文化影响改造着奥林匹克运动，中国传统武术开始走向世界就是一个很好的例子。如今，通过奥林匹克运动，世界已经对中国有了更加全面和深入的了解，而奥林匹克运动的发展也需要中国。因此，将奥林匹克与中国传统体育有机结合起来，具有非常重要的意义。

三、奥林匹克运动在中国所产生的影响

奥林匹克运动传入中国，并且在中国有了一定的发展，在取得一定发展成效的同时，其所产生的不良影响也不能被忽视。具体来说，奥林匹克运动中出现的各种弊端不仅在国际上造成了各种负面影响，同时也对中国当代体育产生了较大的冲击。

（一）奥林匹克运动的弊端

如图 6-1 所示，导致产生奥运弊端的根本原因在于竞技体育的过度强化，解决问题的关键在于竞技体育和大众体育不偏不倚、均衡发展。西方哲学思想和文化传统培育和造就出的体育文化有着显而易见的优势，但是我们不能忽略了其劣势正在发挥强大的破坏力，对奥林匹克运动进行着毁灭性打击。

（二）奥林匹克运动弊端的改善策略

首先，要对来自自身文化根源的缺陷是产生弊端的原因有充分的了解和认识，才能够使奥林匹克运动的弊端得到有效的改善和解决，通常多采用的解决途径为吸收各民族的优秀文化，嫁接和改造到自身的思想和文化传统上，趋利避害，使奥林匹克运动有各民族优秀文化精华滋养。

其次，要根据实际情况，而有所辩证地扬弃以往奥林匹克运动的职业化和商业化，把对奥林匹克运动的认识由"体育加文化"提升到"奥林匹克运动就是世界体育文化"的高度；对群众体育大力支持，倡导"体育为人人，人人

享有健康"。奥林匹克运动可以以消除人类隔阂为己任,以自己独特的魅力展现其在世界上的独特价值,在世界的转变中做出自己的贡献。具体来说,奥林匹克运动需要做到这样几个方面:第一,要将自身在体育历史文化流程中作为体育文化核心的地位明确下来;第二,要将自身在国际社会生存空间里作为文化组成的地位明确下来;第三,还要将自身在人类精神生活领域里作为价值构建的地位明确下来。

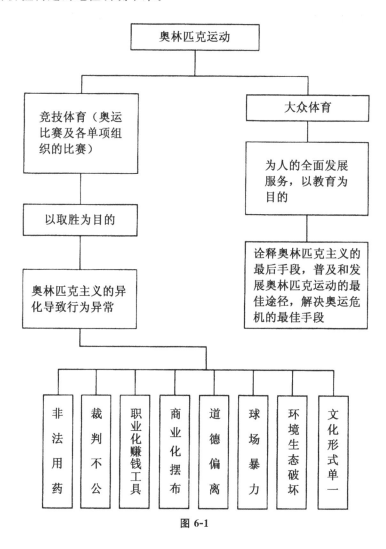

图 6-1

以奥林匹克为代表的西方体育,将西方文化哲学的对立、冲突、竞争充分体现了出来,在竞争和相互否定中达到新的平衡的文化精神。灵与肉、身与心对立统一的关系成为体育竞技文化的不竭动力,并对体育价值观产生了巨大影响。现代体育以奥运会为标尺,不断挑战人体极限,不断超越人类自身自然的理念成为其巨大推动力与精神支柱。然而,过度的商业化使世界各地区间体育发展的差距加大,同时也强化了长期存在于奥林匹克运动之中的欧美中心主义;运动员职业化使部分运动员以获得胜利为目标,可以不择手段,甚至以牺牲自己的身体健康为代价,使用兴奋剂等欺骗行为提高运动成绩;裁判执法不公及越演越烈的球场暴力和球迷骚乱等是受西方文化熏陶的现代奥林匹克运动正遭遇的重重危机,这也是现代奥林匹克运动亟待解决的问题。

第七章　民族传统体育文化分析与发展研究

民族传统体育文化是我国体育文化的重要组成部分,其内容丰富、文化底蕴深厚,与我国博大精深的传统文化存在着密切的联系。民族传统体育文化的发展不仅关系到民族传统体育自身的前程,还对我国体育文化与体育事业的发展有着深刻的影响。本章主要就民族传统体育文化的理论与内涵进行分析,并对民族传统体育文化软实力的提升进行研究,从而为推动我国民族传统体育文化的进一步发展提供参考与指导。

第一节　民族传统体育文化理论研究

一、民族传统体育文化的概念

(一)文化

国内外学者对"文化"一词作了很多的解释,其中具有代表性的几种观点如下。

英国人类学家爱德华·泰勒提出,"文化是一个复杂的整体,其中包括知识、信仰、艺术、道德、法律、风俗,以及人作为社会成员之一分子所获得的任何技巧与习惯"。

德国学者普芬多夫提出,文化是"社会人的活动所创造的东西和有赖于人和社会生活而存在的东西的总和"。

我国学者杨宪邦提出,"文化是一个社会历史范畴,是指人类创造社会历史的发展水平、程度和质量的状态"。

张汝伦提出,"文化可以说是人与自然、人与世界全部复杂关系种种表现形式的总和"。

陈华文提出,"文化是人类在存在过程中为了维护人类有序的生存和持续的发展所创造出来的关于人与自然、人与社会、人与人之间各种关系的有形无形的成果"。相对而言,这一说法是比较科学的。

文化具有广义和狭义之分。广义的文化是人类作用于自然界和社会的成果的总和,又被称为"大文化",包括一切物质、精神财富。狭义的文化指意识形态所创造的精神财富,又被称作"小文化",主要包括宗教、道德情操、学术思想、信仰、各种制度、风俗习惯、文学艺术、科学技术等。

(二)体育文化

体育是文化的重要组成部分,是独具特色的一类社会文化,而体育运动是人类特有的社会文化活动。体育文化,就是人类在所有的体育现象及促进体育发展的活动中,在价值观念、精神状态、情感倾向等层面,在理论认识、方法手段、技能技术等层面表现出来的思维方式,与在有意识的实践活动中表现出来的行为方式的总和。

(三)民族传统体育文化

民族传统体育文化是各民族在不断发展与进步过程中所形成的所有体育文化的总和。

二、民族传统体育文化的特征

(一)民族性

一个民族的体育文化在其发展过程中,形成的本民族群体所共有的且与其他民族体育文化相区别的特征就是所谓的民族性。不同民族的体育文化存在鲜明的民族差异,同一民族的体育文化在不同历史发展阶段也存在着不同之处,这都是民族体育文化民族性特征的反映。

体育文化的民族性在文化领域的各个层面都有渗透。民族体育文化作为一种精神、行为制度、规范、习惯,在塑造本民族下一代中发挥着举足轻重的作用。民族传统体育文化的民族性特征在体育文化的物质层面、精神层面、行为层面以及制度层面上都能反映出来。针对历史悠久的民族来说,其体育文化的民族性也就比较丰富。

我国各民族都有自己的传统体育项目,如满族的珍珠球、朝鲜族的荡秋千、蒙古族的赛马、傣族的泼水节等。这些项目颇具民族特色,受到我国众多民族人民的喜爱,因而也具有了中华民族特色。例如,"太极拳"与"舞狮"是非常具有中华民族特色的。"舞狮"这项民族体育项目,体现出了鲜明的民族文化特征,这项活动无论在民间的喜庆节日上,还是在大型的庆典上都广为流行,它呈现出我们民族祥和、喜庆、奋进的文化精神。

(二)内涵鲜明性

社会一旦有了自己的制度,形成了自己的风俗,就必然会出现与此相符的思维方式和行为模式。民族传统体育是社会风俗的典型,因此其文化内涵不仅与民族思维方式有关,还与特定的文化氛围有直接联系。我国民族体育与生产劳动、军事、战争、宗教、节令等活动之间存在着密切的联系,因而具有鲜明而又丰富的内涵。在丰富的民族体育中,有一部分内容来源于先民的劳动形式,体现了浓厚的劳动文化,如赫哲族的"撒网"、叉草球,湘西土家族的"打飞棒",蒙古族的"赛布鲁"、苗族的爬竿以及台湾高山族的挑担、舂米、搭茅屋等,都以竞技形式再现了人类早期的劳动方式。与之相仿的是,起源于人们日常生活的民族体育利用竞技的形式把习以为常的生活事项创制成怡情益体的体育竞技活动。例如,朝鲜族的顶水罐竞走,蒙古族、哈萨克族、维吾尔族、鄂伦春族的赛马,侗族、苗族的爬山以及云南苗族的穿花裙等。

(三)依赖性

中华民族文化的融合与发展经历了一个漫长的历程。在融合之前,各民族都有自身独特的历史和文化积淀。早期的民族传统体育文化属于自然形态的体育范畴,那时的民族体育文化主要以一种依附的状态存在于宗教活动、生产劳动等社会活动中,是缺乏独立性的。因而人们也就难以清楚地看到民族体育文化的价值。这种文化需要依赖于其他文化形态表现出来,或者可以说,没有其他文化形态的存在,民族体育文化的大部分价值也就失去了赖以存在的基础。如没有宗教文化中的祭祀、娱神中的舞蹈和竞赛活动,就会动摇民族体育文化存在的物质基础。

民族体育文化的客观存在与人类自身的发展有关,也与社会文化的发展有关。例如,蒙古族经历了长期的战乱纷争,最后由部落首领铁木真统一了蒙古,可以说蒙古族的历史充满着战争的色彩。蒙古族是生活在马背上的民族,因此,蒙古族是一个精骑善射的民族,其民族体育项目就必然与"征战""马匹"紧密联系。"马术""摔跤""赛马"等运动项目都是依赖这样的历史背景而逐渐产生与发展的。

另外,民族体育文化的发展依赖于本民族政治、经济、文化的发展。民族传统体育文化发展的影响因素来自多方面,但族群、民族的需要是具有决定性的影响因素。人类社会生活的发展是艰难而曲折的,自然环境的变化、气候的变迁以及政治因素的改变都会引起人们现实生活方式的改变。在变迁中,各民族文化相互之间不断交融与影响。

(四)多重性

每项民族传统体育运动都有一个主要来源,但这并不意味着只有唯一的一个来源。一般来说,一种体育形式整合了多种运动形式,囊括了多重文化内容,蕴含着丰富的文化内涵。例如,我们熟悉的南方少数民族的赛龙舟项目来自于古代该地区民族对龙的祭祀,即它最初的文化意义是对龙图腾的崇拜;再如,随着战国时楚国三闾大夫屈原忠心报国,百折不渝的民族气节深入人心,这一活动又注入纪念屈原的内容,从而使赛龙舟的文化内容更加丰富。另外,南方多水,涉水行舟是南方民族必不可少的生活事项,因此南方人民必须具备一定的楫渡能力,所以竞渡同样也蕴含着生活文化、健身文化的内涵;而龙舟的制作、雕刻与装饰,竞技者的协作与配合等又反映出赛龙舟运动包含精神道德文化、民族艺术文化等多重文化内容。

(五)娱乐性

在史籍记载中,有关中国远古时代的民族体育文化较少,但各地发现的壁画、岩画及出土文物中对此有一定的反映。例如,甘肃嘉峪关的岩画、青海海西州的岩画、云南和台湾摩梭族长期信仰的"久木鲁"、辽宁凌源出土的裸女雕像、湖南辰溪信奉的"风流岩""男根石"、安徽南陵及宣城等地的"石和尚"及我国新疆天山呼图壁县康家石门子岩画等。我国古人文化生活中希望身体强壮及生殖崇拜的情景在这些壁画及岩画中得到了不同角度的反映,而且这些壁画、岩画也反映了古代人重视生育、喜好娱乐。

民族传统体育活动具有技巧性、娱乐性、艺术观赏性、游戏性及趣味性等特点。从上层统治者到文臣武将,从士兵至百姓,不论是宫廷街巷还是村落山野,凡是有人聚集的地方,都有体育活动。大多数人会选择民族体育项目来进行身体练习,从而达到强身健体、娱乐身心的目的。例如,娱乐性特征突出的放风筝、拔河、打秋千、登山、赛舟、游水等活动深受统治者和平民百姓的喜爱。

(六)活动形式简单性

从动作外形来看,民族传统体育中的许多活动都与自然比较接近,它们或是劳动动作的再现,或是动物动作的升华,而且大多数活动自由、随意,规则、约束很少。例如,蒙古族、哈萨克族的人民以从事畜牧业生产为主,他们喜爱的传统体育活动大都需要马匹,其自然环境和生产方式孕育出叼羊、赛马、姑娘追等许多骑术项目。苗族、彝族、侗族等少数民族的人民以农业生产为主,因此牛的作用超过马,斗牛的习俗也在节日中保留了下来。南方丛林中的少数民族猎手,善使弓弩,在与野兽的搏斗中练就了精湛的射术。此外,广西壮族的打扁担、湘西土家族的打飞棒、黔南瑶族的猎棍操等项目都是在劳动中逐渐形成与发展起来的。

此外,民族体育虽然是各民族人民进步的历史创造,数百年甚至数千年流而不衰,且具有丰富的内涵,在当今又体现出现代与传统结合的特点,并为人们所遵从,但它毕竟是古代历史的产物,不可避免地会有一些原始落后的东西,如宗教色彩的掺存;艺术、体育、杂技兼而不分;实用、娱乐目的强烈,而医疗健身目的较弱;不够科学规范;具有较大的民族局限性等,这些都导致了民族体育文化的原始性和落后性。

三、民族传统体育文化的价值

(一)历史价值

民族传统体育是在特定的历史条件下产生并传承下来的特殊的民族文化现象,其作为历史的产物,必然烙有历史印记。一定历史时期的自然生态状况,以及社会政治、经济、科技、军事、文化等状况都能够从这一时期产生的民族传统体育中体现出来,每个时期的民族传统体育都是各族人民千百年来智慧和汗水的结晶,是华夏民族长期身体实践的活态表现形式。

民族传统体育蕴含着丰富的历史文化信息,这是其历史价值的主要体现。正如周伟良在《中华民族传统体育概论高级教程》中所描述的,"民族传统体育是一种深深植根于历史肥沃土壤中的种子和建构文化摩天大厦的基石。民族传统体育往往能够成为历史的风向标、时代的晴雨表、社会的温度计,在很大程度上为人们展示历史的风貌和再现时代的印迹"。

一定程度上来说,民族传统体育是历史上原生态的一种保留和反映,因此其包含有大量的有价值的历史文化信息。这主要体现在以下几方面。

(1)民族传统体育的形成与发展与特定时期的某项历史事件或者某个重要人物有关,这些事件和人物对于民族传统体育的传承与发展起到了至关重要的作用。因此,可以通过分析民族传统体育产生的背景来了解历史。

(2)通过民族传统体育,可以了解其产生时期的物质生产、生活方式、思想观念、风俗习惯和社会风尚。在人们的文化生活中,民族传统体育是最活跃、最积极和影响最直接、最广泛的社会实践活动,是现代体育运动项目形成与发展的重要源头。

(3)民族传统体育的存在形式具有民间性、口传性、非官方性和活态性的特征,其历史价值可以对官方历史之类正史典籍的不足、遗漏或讳饰起到一定的弥补作用,有助于人们对已逝的历史和文化有一个更真实、全面、接近本原的认识与了解。

综上,我们必须要对民族传统体育的历史传承价值有一个深刻的认识与了解,对原生态民族传统体育保护的重要性予以充分的重视,以促进民族传统体育文化的传承与发展。

(二)健身价值

民族传统体育文化是中华传统文化的重要组成部分,其形成与发展也受到了中华民族传统文化的影响,如天人相应、阴阳五行等古代哲学思想观念对民族传统体育基本的健身养生理论和健身方法都产生了一定的影响,使得民族传统体育具有鲜明的民族精神、民族气质和民族性格。

人类的生存与发展主要取决于人类对自身的认识和人类的不断修炼。民族传统体育作为重要的健身手段与人类社会文化的发展息息相关,它是人们在长期的生产和生活中积累的大量的健身养生的理论和实践,体现了中国古代对生命本质、生命活动规律以及疾病发生等特点的认识,形成了不同于西方的身体观、运动观和健康观,为人类的健康做出了重要贡献。民族传统体育的健身理论受中国传统医学的影响非常大,因此民族传统体育健身体系主要以阴阳五行、脏腑经络、精气神等学说为理论基础,这也说明了民族传统体育的健身思想为什么与现代西方体育的健身思想有明显的不同。

具体来说,对于民族传统体育的健身思想,我们可以从以下几个方面来解释。

第一,注重直觉体悟的健身思想。在身体锻炼中采取直觉与体悟的方法,这种健身的方法突出了"身""心"的整体性,从而有效地发挥了"形神"活动的统一性。

第二,注重时间特征的健身思想。中国民族传统体育的实践活动十分重视顺应时间的规律适时健身,许多民族传统体育项目具有鲜明的时间特征。如在中国古代十分注重"春生、夏长、秋收、冬藏"四时变化的自然规律,而人类生活在自然环境之中,必须要顺应四时的变化,调整精神活动,以此追求人体与周围环境以及人的精神与形体功能的和谐统一,从而达到健身养生的目的。

第三,注重养练结合的健身思想。这也是极具中国特色的健身理论与方法,它强调身体锻炼过程中,既要突出身体参与的运动性,又要重视健身活动中的养生保健作用,使身体得到均衡全面的发展。

第四,注重整体全面的健身思想。这种健身思想充分体现了中国民族传统体育活动从形式、内容，到方法、手段等方面强调"天人合一"的整体全息的思维模式。

（三）人文价值

人文原指人类，后来被引申为人性、人的情感，再转为人的文化、教养、教育。而我国传统中的"人文"指的是礼乐教化。例如，《易·贲》："观乎天文以察时变，观乎人文以化成天下。"孔颖达疏："言圣人观察人文，则诗书礼乐之谓，当法此教而化成也。"人文这个概念是动态的，《辞海》将其界定为"人文指人类社会的各种文化现象"。从宏观上来看，人文指的是社会的精神面貌和道德修养，从微观上而言，人对自身精神世界的感悟和认知就是人文。总之，作为人类文化基因的人文是古已有之的。

民族传统体育是人类社会独特的文化表现形式，同样也包容了众多的中国传统文化元素，正是因为受到了中国传统文化的熏陶，被传统文化所渗透，民族传统体育才具有了鲜明的人文价值观（"天人合一""刚健有为""中庸和谐""循规守礼"）。这些基本的人文价值观会对各种文化形态的发展产生推动或制约的影响。中国传统武术的"武德"内涵就是在传统文化的影响与渗透中形成的。甚至盛行于唐代时期的"十五柱球戏"，也都深深地打上了"礼为上"的烙印。在柱子上就分别标有"仁、义、礼、智、信、温、良、恭、俭、让"等红字和"傲、慢、佞、贪、滥"等黑字，木球击中红字为胜，击中黑字失败。这个游戏充分反映了民间娱乐活动中蕴含的道德规范和价值观念，这些观念和规范至今仍对我国民族传统体育的发展有一定的影响。

（四）审美价值

民族传统体育的审美价值，是审美对象客观所具有的，在一定程度上它能满足人的审美需要，给人们以审美的享受。我国各民族在形成和发展的过程中不仅创造了丰富多彩的民族传统体育运动，而且赋予了各项运动美的内涵。从某种角度来讲，每项民族传统体育运动都是民族美的载体。这种独特的运动形态，注重把民族感情、民族精神、民族风格、民族理念等融合在其审美对象和审美主体之中，使参与者和观赏者获得一定的精神享受。

在参与民族传统体育的过程中，人们不但可以锻炼身心，而且还能获得充分的审美体验，具体有自然方面的体验、社会方面的体验以及艺术方面的体验等。对于民族传统体育而言，审美价值应从民族传统体育活动的全过程中来欣赏，它的实践过程也是一个审美的过程。从民族传统体育的实践角度看，各种形式的体育运动也是一个美的创造和表现的过程。在这个过程中，参与者所展现的身体美、姿态美、力量美、运动美、精神美，以及环境美、器材美、服饰美等都体现和满足了我们的审美需求,这种体育美具有综合性特征,体现为通过对民族传统体育的参与和欣赏,使大众在获得审美愉悦的同时,培养审美能力,塑造审美境界,从而使心灵和性情得到陶冶。因此,我们可以用"赏心悦目"来对民族传统体育文化的审美价值加以概括。

(五)社会价值

从理论上讲,人通过自身和自我实践活动满足社会或他人物质的、精神的需要所做出的贡献和承担的责任就是所谓的社会价值。社会性是人的根本属性,各种文化活动都离不开人类群体的参与。来源于劳动人民生产和生活需要的民族传统体育一般都是直接向生产和生活实践提供服务的。因此,它的社会价值十分突出。社会价值具有亲和力、渗透力、辐射力等独特的特质,正因如此,社会组织机构与制度才会利用它来达成各种目标。

到现在,我们仍旧无法清晰地梳理所有民族传统体育活动的本意,或者很难找到一些民族传统体育活动的最初倡导者和创造者,但这并不影响民族传统体育的代代相传,充分说明了民族传统体育文化具有强大的生命力和突出的社会价值。另外,更为重要的是民族传统体育作为一种独特的文化表现形式已成为弘扬民族精神的重要手段,并且也成为凝聚华夏民族的精神纽带。例如,钱其琛副总理就曾专门撰文来论述民族传统体育与民族精神和民族凝聚力的关系。他指出:"众所周知,舞龙和赛龙舟原来都是祭祀龙的仪式。而舞龙和赛龙舟都需要通过集体的合力来完成,而运用单人的力量是无法成功运作的。在这种集体合作中,如果单个人的力量不能融入集体的节奏中,就会影响集体的操作效果,导致失败。我们可以将舞狮和舞龙作个比较。舞狮也是中华民族的艺术瑰宝,它至少需要两个人极其默契的配合,而舞龙运动的参与人数需要根据舞龙的长度来定,一般十人、几十人乃至上百人不等。舞龙、赛龙舟这样的民族传统文化项目充分体现了龙文化'团结就是力量'的精神内涵。"这一段论述充分表明民族传统体育文化具有弘扬民族精神,增进民族凝聚力的作用与价值。

四、民族传统体育文化研究

(一)研究对象

1.民族传统体育发端及形成的文化学因素

有关民族传统体育文化的起源,众说纷纭,常见的说法有生产劳动起源说、军事格斗起源说、祭祀起源说、生活习惯和动物活动起源说等。由于各地区各民族地理环境、生活方式、社会政治、经济等方面都存在不同程度的差异，所以各地形成的民族传统形式和体育价值观也有不同之处。正如司马云杰在《文化价值论》中所指出的那样："人类不同文化的发展，除了经济活动以外，还存在着各种变量关系；不仅存在着山脉、河流、海洋以及各种自然条件的影响，而且还存在着发源地、居住环境、前社会观念、现实生活中的新观念，以及社区或社会的特殊发展趋势等因素的交互作用。所有这些因素都给不同文化提供了独一无二的独特场合和情景。不同场合和情景的交际是不一样的，应付环境的条件和手段也各不相同。因此，生命的火焰和精神的创造力各有悬殊，其文化花朵也必然表现出绚烂多彩和不同丰姿。"可以说，我们要进行体育文化比较，就要先把握和研究各民族体育独特特征的文化学原因，这也是各民族体育文化自我选择和发展的基本依据之一。

2.民族传统体育文化的内涵

作为中华民族主流文化的民族传统体育和非主流的汉民族体育以及少数民族体育活动形式都属于民族传统体育文化的内容。我们在对民族传统体育文化的内涵进行研究时，既要研究物质层面的内容，也要研究制度与精神层面的内容，从而深入了解民族传统体育文化发展中形成的价值观念及规律。

3.民族传统体育的文化特征

由于各民族自然条件、居住环境、社会观念、文化影响等因素存在差异，所以民族传统体育文化的创造形式与手段也必然会表现出这样或那样的区别。中华民族大体育和少数民族地区的体育都有其独特的文化特质。民族传统体育文化学应当概括出它们具有普遍意义的共同特征。

4.民族传统体育发展的影响因素

民族传统体育的形成与发展都是受特定因素影响的，各民族体育的文化优势是多种因素通过交互作用造就而成的，同时多种因素的交互作用也必然存在相应的价值悖谬和非理性。有的文化尽管在产生之初是合理、理性的，但随着社会的不断发展，就会有不合理的东西呈现出来。民族传统体育文化同样也是如此。民族体育产生于奴隶社会，当时的政治、经济制度以及封建文化对民族传统体育的形成产生了重要的影响，因此民族传统体育必然具有相应的时代特征，如竞赛的不公平性、表演性、礼仪性等，而这些与现代体育所倡导的一些价值是矛盾的。中华民族传统体育在宋代以前的发展令世人瞠目,但在明清以后却步履维艰,为时代所抛弃,到底是什么原因导致如此。对于这个问题的探讨,对民族传统体育发展的影响因素的研究,不仅有利于明确当代民族传统体育的发展方向,而且有利于民族体育的改造与创新。

5.民族传统体育文化的传递与传播

文化的传递是文化的代代相传,这是时间范畴上文化的不断延续。文化的传播是从一个区域扩散到另一个区域,这是空间范畴的文化流动。不论是文化的传递或传播,都可以说是人与人之间的文化互动,是人对文化的一种分配与享受。中华民族传统体育在其形成与发展过程中,其传播特点主要表现为输入少、输出多。虽然异族文化对于古代体育有一定的影响作用,但仅限于运动项目方面。在中国近代,对西方体育的接受是在一种非自愿的、被迫的状态下开始的。在民族体育传递中继承大于变异,尤其是传统体育的深层价值方面。因为少数民族地理环境封闭,再加之汉民族的非平等态度,所以少数民族传统体育一般都是局限于本民族范围内发展的,各民族人民通过这些活动自娱自乐,而这些活动也在自己的民族内自生自灭。对于民族传统体育文化互动情况及特点的研究,有助于我们对"是什么""为什么"等问题有一个更好的认识。

6.民族传统体育与西方体育文化的碰撞、冲突、融合

中西方体育根植于不同的文化土壤中,中国体育代表的是传统的农业文化,西方体育是现代工业文明的产物,它们之间的异质性十分明显。在中国近代,西方体育在国人求强救国的愿望驱使下,在"学夷以制夷"的动机下,在学习引进外国的先进科技、思想的同时,对西方体育也给予了一定的接纳。但二者仍有明显的碰撞、冲突。20世纪二三十年代的论争便是最好的证据。其结果是确立了"中学为体,西学为用"的思想,肯定了民族本位体育观念的主导地位。由此便可得出一种规律的认识,任何民族对外来文化的接受都是有选择性的。西方体育对中国体育的影响是局部的,对民族传统体育的渗透与改造也只是局部的。对此,我们应探寻中西方体育在价值观念、思维方式、民族心理、审美情趣等方面的最佳结合点,从而促进中国民族传统体育的优化发展。

7.民族传统体育的现代化发展问题

作为一种文化遗产,民族传统体育在现代化发展过程中必然有其适应社会发展需要的部分,也有陈旧过时的内容。对此,我们必须以客观的态度

认真筛选传统体育项目,采取不同的方法进行分别处理,如有一部分需要作为完成其使命的历史遗产而被保留在文化典籍中;有些项目需要进入学校;有些需要改造,进入竞技领域;还有一部分内容应作为民间体育活动形式而存在。

(二)研究内容

自近代以来,我国很多学者就开始探讨民族传统体育的功能、价值及如何发展等问题。当前,中华民族全面崛起,不断走向世界,走向现代化,在新的历史时期,重新审视和研究民族传统体育具有重要的时代意义与价值。现在的民族体育研究同以往相比,有了很大的变化与不同,主要表现在研究任务、研究范围、研究内容等方面。总体来看,研究的数量不断增多,质量不断提高,范围不断扩大,在研究方法上出现多学科交叉的情形。

根据目前社会现代化对体育的需要以及民族传统体育文化的发展现状,我国应重点从以下几方面来研究民族传统体育文化。

1.关于民族传统体育文化内涵的当代研究

要确定民族传统体育文化的价值,并以此来提高我们的民族自尊心和自豪感,就要客观辩证地对待体育文化,以发展的眼光对其进行分析。每种文化都是在特定的历史和社会条件下产生的,每种文化的存在都具有合理性,但也有其文化价值上的悖谬。尤其是随着时代的变迁,原先合理的部分也会变得失去了合理性和存在的价值、意义。因此,我们必须认真对待民族文化遗产,认真研究民族传统文化,通过研究,既要明确它是什么,为什么,同样还要客观、公正地对其做出评价。在研究中,切忌采取历史虚无主义态度,切忌厚古薄今,切忌全盘西化或完全否定外来文化。

2.对民族传统体育未来功能及价值作用的分析

不同社会和不同时代对人提出的要求是不同的。从石器时代到铁器、铜器时代,再到农业时代、工业时代和现在的信息时代,历史在不断变迁,对人的要求也在不断变化,人的素质也因此而不断发生变化。民族传统体育文化学不仅应该研究当今时代需要哪些民族传统体育人才,而且因为教育本身的滞后性和先行性,在人才培养中要有超前意识。只有这样,我们才能对体育在未来社会中的目标定向有更好的把握,清楚地了解体育能做些什么和应该做些什么。例如,在工业革命时代,西方的科学体育既促进了社会所需求的人的培养,同时也促进了体育的发展。关于民族传统体育未来功能及价值作用的分析,具有代表性的研究有以下几种。

美国学者约翰·奈斯比特和帕特里西亚·阿伯丁在《90 年代世界发展十大趋势》一书中谈到："20 世纪 90 年代后期，人们的娱乐方式和消费习惯都会发生根本的改变，成为 90 年代社会的主要娱乐活动。""热衷于健美锻炼的人们对大型体育的兴趣越来越少；他们宁愿花一个周日下午去参观美术馆而不愿看电视转播的足球赛。""20 世纪 90 年代，发达国家将会出现视觉艺术、诗歌、舞蹈、戏剧、音乐等方面的现代艺术复兴，它与刚刚过去的那个崇尚武力、盛行体育的工业时代形成了鲜明的对照。今天，我们正从体育转向艺术。"

于涛在《社会转型与中国体育文化的三次嬗变》一文中指出："未来体育变化的趋势，可能是一个以科学体育为主流，暗潜着艺术化体育的倾向。"

吕树庭在《21 世纪，中国社会生活方式与体育的社会学透视》一文中指出："21 世纪，中国社会生活方式将以合理、自由和丰富为原则，以文明、健康、科学为主要特征。体育与人的生活质量，与人的生命价值的体现形式联系得更加密切，全面介入生活领域，成为一种不可缺少的生活方式。""城乡生活方式趋同的结果是，体育活动的主要场所建在体育设施精良、配套服务优质的生活住宅小区；人际关系淡漠和功利化趋向，从某种意义上讲又以强化中国家庭的内聚力和以亲属为纽带的家庭与家庭之间的往来，使家庭体育在城市家庭网的延伸中得到进一步的发展；生活方式多样化及消费阶层化将导致体育需求的多样化和体育消费的阶层化。"

我们可以从上述研究中总结出，未来体育的艺术特色将会更加明显。民族传统体育文化学首先应该研究体育文化的未来趋势，这样才能为民族体育文化未来发展的研究提供可靠的导向。

3. 对不同区域、不同民族传统体育的比较研究

体育文化的形成和发展离不开人类文化的进步，不同地域、不同民族体育发展的形态是其文化内在规定性的必然结果。因此，沿着历史的轨迹，从文化学角度比较分析不同地域、民族的传统体育，会为我们深入认识体育的发展规律，把握体育的未来发展方向提供有价值的参考。关于这方面，具有代表性的研究有以下几种。

陈晋璋在《从文化背景和民族心理谈古近代中国传统体育与西方体育演进历程的异同》一文中提出："中国传统体育与西方体育是中西方两种传统文化的产物。在长期的生活过程中中西方民族逐渐形成了各自的文化形态与民族心理，它包括情感、个性、价值观念、思维定式、审美情趣等。这些民族心理特征影响着民族文化的选择趋向，而文化选择趋向在相当的程度上决定着一个民族体育的存在方式和发展趋向。"

于涛在《关于中西体育分殊与融合的历史唯物主义思考》一文中指出："用历史唯物主义的观点看待中西体育的分殊与融合，就可以清楚地把握体育文化的过去、现状与未来，理解传统体育与西方体育差异的根结所在，同时也利于看到传统体育重视人的道德升华，重视追求审美境界和人的内在情感体验等方面对未来体育所独有的价值。"

吴忠义在《中国与希腊传统体育的比较看世界体育发展走向》一文中，从文化学视角出发，对比分析了中国与希腊不同形态传统体育的内涵及其外显特点，对二者不同的心理、文化特征进行了探讨；提出未来世界体育的发展将是以东方为主流的健身体育和以西方体育为主流的竞技体育。二者在其发展进程中将相互影响，互为补充，但因内在规定性不同而无法实现根本上的融合。

王岗的《文化结构法则与民族体育的发展趋向》和王铁新的《论传统文化的非理性与民族传统体育的价值悖谬》《中国人的民族性格与中国体育的选择》等文章大量阐述了中西体育的产生根源、影响因素，以及对人的不同影响。

总之，在体育文化研究中，中西体育文化的比较与融合一直都是重点研究的内容。

4. 对民族传统体育应如何发展的研究

在中华民族特定的政治、经济、地理、文化等生活条件下，作为我国优秀民族文化遗产的民族传统体育逐渐产生，不断发展，并形成了独特的特征与价值，囊括了非常丰富的内容。据《中华民族传统体育志》记载：少数民族体育和汉民族体育分别有 676 项和 301 项，总计 977 项。这些项目有的代代流传；有的已经走出国门，成为世界共性文化；有的延伸变化，由此及彼；有的变成特定形式的体育活动；有的至今仍在地头、田间、山野中存在，生命力强大；有的却荡然无存，只零星地出现在史籍、墓葬、文物中。当前，我国乃至世界各国人民关心的是如何将流传的民族传统体育推广开来，将失传的民族传统体育发掘出来，并将其整理成系统的、完整的史料。只有做好这些工作，才能弘扬中华民族文化，为民族体育的发展创造条件，才能传之后世服务后代，才能促进中华民族大团结。

为了使民族传统体育这一优秀民族文化发扬光大，成为全世界人民的共同文化财富，我们需要不断地挖掘、整理，同时根据时代需要对其进行改造和创新，将其中一部分推向世界，推向奥运会大家庭，从而更好地弘扬东方文化，弘扬中华民族传统体育文化。但我们要清楚地知道，让所有的民族传统体育项目都成为现代奥运的竞技项目是不现实的，也是没必要的。我们要清楚应该完善哪些项目的竞赛机制,使其与国际接轨,走向世界;应该发挥哪些项目特有的娱乐、健身优势,使其作为大众休闲、娱乐体育的重要内容;应该将哪些项目引入学校体育课堂;应该将哪些项目作为历史文化保存等。如果一味地追求民族体育的世界化,用当前的国际体育规则对民族体育加以阉割,不仅会失去民族体育的民族和区域特色,而且也是徒劳无果的。

5.对民族传统体育、少数民族体育及西方竞技体育三者之间发展态势的研究

当前,我国体育系统中主要有中华民族传统体育、少数民族体育和西方竞技体育三大块。前两种属于中国土生土长的民族文化,最后一种属于外来品。自鸦片战争以后,西方体育开始进入中国,并以其特有的文化优势逐渐占据主导地位,成为主流的体育文化。民族传统体育在与西方体育文化的碰撞、抗争、融合中坚强地向前发展。中国的气功、武术、龙舟、风筝已开始走向世界,还有相当的一部分民族体育项目发展势态良好,有望在奥运会中占据一席之地。新中国成立后,党和政府对少数民族体育运动的发展给予了高度重视,除了进一步加强对民族传统体育的挖掘、整理、改造工作以外,还举行了"全国少数民族传统体育研讨会""全国少数民族传统体育运动会"。当前,人们呼唤"人性的觉醒""人性的回归",我国少数民族传统体育正在走向新的复兴。

需要注意的是,不同文化互动的结果并不是一方取代另一方,而是形成"你中有我、我中有你"的融合互动式发展模式。

第二节　民族传统体育文化的内涵

一、民族传统体育的物质文化内涵

(一)中华民族传统体育项目

《中华民族传统体育志》中记载:目前我国已经发掘、发现的民族传统体育项目有 977 项,其中少数民族传统体育和汉族体育各有 676 项和 301 项。在这些项目中,武术、气功、龙舟、风筝等已走出国门,成为世界共性文化。

（二）运动器材、器械设备

民族传统体育项目中，有一部分项目不需要运动器材和器械设备，可徒手参与其中，但有一部分项目需要借助一定的器械、器材才能顺利参与，如刀术、枪术等项目需要借助刀、枪才能进行。这些器械、器材都是我国祖先在生产劳动中经过辛勤的努力创造出来的，后又经过历代人的不断改进而发展和完善起来的。民族传统体育运动器械、器材设备作为人类的一种文化创造，凝集了无数人的智慧，是一些活的化石，是重要的物质财富。

（三）民族传统体育的文献典籍

语言、文字促进了人类思维的发展与交流的多元化，同时也促进了文化的交流与传播。民族传统体育文化主要来源于人们的生产、生活、劳动、娱乐以及军事、祭祀等活动中，它通过人与人之间，一代与一代之间的直接经验传承与学习，而延续、保留至今。但也有很多项目要从各种文献典籍中去寻找、去研究，这就是民族传统体育文化研究中的文献资料研究法。对不同时期先人所记载并留下的重要文献资料进行研究有利于推动民族传统体育的发展。

文字被发明以后，绝大多数宝贵的资料都需要靠文字来记载，文字也是人们传承、学习民族传统体育的重要方式，通过这一方式，可以节省时间，让人类在短时间内对文化遗产加以掌握；也有一部分记载民族传统体育的文献典籍会随着朝代的更替和历史的演变而渐渐失去合理性，成为历史遗产。我们只有深入挖掘，科学而合理地整理，才能使其重新发挥自己的价值。

（四）出土文物、壁画及民族服饰

1. 出土文物、壁画

口头语言还没有出现时，人们主要借助身体语言参加各种社会活动，如采集、狩猎等，同时也通过身体语言来相互沟通。在文字产生之前，人们主要用简单的线条、人物简画来记录事情。由此可知，民族传统体育产生于各民族早期的生产、生活中，是人类生产、生活最原始的记录与反映，其形成时间要比语言、文字的产生早得多。这也是出土文物、壁画产生的原因之一。又由于体育活动或者身体活动有直观、形象的特点，人们在其活动中进行的思维也大多是直观的动作思维。因此，对动作、身体活动的记录也多是以图画的形式进行,大量的关于各民族早期民族传统体育活动的情况记载在各种陶瓷制品及建筑壁画中。

鉴于以上原因,可以得出:不同时期出土的文物、壁画、岩画、画像砖等是当时民族传统体育形成与发展的客观反映,这对民族传统体育研究者而言是非常重要的研究资料。作为人类早期活动的一个佐证,它们是正确再现历史的最重要、最充分、最有说服力的资料,为现代民族传统体育的研究和发展提供了大量客观的资料支持。

2. 民族服饰

体育文化包括体育服饰文化,而民族传统体育的服饰属于服饰文化,因此其也属于体育文化的内容。我国很多民族传统体育项目都是与民族传统节日结合在一起,并在传统节日中举行。在节日里,人们以非常隆重的方式庆祝节日,除了要奏民族音乐,进行民族传统体育游戏或竞赛,还要身着本民族特有的华丽服饰,以此来将民族文化呈现出来。这种庆祝方式非常引人注目。

二、民族传统体育的制度文化内涵

(一)宗教信仰

宗教是"一种与神圣事物相联系的信仰与习俗的完整体系,是独立的和有所禁忌的一个把其所有追随者团结于一个称为教会的道德共同体之中的体系"。① 对于现实生活,人们总是充满想象和幻想,原始宗教的祖先崇拜、图腾崇拜、神灵观念、民间传说、巫术以及宗教节日等都反映了这一点。体育与宗教之间的联系可以说非常密切,一些民族传统体育项目就是起源于原始宗教的,大多数民族传统体育活动的形成都与民族宗教活动有关。我国各个民族都有自己的宗教信仰,不同民族有不同的或不完全相同的宗教信仰,宗教反映的是一种典型的传统文化现象。

早期的体育运动大都是自发组织的,举办时间不固定,运动形态也不固定,在宗教因素的影响下,体育逐渐成为有组织、相对定时的活动形式。不仅如此,在宗教的影响下,民族传统体育的程序及动作也变得日益规范。可见,宗教大大提高了民族传统体育的发展层次。

---

① 石爱桥.民族传统体育概论[M].北京:人民体育出版社,2014.

（二）礼仪规范

"礼仪"在我国古代代表的是典章制度和道德教化，其指的是人类社会交往中应有的礼节和仪式。"礼"顾名思义就是礼节，"仪"是指人的容貌举止。在社会交往中，人们一般都是通过一定的礼仪规范来表达自己待人接物的尊敬之情，不仅是古代，现代人也同样如此。在社会人际关系的发展中，"礼"是非常重要的调节器和润滑剂，在相同价值观念和社会心理的支撑下，"礼"不断传播与传承，不断发挥着自身在维护社会稳定、调节社会关系、构建和谐社会等方面的作用。

我国礼仪文化自古有之，因此有"礼仪之邦"的美称。我国古朴、淳厚的优良礼节和习俗多保留于少数民族的日常生活中。这些礼俗代代相传，对后代人具有潜移默化的教育作用。

事实上，重视礼仪规范的不仅是中华民族，世界各民族各地区都很重视，只是礼仪内容的表现形式不同而已。中华民族传统体育中蕴含着丰富的礼仪文化，以武术为例来看，古代武术的传承主要是师父与徒弟之间的传承，传承方式是身传口授，因此尊师的美德历来就有。由此而流传的拳谚有"尊师要像长流水，爱徒要像鸟哺雏""徒弟技艺高，莫忘师父劳"等。武术中的礼仪规范要求习武者不能恃强凌弱，而要以理服人。因此，通过礼仪教育，不仅可以培养人们的文明习惯，还可以使人们接受礼仪背后的价值观，进而形成自我认同，进一步强化社会认同。

（三）制度规范

1. 相关制度

在民族传统体育制度文化中，制度规范居于核心地位。体育规范是体现体育意识形态的最直接的外在形式。经过一定的制度规范程序，原本具有社会意识属性的体育规范逐渐被国家体育管理层认可，这样其就具有了国家意志的属性，体育活动参与者要严格律己，遵守体育规范，否则就是违背国家意志。

2. 竞赛规则

在民族传统体育形成之初，很多项目的举办都是无组织的，而且没有明确的规则，因此比赛大都比较简单、粗糙、不规范，也很难进行裁判，这些问题制约了民族传统体育的发展与传播。随着体育的不断发展，有关民族体育项目的竞赛规则逐渐得到制定，这大大提高了民族体育项目发展的规范性,促进了民族传统体育的高水平发展和广泛传播。

3.协会组织

民族传统体育运动协会是民族传统体育制度规范的重要组成部分。随着民族传统体育的规范化发展,运动协会的作用显得越来越重要。

民族传统体育运动协会组织的工作职责主要表现在以下几方面。

(1)挖掘民族传统体育项目,进行科学鉴评。

(2)组织民族传统体育比赛,协助有关部门对民族传统体育人才进行培训。

(3)组织民族传统体育表演活动和相关竞赛,参与国内外民族传统体育交流活动。

(4)合理开发民族体育文化产业资源,提高开发效率。

(5)创编民族传统体育项目,设计相关器材、服装等用品,满足民族传统体育参与者的基本需求。

三、民族传统体育的精神文化内涵

(一)等级思想、伦理教化、中庸之道

儒文化在我国传统文化中占主导地位,受此影响,中国古代体育表现出三方面明显的特征,即尊卑有别的等级观念;在目的作用上的伦理教化的价值趋向;崇文尚柔的运动形态。

1.等级思想

传统体育中体现了尊卑有别的等级观念。不论是体育用品还是进行体育活动的顺序,都体现出了传统观念中的等级体制。体育活动中的"君臣之礼,长幼之序"严重影响了体育的公平竞争。西周的射礼有宾射、大射、燕射之分,有弓箭、箭靶、伴司乐曲、司职人员的等级区别。

2.伦理教化

汉代后,道德被推崇为作为人的最高需要,道德价值被誉为最大的价值。人们将人生的追求目的和理想境界确定为"内圣外王"的贤人。但是,由于过于重视伦理教化,使原本正常的思想观念发生了扭曲变形,将道德视为唯一的推崇目标,而忽视了其他方面,致使这一思想观念走向极端,形成悖谬。古代体育受此影响,被人们当作是"成圣成德,完成圆善"的手段,而

且健康、娱乐等价值和功能遭到了忽视与质疑。这不仅制约了中国传统体育的正常发展,而且也对人的身心全面发展不利。例如,踢球应以"仁义"为主;投壶要求"不使之过,亦不使之不及,所以中也,不使之偏颇流散,所以为正也,中正,道之根底也";射礼要求"内志正,外体直"。

3.中庸之道

"以柔克刚""中庸""贵和""寡欲不争"等思想观念对我国传统体育的影响非常大,导致我国传统体育表现出刚强、力量、竞争不足,而柔弱、舒缓、平和有余的性格特征。这对我国体育的进一步发展造成了严重的制约,使得我国人民在身体体质方面受到侮辱,而且不推崇竞争的中国传统体育与世界体育的发展趋势是背道而驰的。

(二)追求人与自然的和谐、统一

在小农经济条件下,人类为了处理好自身与自然的关系,就要法天地,法四时,"天人合一"。在这一哲学观的影响下,民族传统体育注重从整体出发来对人体运动过程中机能、形态、意念、精神诸方面的活动,以及这些状态与外部世界的联系进行描述。民族传统体育不主张事物的极限发展,对自然躯体的支配欲较弱,强调和谐,在宁静、冥想中参悟人生道理。太极拳、气功等都是中国传统体育的代表项目,这些运动主张在意念主导下,"以心会意,以意调气,以气促形,以形会神"。通过意识和肢体的活动达到"心灵交通,以契合体道"的境界。这种身心的互通,是借助于人体内部物质系统的信息流、能量流去维持与外界时空环境的有序活动,进而调节机体新陈代谢,保养生命,这是民族体育运动的主要追求。

民族传统体育中的太极拳在国际上广受欢迎与赞誉。太极拳锻炼中多采用基本功练习和完整练习相结合的方法,这是中华民族追求平衡和顺其自然的主体化思维方式的集中反映。这种观念和思想对于克服西方科学主义"主客之分,身心两分"所带来的科学危机已显示出独到之处。但是由于缺乏积极探索自然的精神和重视知觉思维方式的影响,对运动健康的奥秘很少像古希腊的学者那样彻底地探究,即使是养生家、医学家,也始终停留在"阴阳平衡"前,未能更进一步。对此我们还要做进一步的研究。

(三)以群体本位为主要价值取向

尊尊亲亲的宗法观念在我国传统文化中长期占据统治地位。我国历史文化悠久,传统思想根深蒂固,传统文化对后世的影响非常广泛且深远。传统文化以家庭、家族为本位外推,把尊尊亲亲的价值观念扩大和延伸到整个社会群体之中,也就造成了中国传统文化以社会群体为本位的价值取向。因此,传统体育不主张以个人为基础的竞争。民族传统体育项目中,表演性、娱乐性的项目居多,即使有竞争,一般也是以群体为基础的竞争,个人的竞争很少。

(四)倡导阴柔与静态之美

以孔孟为代表的中国古代文化属于阴柔文化中的一种。这种文化要求人们保持"哀而不伤""乐而不淫"和"心宁、志逸、气平、体安"的思想与心态,在做人上多"隐",使情感含蓄而不外露。所以说,中国古代文化追求静极之物,太极是万物之体,万物的最高之母便是静态中的太极。

民族传统体育中的太极拳理论、气功文化都对"静和自然"有狂热的追求。这种静态变化追求内在美高于外在美;静态美高于动态美;追求封闭的系统胜于开放的系统。顺从被视为美德。在中国古代传统体育中,温文尔雅的太极拳、导引养生、围棋等源远流长,经久不衰。尤其是太极拳,其动作阴柔、轻缓,讲求内在气势,因此受到了世界人民的欢迎与喜爱,一些外国友人更是专程学习太极拳,以领悟其内在精髓。太极拳要求"形不破体,力不尖出""有退有进,站中求圆",技术动作趋向于"拧、曲、圆"的内聚形态。技击交手中讲究"声东击西、避实就虚,守中有攻,就势借力",而"牵动四两拨千斤"反映了中华民族传统体育追求技巧,提倡以智斗勇。

第三节　民族传统体育文化软实力的提升

一、体育与国家形象的关系

(一)体育形象是国家形象的重要组成部分

体育是一种特殊的社会文化现象,是国家上层建筑的一部分,是以国家政治、经济、文化等为基础而建立的。因此,一个国家的体育发展状况与本国政治、经济、文化因素有很大的关系。稳定的社会环境、雄厚的经济基础和一定的文明程度是一个国家体育发展的重要条件与支撑。美国学者蒂姆·西斯克认为:"一个社会在体育方面的成功反映了这个社会的结构运行良好。如果一个社会在体育方面十分出色的话,这个社会在管理整个社会方面也会相当出色。"因此,国家的体育形象是国家体育文化软实力的一部分,同时也是国家基本形象的重要组成部分。体育形象如同国家形象的一个窗口,人们透过这个窗口能够对一个国家的政治主张、管理水平、经济实力、科技水平和文明程度等有所了解。

新中国成立后,党和政府对国家体育运动的发展非常重视,并通过一些政策来推动社会体育、学校体育、竞技体育的发展,这说明了党和国家在推动体育发展中的基本立场是以民为本,也体现了国家自强不息的精神和出色的组织管理能力。改革开放后,国家经济和社会发展迅速,在这良好的大环境中,我国体育运动取得了快速的发展,竞技体育的发展成就更是令世人瞩目,如我国在 1984 年实现了奥运金牌零的突破,在 24 年后的北京奥运会中又取得了金牌总数第一的优异成绩。我国竞技体育的发展取得重大的突破后,世人开始重新认识中国体育,中国体育形象被刷新了。中国的运动员自强不息,他们有志气、有智慧、有能力而且敢于拼搏,他们说到做到。竞技体育的突飞猛进也向世人传达了这样的信息——中国人民在觉醒、中国人民站起来了、中华民族在复兴;中国的经济、科技、文化、教育等也将如同竞技体育一样,很快会进入世界先进行列,作为国家形象一部分的体育形象向世人展现出了中国正在崛起的自信姿态。

(二)体育是塑造良好国家形象的重要途径

体育不仅是国家形象的重要组成部分,而且也是塑造良好国家形象的重要手段。国家形象是国家文化软实力的一部分,对一个国家在世界上的威信和利益有很大的影响。因此,世界各国对国家形象的塑造都很重视,积极寻找各种途径来塑造良好的国家形象。体育是一种肢体文化,以身体练习为主,这种文化在世界上是喜闻乐见的,它的交流与传播途径比较多元,而且在交流中文化之间的障碍很少,极具普适性和易接受性。因此,国家之间可以通过体育来相互沟通,增加彼此的了解。借助体育这一渠道,国家可以向世界传递自己的政治、经济、文化、外交等方面的信息,从而塑造良好的国家形象。赵均认为:"体育具有普世性的文化特征,体育活动可以超越宗教、国家、民族进行交流和合作,它可以穿越各种国际政治和外交领域的障碍在各种跨文化传播语境中快速、高效地传播。"体育的这种文化特征决定了当今世界各国都喜欢选择体育来表达自己国家的政治意愿,展示本国的经济、文化和外交实力以及制度的优越性,传播本国的价值观和意识形态等,体育在塑造良好国家形象和提升文化软实力方面的作用已经得到了世界各国的普遍认可。

王惠生等认为:"而在各种跨文化传播语境中,体育传播是快速且高效塑造提升国家形象的重要途径之一。体育活动可以超越世界上不同语言、政体、宗教进行交流和合作。一种竞技形式,一场体育比赛,甚至一个运动员,通过传播,都可以作用于国家形象,影响和推动一个国家的政治、经济建设,这在中外体育传播史上是不乏先例的。"体育赛事是体育的重要组成部分,其在塑造国家形象中发挥着至关重要的作用。在国际体育赛事举办期间,借助现代发达的媒体技术来直播或转播,可以让世界亿万不同国度的观众在同一时间观看同一场精彩比赛,使世界人民共享比赛,共同兴奋和欢乐,这能够加深世界人民对举办国多姿多彩的文化的了解与认识。

现在,大型国际体育赛事在全球有非常大的影响力,其能够吸引众多受众如痴如醉地收看电视转播节目,除体育赛事外,类似这样能够牵动亿万观众心的事件在世界上很少见。没有任何一种媒介事件能够如全球体育赛事一样占有如此优厚的时空资源,占有全球观众以及黏着度极高的媒介使用时间。在这种情况下,赛事主办国往往能够获得一个连续、动态、可靠的形象塑造平台,直接、精准地面对国内外公众传播。国际体育大赛的举办国往往都会从这一赛事中受益,能够借助这一机会全面塑造与提升本国在世界上的形象,而且效果一般都超乎预料。主办国可通过开幕式和闭幕式的宏大场面,展示国家的历史、文化,展示当今国家建设的辉煌成就,展示国家热爱和平和友谊,追求和谐相处、共同发展的精神,借机塑造一个良好的国家形象。正因为国际体育大赛有这样的功能,才会有那么多国家争夺奥运会举办权。

二、提升民族传统体育文化软实力的前提——文化自觉与认同

现代社会文明高度发展,文化的力量越来越受重视,因此在国际竞争中,文化软实力的作用日益凸显。为了使本国文化在全球文化一体化发展中占据一席之地,应当坚持"文化自觉",保留自己文化的独特个性和鲜明特色。费孝通先生认为:"文化自觉只是指生活在一定文化中的人对其文化有自知之明,明白它的来历,所具的特色和它发展的趋向……自知之明是为了加强对文化转型的自主能力,取得决定适应新环境、新时代文化选择的自主地位。"这就是说要坚持文化自觉与自信,要对自己的文化有一个充分的认识,进而认可自己的文化,这样我们才能明确我们的文化有哪些特点和优势,知道如何坚持自己文化的个性,使我们的文化在世界文化的多元发展中保持自己独立的个性。

我国历史悠久,在漫长的发展历史中,体育文化变得丰富多彩,且含有深厚的中华文化底蕴。但是在今天,中华民族优秀的传统体育文化遇到了前所未有的困境,正处在被强势文化挤向边缘的境地。我国要改变这种状

况,首先要充分认识和认可自己的传统体育文化,了解自己文化的历史、特点和优劣性,这样才能使本国文化立于不败之地。

(一)充分认识传统体育文化

从本质上来说,文化自觉指的是文化传统的自觉,而且是超越物质层面的精神文化传统的自觉。不同文化传统的文化自觉能够为整个人类文化系统的重新构建做出积极的回应与巨大的贡献。中国传统体育文化是几千年传承下来的优秀文化,其扎根于中华民族之中,是中华文化不能割舍的重要组成部分,无论社会如何变迁都无法改变其地位。如果我们失去了民族传统体育,那将使我们的体育文化失去"根"和"魂",没了"根"和"魂"的体育文化就不具备凝聚力、感染力、渗透力和影响力,因此也就难以提升体育文化软实力。

中华民族传统体育文化是中华传统文化在长达五千多年的文明史中孕育出来的。龙狮、赛龙舟、中华武术及传统养生术等经过世世代代传承下来的优秀传统体育文化彰显了自身强大的生命力,这些优秀的传统体育文化至今仍深受人们的喜爱,我国人民将这些活动作为健身、休闲、娱乐和庆典的重要手段。几千年来,这些体育文化之所以能够不断被继承下来,就是因为它们含有中华文化的基因,具有典型的中国元素。民族传统体育文化在融入世界时,我们应清楚地认识到我国传统文化中的核心元素是什么。如果缺乏这一认识,民族传统体育文化在与其他文化融合时就会失去自己的魂,最终被其他文化所吞没。

从文化软实力角度看,如果我们不能清楚地认识并认可自己的民族体育文化,坚持其核心内容,那么软实力也就失去了基础和来源,民族传统体育文化如果只有其表而无灵魂,是谈不上具有软实力的。所以在对民族传统体育文化软实力问题进行探讨时,有必要弄清我国民族传统体育文化的来源及其核心的元素与特色。

(二)坚守民族传统体育文化

民族认同的基础在于文化,国家文化软实力的根源和民族前进的动力也是文化。在全球化的今天,西方文化因为经济与科技上的优势而独占鳌头,有一统天下的倾向。虽然体育文化不是主流文化,但也难以逃脱这种处境。如果说"在历史上,西方体育文化曾搭乘在殖民化的轨道机上,把东方各国的原体育文化推挤到边缘,几于湮没"的话,那么"在当今经济全球化过程中,西方体育文化如同割草机一样把世界各民族文化的多样性修剪得整整齐齐。各种民族体育文化作为弱势文化,在'弱肉强食'的规律面前,变得如此苍白"①。

在西方文化涌入我国前,民族虚无主义思潮在不同历史时期都曾在我国出现过。民族虚无主义思潮认为,中国文化必须全盘接受西化文化才能实现现代化,一切传统文化都已过时而变得毫无价值。我国的封建社会时期特别长,而在农耕经济背景下产生的民族传统文化相比于产生于工商文明的西方文化,显然是缺乏现代性的。但是,中华文化在几千年来经久不衰,代代延续下来,这充分反映出这种文化的生命力极其强大。传统是不能割裂的。传统是历史的延续,而历史无论好与坏,都是不能割断的。文化是民族存在的方式,也是民族认同的基础,更是民族凝聚力的根源和民族前进的动力。因此,我们要正确对待祖国的传统文化,反对民族文化虚无主义,坚守自己的民族责任,肩负起文化复兴的使命,在当今世界的软实力的竞争中,走出一条适合中国文化大国的发展之路。我们当然应当看到自己文化的缺陷与劣势,但要全盘否认和抛弃自己的文化,全盘吸收西方文化也是不可取的。如果我们无法认同与坚守自己的传统文化,那么中华民族存在的根基就会失去稳定性,中华民族的自尊心和自信心也会因此而丧失,国家就不会具备文化软实力,更无法提升。

体育的全球化对民族传统体育的发展既有积极的影响,也有一定程度上的负面影响,但是全球化不可能使一个民族失去其所有的民族性,只是打破了其封闭性。在文化的碰撞过程中,必将唤起"落后"民族的文化自觉,从而呈现出一体化和多样性的局面;时代的发展虽然会在民族传统体育上刻下岁月的痕迹,但不能抹去所有民族特色;全球化发展和善于吸收先进文化的中华民族必将使国际体育民族化,同时也会推动民族体育的国际化发展。

(三)主动融入世界文化潮流

1.以自信姿态主动与世界体育文化融合

在文明社会高度发展的今天,人们的思想观念发生了巨大的变化,同时生活方式和行为习惯也发生了改变。全球体育运动内容日益丰富,人们选择锻炼内容的机会越来越多,同时现代人选择适合自己锻炼方法的口味也发生了一定的变化。在农耕经济时代产生的那些趣味性、对抗性、挑战性和娱乐性都比较缺乏的养生健身项目已经不适合现代人,特别是年轻人的口味了。而在工商文化和近现代工业与科技高度发达背景中产生的西方体育

---

① "提升我国体育文化软实力核心问题研究"课题组.中国体育文化软实力及其提升[M].北京:科学出版社,2015.

文化与我国传统体育文化的差别非常明显。西方体育运动生龙活虎、朝气蓬勃,从古代奥林匹克运动开始,西方体育追求的便是外在的健、力、美。"掷铁饼者"这一古希腊雕塑就足以反映这一事实,"掷铁饼者"赤身裸体,全身肌肉发达、体形优美,同时展现出优美的动作造型,充分表达了古希腊人对人体运动外在美的推崇。西方体育项目大多产生于闲暇时间娱乐的各种游戏,外向和喜欢挑战的性格使这些游戏通常带有竞争性、挑战性、刺激性和趣味性,而这些特点似乎更适合现代人的需要。西方的大工业革命对西方科学技术的高度发展起到了积极的推动性影响,西方科学主义盛行时期同样影响了西方体育的发展,早在18、19世纪,西方许多体育家就开始用人体解剖学、生理学和生物力等科学理论来对体育运动进行指导,对人体在运动中的运动学与动力学特征进行分析,对体育运动过程中人体机能变化的规律和体育运动对人体形态机能发展产生的影响进行探讨,这都促进了体育运动的科学发展。西方体育因为科学技术的介入而实现了更加科学的发展,因此也被越来越多的现代人理解和接受。当然,西方体育文化也有自身的弊端:由于过分追求外在物质性表现,而忽略了对内在的修炼;过分追求竞争性、挑战性、刺激性,导致人们争强好胜,而忽视了道德教育,暴力和种种不人道现象也因此而产生;善于分解与分析的思维习惯使得健身手段缺乏整体优化观。

我国传统体育文化和西方体育文化产生于两个完全不同的文化体系,因此二者存在明显的差异。客观而言,这两种体育文化各有利弊。我国传统体育文化重整体观且带有某种经验、直觉、模糊的性质;重内涵、和谐美;重朦胧、抽象、含蓄美;强调内外兼修,重视通过有形的活动来促成形而上的无形精神的升华,实现理想人格的塑造;重个人修养,追求"健"和"寿",崇尚身心合一、动静结合,缺乏竞争性。西方体育文化重科学的实证,科学性较强;重阳刚的力量、速度之美,重外在、形体美;重人体胜于重人格,注重人体本身的价值,追求人体自身培养上的价值;重竞争性、惊险性、公开性、健美性、趣味性,但忽视了在竞争中的道德教育。

在鸦片战争之前,中西方体育文化是各自独立发展的,冲突和融合都不是很明显。随着社会生产力的发展和科学技术的进步,国际交流频繁,特别是随着近代西方列强对外侵略扩张,使两种文化开始正面交锋,冲突和斗争日益显著。文化的运行总是在矛盾与冲突中推进的,鸦片战争后,西方体育文化向国内迅速传播,我国开始抵制洋体育,但也有人主张体育全盘西化,少数建议折中。多次争论的结果使人们逐渐认识到全盘否定和全盘接收都是不可取的。这两种不同的体育文化在全球化的浪潮中必然要产生冲突,然而这种冲突并不是以某种文化替代另一种文化为最终目的,其将产生一种动力,推动着这两种体育文化的向前发展。两种具有强大生命力的体育文化的冲突,结果必然是走向融合。

我国传统文化是多民族文化的融合体,其中主要的文化成分有北方游牧文化、南方山地游耕文化、中原农耕文化以及其他少数民族文化,可见中国文化是具有包容性的。中华民族传统文化几千年来不断吸收外来优秀文化,融合这些优秀文化,因此才能够不断向前发展,不断繁荣,传统文化在吸收外来文化时,当然也会吸收西方体育文化中的优秀成分。"这两种不同时代中产生和发展的体育在人类进入近代社会以后逐渐打破了隔阂。资产阶级工业革命以后,东方体育文化在被动与主动、自觉与不自觉中开始与西方体育冲突与交融。如今,西方的田径、游泳、足球等项目已成为东方体育文化的主要内容,西方体育中的平等竞争等观念也已日益深刻地影响到东方体育(包括中国传统体育)。一部世界近现代体育史,实际上就是东西方体育互拒互斥、互渗互融的历史。"①21世纪是开放的新时期,是全球化高度发展的时代,在这一背景下,所有文化都不可能自我封闭而发展,都必然会与其他文化发生碰撞,相互交融。当然,中西方体育文化也会产生碰撞,发生冲突。在交流与冲突中,我们应在文化自觉与文化认同的基础上,自信地对待这一事实,并主动融入世界体育文化。

在现代社会中,民族传统体育要继续生存与发展下去,就必须自信地走出国门,走向世界,主动融入世界体育文化的潮流中,同时坚持自己的文化特色与文化个性,并在此基础上吸收其他文化的优秀成分,如先进理念、先进精神、先进制度及内容和形式等,从而实现重构和创新,增添新活力,充分发挥自身在国际上的影响力。

2. 以自信姿态主动传播传统体育文化

我国历史悠久,文化资源丰富,但在世界上的影响力和吸引力相对较弱,这与我国文化软实力还不够强大有关。文化资源只是软实力的重要来源,有文化资源并不能等于就一定有文化软实力。"文化软实力资源要产生力的效应需要经过三个层面,即从传播力到影响力再到作用力。只有当代文化价值观念的信息得到关注,才有可能被国际社会普遍认同,当核心价值观念发挥作用并产生效益的时候,才意味着软实力的真正提升。"目前我国体育文化软实力较弱,这主要是因为我国的文化传播水平较低。因此,加强体育文化的传播是提升我国体育文化软实力的关键,而这必须在文化自觉、

---

① "提升我国体育文化软实力核心问题研究"课题组.中国体育文化软实力及其提升[M].北京:科学出版社,2015.

文化认同以及自信的基础上进行。

简单来讲，人类传授体育信息的行为或过程就是体育传播，它包括人际之间、群体之间和大众传播媒介在整个社会里展开的体育精神文化形态、体育物质文化形态和体育制度、行为等体育信息的交流、沟通。所有文化都是在不断运动、交流、传播的过程中发生的，我们在探讨体育文化软实力提升时，要认识到只有通过文化交流与传播，才能让人感知到文化软实力，才能发挥文化的影响力。因此，加强民族传统体育文化的交流与传播是提升我国民族传统体育文化软实力的重要途径与渠道。

当前，在世界范围内，我国的民族传统体育文化尚且属于弱势体育文化，因此我们更应该主动寻找和创造各种交流与传播的路径，扩大我国传统文化在国内外的影响范围。仅仅依靠体育部门来传播民族传统体育文化是不够的，我们必须充分发挥各级政府部门、文化教育部门以及民间团体乃至个人的作用，这样才可能达到好的传播效果。由于体育是一种身体语言，较少受语言文字和意识形态的限制，有其交流与传播的独到优势，经常成为国与国之间的政治、外交、文化、教育甚至经济交往的手段。因此，我们可以主动寻找机会，介入国家的各种交流，在成为交流手段的同时利用机会达到我们的传播目的。我国一些民间传统体育组织以及个人，也在积极向外推广传统体育文化，比如把中华武术推向世界，在许多国家成立了武术联合会，使武术成了具有真正意义上的世界性比赛；一些组织和个人在国外创办武馆武校，使得武术在世界上的影响范围得到了扩展。

当今世界日益开放，文化与经济相互影响，相互促进，文化与经济的结合有利于扩大文化传承、传播的影响力，增强传播效果。经济是文化发展的物质基础，文化是经济发展的基本动力，文化与经济一体化的趋势在当今世界已经越来越明显。随着文化与经济的不断结合，文化产业逐渐形成，并发展成为世界经济新的增长点。文化产业是文化软实力的重要组成部分及重要环节。文化的产业化发展有利于增强文化的生命力，推动文化的交流与传播，提高文化软实力。今天，体育文化通过各种形式（体育竞赛、培训、表演、会展等）与媒介（广播、电视、互联网、报纸、书籍、杂志等）传播到全世界，这些传播途径和载体正在逐渐成为经济活动的产业。为了更好地传播传统体育文化，我们必须面向市场，走产业化发展之路。

改革开放以来，我国民族传统体育文化逐步向市场化方向发展，各种形式的传统体育产业初步形成，如武术训练和武术表演的市场化，龙狮运动、龙舟运动与经济活动的结合等。但是，我国民族传统体育文化产业的发展水平仍然较低，这就制约了体育文化软实力的提升。我国民族传统体育文化产业缺乏创造力，一些传统体育元素成为国外文化产业创意的来源。因此,我们要解放思想,尽快发展民族传统体育文化产业,促进良好体制的形成,促进传统体育文化产业的有效运作和市场竞争力的提高,从而实现持续健康的发展,达到提升我国体育文化软实力的目的。

文化自觉与自信集中反映在主动传播文化上,这也是提升我国民族传统体育文化软实力的需要。只有让体育文化广为流传,我们才能真正拥有话语权,形成文化软实力。因此,我们应坚持"走出去",加强民族传统体育文化的对外宣传与交流,加强民族传统体育文化产业的生产与贸易,进一步深化与世界各国的交流,不断提高我国民族传统体育在国际上的影响力。总之,增强文化自觉和自信,从全球和国家发展大局出发,把握民族传统体育文化的发展走向,是我国发展传统体育文化的当务之急。

三、提升民族传统体育文化软实力的关键——传承与发展民族传统体育

(一)加强民族传统体育文化展示

展示民族传统体育应针对不同类型的民族传统体育采取不同的方式。例如,针对民俗体育,应体现其娱神娱己的欢乐;针对传统武术,应展示其特殊的技击效果其及精气神,具体分析如下。

1.民俗体育中的人神共舞

在展示民俗体育时,应重点将天人合一、生命奔放的集体欢愉展示出来。

民俗体育和宗教舞蹈有着非常密切的关系。鲁迅认为,歌舞是从劳动和宗教中起源的,在宗教祭祀和巫术活动中,歌舞可以抒发宗教热情,表现对神灵的尊崇和祈求,以特有的声音和动作作为人神沟通的符号,传递神秘的信息,从而完成宗教活动的全过程。随着社会的发展和科学水平的提高,在民间宗教祭祀活动中的传统巫舞和傩舞逐渐变成一种普通百姓的娱乐活动。例如,傩舞在唐代已经淡化了恐怖的气氛,将歌舞娱乐的成分加入其中,并成为一种非常流行的民间文化生活方式。

随着社会的不断发展,伴随民俗活动的宗教信仰成分在逐渐减少,但传统习俗中的身体活动方式却得到了持久的流传。每逢重要节日、活动庆典、宗教祭祀等,总能看到类似秧歌、风筝、舞龙、舞狮、陀螺、空竹等身体活动,在敬天娱神的名义下,表演者和观赏者乐而忘忧、乐此不疲。特别是在传统宗教庙会上,在渺渺青烟中,震耳锣鼓中,一队队民俗艺阵表演者抬着神像

或面向神像,低头转身、抬头摆手,用肢体动作表达着对神灵的崇敬、对美好生活的憧憬,形成了人神共乐的场景,给参观者极大的视觉冲击力。

在"文化搭台,经贸唱戏"的地方经济发展思维下,民俗体育得到了关注与重视,利用这一良好的外部发展条件可将民俗体育的魅力展示出来,同时要避免民俗体育被地方政府和经贸部门"绑架"。

2.传统武术的竞技及修身

古人在应对外界压力、维护自身生存过程中创造了武术的身体活动动作体系,传统武术的内容以技击为主。虽然在冷兵器时代结束后,武术的技击价值在弱化,但武术技击中的一些内容与思想仍具有现实意义,如习武防身思想、军警训练内容等。如今传统武术又衍生出一种武术竞技,在现代竞赛规则制度下进行。竞技性武术有套路和散打两大类。应该说,套路是散打的重要基础,其中隐含技击动作,是传统体育的重要内容。但在竞赛条件下,为了达到美、难、新的标准,人们在不断改造传统武术套路,使其逐渐失去了技击的实用性,并变成武术"体操"。相对来说,散打运动对传统武术的技击性有更好的呈现。近年来,为了促进传统武术影响力的进一步扩大,中国武术技击与西方武术(柔道、泰拳、拳击等)进行交流,在交流中充分展现出了中国传统武术"以小博大""四两拨千斤"的技击特点、"不以武胜,点到为止"的技击精神,这些都受到了海内外武术同行的盛赞。而"康龙武林大会"所举行的不同拳派擂台赛,更是借助现代传媒,以全新方式使传统武术得以展现,达到了很好的展示效果。

"学无止境""人外有人、天外有天",这是传统武术强调的重点,我国传统武术要求习武者永远不可持技凌人,要谦虚谨慎,谨言慎行,要以武德来严格要求自己。习武者习练武术,在道德上主要是追求坚韧不拔的意志品质和"路见不平拔刀相助"的侠义精神。这也是在现代社会中传承传统武术应重点展示的内容与特色。

(二)团结力量,建立东亚民族传统体育共同体

当前,世界体坛上,西方竞技体育一枝独秀,独占鳌头,但这并不是理想的局面。健康的生态环境应该允许体育多样性的存在。对于西方竞技体育而言,东方的民族传统体育是非常有益的补充,而且东方民族传统体育也有自身独立存在于世界体坛的理由。中国民族传统体育无力也无意独立挑战西方体育的领导地位,而是认为体育应该是多元共存(民族传统体育本身也应有各自不同特色)。由不同特色又有密切联系的东亚各民族传统体育团结起来构成传统体育共同体,协同展示东亚民族特色,使现代体育世界更加

丰富多彩,这也是东亚各民族传统体育发展的重大使命。

1.建立东亚民族传统体育共同体的可行性

虽然东亚各国各民族传统体育的具体形式有所不同,但因为历史和文化的关系,它们的价值观是相近的,因此建立东亚民族传统体育共同体是有现实基础的,是相对可行的。具体来说,建立东亚民族传统体育共同体的可行性表现在以下两方面。

(1)东亚地区有较高程度的文化认同

民族、国家或区域范围内的共同的文化心态就是所谓的文化认同。文化认同是区域文化发展的基础,是跨文化交流的重要桥梁与纽带。在民族起源、人口迁徙、习俗影响和文化交流等多种因素的基础上,中国和东亚各国之间形成了文化认同。从文化交流的角度看,源于中国的儒家文化深刻影响了周围其他亚洲国家的发展。这种影响不仅表现在文字、饮食、建筑、风俗制度、舞蹈上,也表现在文化思想、政治制度上。儒家思想中的重视伦理、宗族至上的观念在东亚地区广泛存在,如新加坡华人华侨组织了近二百个以家族或地域为中心的家族会、同乡会;孔子门生颜回子孙组成的颜氏家族会,遍布吉隆坡、槟城、马六甲、雪兰莪、彭亨等地;马来西亚许多华人组成家族会、地域性组织等。而起源于印度的佛教在传入中国后,与中国传统文化之间相互影响,相互融合,因而形成了具有汉文化特征的佛教思想,这影响了朝鲜、日本和越南等国家。东亚各民族的传统体育中也不同程度地体现了佛教中的"隐忍""为善""戒杀"等理念。由于各种原因移民海外的华人将中华文化传播到世界各地,东南亚是世界上华侨最集中、人数最多的地区,有 2 500 万人左右。这些都促进了东亚地区的高度文化认同。

(2)东亚国家之间的持续交往

受历史和意识形态等因素的影响,中国和东南亚国家之间的交往遭遇了障碍,尽管如此,它们之间的民间交往特别是文化上的交流始终都没有停止过。而中国和东南亚国家同样存在着久远而持续的文化交流,如中国原始葫芦文化深刻影响老挝、老挝石斧文化源于中国、中国和其他东南亚国家之间围绕佛教而进行交流、郑和下西洋与沿途的诸多东南亚国家进行正式文化交往等。近现代社会,中国与其他东南亚国家的文化交往不断加强,这在电视剧的拍摄与播出、民间节庆活动和旅游观光等方面能够充分体现出来,这些交往为东亚各国民族传统体育文化的交流提供了重要的资源和有利的条件。

2.建立东亚民族传统体育共同体的程序设想

建立东亚民族传统体育共同体不可能在短时间内实现,因为涉及的国家和地区较多,所以要循序渐进地进行。一般来说要经历以下几个阶段。

(1)开展民间的非正式体育交流

如利用宗教节日、传统节日、宗族活动举行纪念活动,展示各民族的传统体育活动。

(2)进行学术交流,开展研讨会

学术交流不仅要论证民族传统项目之间的渊源、异同点,还要对它们在东亚地区的社会合法性及其健身原理进行研究,并通过实验对其价值进行证明。

(3)政府推进共同体的建立

经过前两个阶段的努力后,要从政府层面着手来成立东亚民族传统体育共同体。共同体的规程制定、确定活动开展方式、成立管理机构、筹措经费等是这一阶段要开展的主要工作。

3.举办东亚民族传统体育运动会

东亚民族传统体育共同体成立后,可以考虑召开东亚民族传统体育运动会,在运动会中展示东亚各国丰富的民族体育活动。举办东亚民族传统体育运动会可参考如下流程。

首先,邀请马来西亚、新加坡以及中国的香港、澳门、台北等受中华文明影响最大、华人最多的国家和地区,体育项目以中华民族传统体育为主。

其次,增加朝鲜、韩国、日本、菲律宾、印尼、越南等国家,使各国的民族传统体育数量趋于平衡,选择各国代表性较强的3～5项民族传统体育来展示。

最后,整合相近项目,对统一规则进行制定,举办竞赛。按照统一规则举办民族传统体育竞赛,很可能会破坏民族传统体育,但我们必须认识到,民族传统体育并非永远固化不变,随着社会的变化,我们必须做出必要的、相应的调整,如增强节奏和活力,吸引青年人参与,在统一规则下判别技能高低等。另外,只要有民族国家的存在和参与,包括体育在内的任何展示和竞赛都不可避免会受到其他因素的干扰。我们要正视这种影响,并将其控制在合理范围内,如将参赛项目分为健康促进组、力量展示组、美体展示组、挑战极限组等不同组别;取消金银铜牌,改为一等奖、二等奖、三等奖或最佳组织奖、最佳服装奖、最佳设计奖、最佳表演奖等。设立东亚民族传统体育共同体及举办东亚民族传统体育运动会是展示包括中华民族传统体育在内的东方民族传统体育的风采,只有这样,才能使中华民族传统体育在东亚及全球的文化吸引力进一步增加。

事实上,东亚地区存在类似东亚运动会(2013 年改为"东亚青年运动会")这样的地区性体育运动会,但因为受到政治、金牌等问题的干扰,变成了奥运会、亚运会的"浓缩版",而且也没有起到凝聚地区精神、展示东亚文化的效果。对此,我们要通过举办"东亚民族传统体育运动会"来达到强化文化共性的效果。即使有展示不同个性环节,也是强调共性之下的"和而不同",通过这一途径,可以使以中国传统文化为主体的东亚体育文化在世界上的影响力进一步扩大,能够促进中华民族传统体育文化更好更快地发展。

第八章　休闲体育文化分析与发展研究

休闲体育文化是体育文化中的一个重要组成部分,它的蓬勃发展必然能促进体育文化的快速发展,也是体育文化发展的必由之路。本章将通过对休闲体育文化的基本理论、休闲体育文化的价值、休闲体育文化的产业化发展三个部分的详细阐述,对休闲体育文化进行分析和研究,以期对休闲体育文化有一个更加全面的认识和了解。

第一节　休闲体育文化的理论研究

一、休闲概述

(一)休闲概念

休闲犹如人类的影子,一直伴随着人们的生活。原始社会时期,休闲与劳作犹如一对孪生兄弟,很难将它们完全区分开来。随着社会生产力的提高,人类出现了剩余劳动,很多人有了一定的闲余时间,即闲暇时间,这时人们开始寻找一些活动来打发这些时间,于是就慢慢出现了休闲类的各种活动。

在人类社会发展到一定阶段以后,随着文艺复兴、工业革命、资产阶级革命等历史事件的发生,人类的生产力更是大幅度提高,为现代休闲的发展提供了一定的基础,使得休闲成为当时社会一些特定阶层人士享有的活动。

随着科学技术的进步,人类生产力的进一步提高,工业化的进一步深入和发展,人类创造的物质财富越来越多,也越来越快,为休闲进入大众生活创造了良好的物质基础和时间条件。人类社会已经进入了大众休闲的时代。

我们可以将休闲定义为,人们在非劳动和非工作时间内以各种"玩"的方式获得身心的调节与放松,达到生命健康、体能恢复、身心愉悦目的的一种活动。

(二)休闲的特征

随着现代社会进入大众休闲的时代,人们不再只满足于对物质生活的追求,开始追求更高层次的精神生活。因此,出现了现代休闲活动,现代休闲的特征包括以下几个方面。

1.完善的配套设施

现代休闲的发展与完善,需要完善的配套设施来支撑。这些配套设施包括快捷安全的交通工具,如航空、高铁、高速公路等,还有相应的基础设施,如餐饮、住宿等条件,还包括一些服务机构,如旅行社、休闲咨询机构以及保险机构等。此外,随着网络化的普及,必须拥有完善的移动网络条件和软件服务设施。

2.休闲制度的法律化

随着人们对休闲生活的追求,以及对工作时间缩短的要求,现代社会人们的休闲时间和权利逐渐被法律制度规定下来。我国自1994年实行了双休制度,同样也规定了法定节假日的休假天数,目前有11天的休假天数。此外,我国还施行了职工带薪休假制度。这些制度的出台和完善,为大众进行娱乐休闲创造了良好的条件,为休闲事业的发展奠定了基础。

3.休闲选择的个性化

随着现代社会的发展,个性化越来越成为人们追求的目标,而个性化也越来越多地体现在休闲活动中,人们不再只是追求统一的休闲活动,而是根据自己的情感需求,来设计自己的休闲活动,感受休闲所带来的心灵愉悦、审美追求等,其中具有代表性的活动包括极限运动、户外探险等体育休闲活动。

4.体验为主的休闲

当今社会,已经进入了体验经济的时代,人们日渐追求一些体验式的消费环境和模式,而体验更是休闲的核心属性。人们不仅追求物质上的体验,更在追求精神上的体验,包括娱乐性体验、感官性体验、刺激性体验等,休闲活动为人们创造了很好的体验载体。

5.休闲的娱乐化

娱乐化,已经成为现代社会的重要标志,人们不断在追求各种各样的娱乐性活动,休闲活动也被裹挟其中。休闲活动中,本身就有娱乐性的存在,人们在参与的过程中,通过一些活动来达到身心愉悦的目的,这个过程往往伴随着整个休闲过程。

(三)休闲的分类

人们在追求休闲的过程中,进行了多种样式活动的探索,根据相关理论,可以分为以下多个方面。

1.参加文化教育活动

很多人在休闲的时间段内,会通过参观博物馆,欣赏音乐会,看话剧、戏剧等活动,或者亲身参加绘画、书法、摄影、烹饪等活动,进行文化上的熏陶和教育,从而达到让身心放松,陶冶情操的目的。

2.进行旅游观光

现代人越来越喜欢外出旅游,利用节假日和带薪假期在本地或者到外地,以及外国进行旅游观光、度假等,特别是随着青年人日渐成为社会工作的主力军,他们对旅游的关注更加密切,并喜欢一些新奇的旅游体验。因此,未来的一段时间内,旅游也将成为我国人们休闲的主要方式。

3.参与娱乐活动

人们在进行一周的工作以后,往往会选择参与一些娱乐活动进行消遣和放松,比如到 KTV 唱歌,到酒吧喝酒等,这些活动也是都市青年热衷的休闲方式之一,通过参与娱乐活动,可以让其愉悦身心,减轻压力,获得快乐。

4.参加体育运动

随着我国社会的发展,体育运动已经进入人们的生活中,通过运动来进行休闲体验的人越来越多,体育运动已经成为现代人休闲选择的必需品,运动在人们的休闲生活中所起的作用也越来越大。

(四)中西方的休闲观

1.西方的休闲观

在西方,西方人对于休闲的认识可以追溯到古希腊时期,亚里士多德认为"休闲是一切事物环绕的中心",是哲学、艺术和科学诞生的基本条件之一。马克思认为,人们有了充足的休闲时间,才能充分发挥自己的爱好、兴趣以及特长,并在自由的天地里,充分地进行思想的驰骋,人们可以自由地干自己的事。随着西方现代社会的发展,人们对休闲的认识也发生了改变,认为休闲是文明生活的重要力量,通过休闲可以使个人和社会变得更好,个人可以在身心上得到健康发展,社会可以通过休闲等活动变得更加和谐。休闲可以成为社会发展的助推器,应该大力地发展休闲教育,促进休闲的不断发展。

2.中国的休闲观

在古代,中国的先贤哲学家们,很早就对休闲有过一定的探索。我国哲学家老子主张人要活得自然,活得自由自在,他追求一种精神自由、人格独立的思想境界,这种休闲观告诉人们追求自然的理念。中国人对于休闲的爱好,主要通过内心的宁静来达到与自然的交流与融合,人们更加追求心灵的休憩,通过休闲可以获得精神的解脱,释放心底的压力,净化自己的心灵。中国的休闲观,更侧重于心灵上的休息。

随着西方文明进入我国,给我国也带来了一些文化上的交流与融合。我们的休闲观也发生了很大的变化,人们也日渐通过休闲活动来追求身心的统一发展,休闲的方式和活动也越来越多样化,同时给我国的社会发展也带来了新的动力。

二、休闲体育概述

(一)休闲体育的发展历程

1.中国休闲体育的发展

虽然在中国传统历史上,并无休闲体育的概念,但现在来看,我国历史上从先秦两汉时期便开始出现了休闲体育活动,例如,当时的五禽戏,就是人们为了养生保健,而发明的一种休闲体育活动。到了魏晋南北朝时期,出现了围棋这种休闲体育形式的活动,这种活动对当时的社会各阶层都产生了重要的影响力,推动了围棋的发展。到了唐宋时期,出现了蹴鞠、马球、相扑等一些休闲体育项目。到了明清时期,我国出现了摔跤、冰嬉等一些活动。发展到今天,我国休闲体育的项目种类越来越多,已成为大众健身中的重要项目类型。

2.西方休闲体育的发展

古希腊文明孕育了欧洲的文明,它的休闲体育也促进了西方体育的发展。古希腊非常重视体育运动文化,人们在休闲的时间里进行各种竞技运动的表演和比赛,主要包括战车赛、站立式摔跤、拳击、赛跑、标枪、铁饼、射箭等,在之后的发展中,古希腊出现了古代奥林匹克运动会,人们利用闲暇时间在草地上观看竞技比赛。到了古罗马时期,休闲体育的形式主要是以角斗竞技比赛展现,人们通过观赏角斗竞技比赛来打发闲暇时间。中世纪的欧洲,主要进行的是骑士教育,影响了休闲体育的发展,休闲体育的主要形式是"骑士七技",即骑马、游泳、行猎、投枪、击剑、下棋和吟诗。到了近代时期,经历过文艺复兴和宗教改革以后,特别是英国户外体育的产生为休闲体育的发展提供了良好的土壤,休闲体育活动包括了棒球、网球、高尔夫球、板球、橄榄球以及远足等,休闲体育项目逐渐增多,呈现出多样化趋势。

(二)休闲体育的概念

1.体育休闲

关于体育休闲的定义,学者们进行了积极地探索。体育休闲是休闲的一种形式,是人们在闲暇时间里,通过体育活动进入与现实脱离的一种休闲现象。

2.休闲体育

关于休闲体育的定义,我们可以从以下几个方面来理解。

(1)体育学理论

从体育学理论上讲,休闲体育是体育学科的一种,狭义上指的是休闲体育专业,是学生通过学习一定的体育技能,指导人们进行休闲娱乐的一种课程。广义上指的就是大众体育,是大众群体参与体育的一种表现形式。

(2)心理学理论

从心理学上讲,休闲体育是一种通过体育运动,达到使人们放松心情、减轻压力的一种活动形式。

（3）社会学理论

从社会学理论上讲，休闲体育是一种促进社会和谐发展的黏合剂，人们通过闲暇时间参加一定的体育活动，促进了身心和谐的发展，增加了社会的认同。

通过上述讨论，我们可以将休闲体育定义为，人们在闲暇时间里，为了获得身心的愉悦，参与体育活动的行为。

（三）休闲体育的内涵

关于休闲体育的内涵，可以从以下几个方面去理解。

1.休闲体育是体育特殊的表现方式

休闲体育以其内容丰富、形式多样、趣味性高、参与面广的特点深受广大人民的欢迎和喜爱，人们通过参加各种各样的休闲体育活动，可以达到增强体质、调节心理、陶冶情操以及享受人生的目的。休闲体育里不仅包含着竞技体育活动，如观看高水平体育赛事的休闲方式，还包含着大众体育活动，如参与一些健身运动等。

2.休闲体育是一种体验活动

人们参与休闲体育的过程，是一种亲身体验的过程。休闲体育是一种心理体验的过程，是指人们利用闲暇时间怀着轻松愉快的心情参加身体运动，既不受限于体育教学中的各种规定，也不追求运动成绩的好坏，而是追求内心体验的一种活动形式。

3.休闲体育的中心是体育

正确理解休闲体育的内涵，就要明白休闲体育的中心词是"体育"，"休闲"是修饰词，人们通过各种体育活动，来达到体验休闲的过程，能最大限度地实现参与者的精神追求。

（四）休闲体育的特点

1.参与性

休闲体育具有很强的参与性特点，大部分休闲体育活动，人们是必须亲身参与其中的，才能获得愉快的心理体验和感受。只有极个别的休闲体育活动不必亲身参与，如携带亲友一起到赛场观看体育赛事等。

2.流行性

休闲体育的活动项目往往具有一定的流行性,这是因为休闲体育活动本身就是为了满足人们的休闲需求,只有具有一定的新奇性,才能吸引人们去参与。在这样的形势下,新的休闲体育活动项目不断地被创造出来,并且借助于媒体的传播,逐渐成为流行的活动项目,这就是休闲体育流行性的表现。

3.时尚性

从现阶段的休闲体育项目来看,大部分体育项目是具有时尚性的。时尚既能满足人对社会依靠的需要,同时也满足着人与人的差别需要。因此,"时尚是一种阶级分层的产物,新的时尚,整体而言只有较高的等级才能企及。以此对较低的等级封闭隔绝,它以此来标明其成员们相互间的平等,而且在同一时刻,标明与处于较低等级的人的差异"①。

发展到现代,休闲体育以其鲜明的特点吸引着人们的广泛参与,参与休闲体育运动已成为一种时尚。这主要表现在以下两个方面:第一,人们参与体育休闲活动以表明自己与某个社会阶层之间的关系;第二,参与休闲体育还可以标榜自己与其他阶层之间的差异。因此,时尚性是休闲体育的一种较为典型的特征。

4.层次性

休闲体育主要包括以下几个层次:第一,参与者的年龄层次;第二,运动项目的难易层次;第三,参与者的消费层次;第四,参与者的需求层次。

(1)参与者的年龄层次

年龄层次直接影响着人们对体育休闲方式的选择。如儿童、少年对滑板、轮滑、小轮自行车等一些新奇的活动感兴趣;青年人则爱好篮球、足球、攀岩等具有一定挑战性和对抗性的活动;中老年人则可能对一些比较缓和性的休闲运动感兴趣,如气功、太极拳、广场舞等。这些都体现了年龄的层次性。

(2)运动项目的难易层次

休闲体育项目的技术要求和难度,也是人们选择休闲体育活动时的重要依据之一。这种选择主要取决于休闲体育活动参与者对自己体能以及运动能力的认识和把握,体能以及运动能力较强者,一般会选择技术含量较高

---

① 钱利安.休闲体育理论与实践调查研究[M].杭州:浙江大学出版社,2008.

的项目;个人运动能力相对较差者,则更愿意选择那些技术和难度要求都比较低的项目。

（3）参与者的消费层次

休闲体育的参与性建立在一定的经济基础之上,不同的经济水平,决定了消费者参与休闲体育的项目,如参加足球、篮球等一些体育项目,可能是低收费或免费的;而参加滑雪、滑冰等一些体育运动,需要花费少部分的钱,而参加蹦极、骑马、高尔夫球等休闲项目,就需要花费很多的钱。因此,不同的经济水平,决定了参与者的消费层次。

（4）参与者的需求层次

人们参与休闲体育都有不同的需要,有的人是为了满足健身和锻炼的需求,有的人是为了满足社交的需求,有的人是为了满足高层次的精神需求,实现自我身心的发展。

5.多样化

休闲体育项目的种类是多种多样的,才能满足不同人群的休闲和娱乐需求,多样化也是休闲体育吸引人们参与其中的重要原因。

6.符号化

从文化角度来看,所有的人类语言和行为都属于一种符号,这种符号的本质是表层结构、深层结构和意义结构三方面的统一。法国社会学家波德里亚认为:"休闲无法不成为符号消费的对象。"因此,可将休闲看作是大众文化符号消费的一种。在现今大众消费社会里,休闲体育运动也已经成为文化符号和被消费的对象。当人们习惯于将各式各样的体育运动作为一种休闲消费选择的时候,休闲体育项目也就成为一种特定的符号,人们在参与的过程中,也被符号化,成为一种象征。

（五）休闲体育的功能

休闲体育作为一种发展迅速的社会活动,其在社会中的作用越来越多,其主要的功能主要体现在以下几个方面。

1.健康功能

现代社会的高速发展在给人们带来物质极大丰富的同时,也给人们带来了众多的健康问题,出现了诸如肥胖症、高血压、高血脂等一些现代文明病和富贵病,这些疾病正不断威胁着人类的健康。而现代科学研究表明,体育运动对增强人的体质、保持旺盛的生命力、防病祛病、延年益寿有积极的作用。通过参与丰富多彩的休闲体育活动,可以促进中枢神经系统、心血管系统、呼吸系统等的工作能力,提高人体的适应能力、免疫力和抵抗力等,以满足人们工作、学习和生活的需要,人们可以获得健康的身体和愉悦的身心。研究显示,运动有助于降低抑郁和焦虑,运动时产生的内啡肽可以让人产生"天然的舒畅感",一些温和的运动如散步、跳舞或做瑜伽,可以增加多巴胺和去甲肾上腺素的分泌,从而大幅增加血清素,做这类运动非常有益健康。此外,休闲体育可以使人的心理变得健康,这是因为,通过参与休闲体育活动,可以增加人的社会交往机会,满足人们之间互动的需求,通过人与人之间的交流,可以缓解压力,促进心理的健康。

总之,通过参加休闲体育活动,可以让人身心都能健康成长,提高生活的乐趣,提升生命的质量。

2.娱乐功能

现代社会中,休闲体育承担起了一定的娱乐功能。休闲体育越来越受到人们的欢迎和喜爱,主要是因为休闲体育活动强调的是回归自然,身心放松,强调活动的乐趣,其特点是简便易行,对技术、场地设施的要求不高,老少皆宜。休闲体育项目极为丰富,从传统体育项目如球类、田径,到新兴体育项目如攀岩、蹦极、滑翔,以及人们日常生活中的远足、骑车、慢跑等都是休闲体育活动的内容,休闲体育项目具有冒险性、挑战性、新颖性、刺激性、趣味性等特征。由于没有竞技体育那样激烈对抗,对技术动作也没有严格的要求,使人处于一种快乐、享受的状态之中,人们可以根据实际情况,自由选择自己所喜爱的体育项目、方式、时间,依照自己的意志和想法,自由自主、轻松愉快地从事体育活动。另外,休闲体育活动还可以在大自然中进行,这样既可欣赏到大自然的美景,又可体味到自身活动的乐趣。总之,参与休闲体育运动可使人们摆脱以工作为中心的单调生活,人们在寓教于乐的过程中,可以消除疲劳,净化自己的情感,获得成功和满足感,享受到生活的乐趣。

3.社会安全阀功能

现代社会压力大,压力导致了一些"社会疾病",如犯罪或吸毒的发生,而休闲体育活动,在一定程度上可以起到"安全阀"的作用,这是因为人们通过参与休闲体育活动,可以消耗自己过剩的精力,改善社区生活的质量,避免暴力,并使青少年远离毒品和赌博场所,减少犯罪的概率,通过参加一些集体体育活动,可以满足部分青少年的同伴和"帮派"需求,在一个良好的团体组织中成长,从而减少不良行为的发生。总之,休闲体育活动可以很好地促进社会平稳有序地发展。

4.教育功能

休闲体育的教育功能体现在,其不仅仅是一种单纯的娱乐性活动,还是一个自我学习、自我完善的教育过程。在这一过程中,人们可学习运动技术、发展体能,培养人际交往能力、协作精神,增强自信心和竞争意识等。在参与休闲体育的过程中,人们不仅可以学习到相关体育技能和健康知识,还可以促进心理健康,使身心得到充分自由的均衡发展,从而达到完善自我的目的。

5.经济功能

休闲体育产业是体育产业中非常重要的一个组成部分,可以促进体育消费,刺激经济的增长,具有很好的经济功能。

(六)休闲体育的内容

休闲体育的内容非常丰富,其运动的分类形式有很多,下面就根据不同的分类方式对休闲体育的内容进行具体分析。

1.根据身体状态分类

(1)观赏类休闲运动

观赏类休闲体育运动主要指的是观赏各种体育竞赛与休闲体育运动的表演。在观看这些比赛和表演的过程中,人们往往会表现出各种不同的情绪,如兴奋、激动、惊叹、沮丧、愤怒等。通过观赏他人所进行的休闲体育活动,人们心理方面的压力会获得很大程度的释放。另外,在观赏这些表演与比赛的过程中,观赏者还可以学到很多体育方面的知识,欣赏体育运动的艺术魅力。

(2)安静类休闲运动

安静类休闲体育运动主要指的是棋牌类的休闲活动。以棋牌类休闲活动为例,棋牌活动的参与者身体活动量较小,脑力支出相对较大,是智慧与心理素质的一种竞争。安静类运动既能健脑,又能健体。

2.根据项目性质分类

根据项目性质的不同,可以将休闲体育的内容具体划分为眩晕类运动、命中类运动、技巧类运动、冒险类运动、养生类运动、健身舞类运动、游戏竞赛类运动、水上运动、冰雪类运动、户外类运动等类型,不同类型的休闲体育其特点也存在一定的差别(表8-1)。

表 8-1　根据项目性质分类的休闲体育内容及特点

分类	内容及特点	项目种类
眩晕类运动	借助于一定的运动器械及设备,使人在运动中得到在日常生活中很难体验到的空间运动感觉,感受身体与心理极限刺激的休闲体育运动	游乐场上各种产生滑动、旋转、升降、碰撞的游艺项目,如蹦极、过山车、悬崖跳水等
命中类运动	运用自身的技巧与能力,同时借助特定的器械击中目标的休闲体育运动	打靶、射击、射箭、保龄球、台球等
技巧类运动	通过运用自身的能力,同时借助特定的轻器械所表现出灵巧和技艺的休闲体育运动	花样滑板、小轮自行车、轮滑等
冒险类运动	对大自然进行挑战的、有严密的组织措施和安全保障的休闲体育运动	沙漠探险、漂流、山洞探险、滑翔、横渡海峡、跳伞等
养生类运动	节奏比较和缓,经常参加能够强身健体的休闲体育运动	瑜伽、太极拳、木兰拳、木兰扇等
健身舞类运动	通过各类歌舞的形式,有音乐伴奏的休闲体育运动	民间舞蹈、秧歌、舞龙、舞狮、肚皮舞等
游戏竞赛类运动	将竞技体育比赛项目的规则进行简化和游戏化改造后,形成的休闲比赛活动	沙滩排球、三人制篮球、室内足球等
水上、冰雪类运动	在水上或者冰雪上所开展的休闲体育运动	水上项目包括游泳、跳水、滑水、摩托艇、帆船、冲浪等;冰雪项目包括滑冰、滑雪、雪橇等
户外类运动	指探索自然的各种体育休闲方式	野营、远足、定向、登山、攀岩等

现代休闲体育的内容丰富多彩,以上的划分只是根据休闲体育项目的部分特征进行划分的,并不能反映出休闲体育运动的全部内容,人们可以根据实际情况和条件,有选择地进行休闲体育活动。

三、休闲体育文化概述

(一)休闲体育文化定义

关于休闲体育文化的定义,学者们有不同的定义。我们对休闲体育文化的定义如下:人们通过参与体育运动的方式,在休闲的实践过程中创造的在物质实体、价值观念、制度规范及其行为方式等方面的集合体。从文化的基本结构来讲,休闲体育文化包括四个层面的内容。

(1)在物质层面,休闲体育文化的内容十分丰富,包括构建一切体育活动项目的场地器材和设施等人造物,以及按照需要被改造的自然物,如体育馆、体育场、健身器材、球等人造物和专门的体育器材、设施。

(2)在价值观念层面,休闲体育文化包括人们的休闲观和体育观,以及它们对休闲体育功能的认识,也包括人们对休闲体育价值的理解等。人们通过参与休闲体育活动,体现出人们对休闲价值和意义的认识,对休闲方式选择的倾向和态度。在参与休闲体育活动的过程中,人们不断强化自己对体育的认识,更新自己对体育价值的理解。

(3)在制度规范层面,首先,在一定程度上,休闲体育从时间上体现了社会对余暇时间的制度规定,体现了社会的生产制度。其次,国家的一些法律法规也在一定程度上保护了人们参与休闲体育活动的权利,如我国的《体育法》《全民健身条例》等。最后,几乎每一项休闲体育项目都有自己的活动方式和规则要求,这种统一的活动方式和规则要求对所有的参与者都有行为规范上的要求。因此,休闲体育活动体现了一些制度上的规范和要求。

(4)在行为方式层面,体育活动对于任何人来说,本身就是一种行为方式。这种活动不仅体现了人的自然属性,对自身身心健康的关注,还体现出一定的社会属性,即参与到社会活动中去,是一种积极的、良好的行为方式。

(二)休闲体育文化的特点

休闲体育文化具有一定的特点,其主要特点如下。

1.时代性

休闲体育文化是社会文化的一种重要形式,具有鲜明的时代性。每个时代,都会产生相应的休闲体育活动,从而形成独特的休闲体育文化。例如,我国古代和欧洲古代等,都产生了与现在不同的休闲体育文化。

2.直接参与性

休闲体育的直接参与性,使其拥有了直接参与的文化特点。人们要想使自己的身心得到全面发展,就要亲自参与其中,亲自感受并体验休闲运动带来的变化。

第二节 休闲体育文化的价值

一、休闲体育文化价值的含义

休闲体育文化价值,是指在参与休闲体育运动的过程中,活动本身所作用于人自身,促进人身心全面发展的作用和意义。简单来说,休闲体育文化的价值,就在于它满足了人全面发展的现实需要。

休闲体育文化价值,作用于运动者本身,也影响其周围的人,以及社会的其他成员。在休闲体育活动中,休闲体育文化与人的发展构成了一种互动关系,休闲体育文化满足了人情感方面的需要,促进了人的全面发展,使人对休闲体育文化及其活动产生了一定的依赖性,人的发展程度决定了休闲体育文化的价值,是休闲体育文化的价值尺度。

二、休闲体育文化价值的特点

(一)体现人类对精神自由的追求

人类社会发展到今天,人类在改造物质世界的过程中不断地提升自己对精神方面的追求。早期人类社会,由于认知的局限性,人们对于自然充满敬畏,这一时期人们更多的是依赖自然的力量进行生产生活,很少对精神方面进行关注。随着社会的不断发展,人们的生产力不断提高,科学技术的发展为人类社会创造了巨大的物质财富,人们在享受物质财富的同时,开始关注自己的精神领域,人们不断创造各种活动来探索自己的精神领域,在这一过程中,体育进入了人类的视野,而其中的休闲体育活动及其文化充实了人们对精神的追求,人们在这个过程中不断探索自己的未知世界,希望找到最终的答案。

（二）体现以人为本的核心

随着现代社会的不断发展，"以人为本"几乎成了所有事物的核心。体育作为一种文化活动，也离不开"以人文本"的价值核心。从体育的诞生和发展历程来看，其本身就体现着以人文本的价值，人们通过参加体育活动，目的就是为了促进自己身心健康的发展，而休闲体育活动更是很好地体现了这一点，因为休闲体育的活动内容往往是轻松易行的，不存在对体育成绩的要求，以及对体育内容的严格规范，一切以参与者为导向，这种价值充分表达了对人自身的关注，体现了"以人为本"的核心价值。

（三）体现人的主观能动性

休闲体育活动具有一定的新奇性，需要不断地进行创新，因此必须充分发挥人的主观能动性。人们通过休闲运动的方式，来阐释人与自然、人与自身、人与社会的关系，不断追求人的更高层次的发展。

三、休闲体育文化的价值体现

（一）促进人们形成良好的休闲意识

休闲体育活动能满足不同人群对"玩"的需求。但是，休闲体育活动的游戏与动物的游戏有着本质的区别，它对于社会中人的良好心态的形成、社会适应能力的发展具有重要的促进作用。休闲体育文化具有明显的时代烙印，随着时代的发展，社会成员思维嬗变，休闲体育文化就被赋予了新的内涵和意义，在构建社会新意识方面具有一定的促进作用。休闲体育文化可以实现对运动者思维、意识、观念的改造。以影响参与者的社会意识，休闲体育文化促进了运动者的思维言行与社会主流文化意识的形成，是一种潜移默化的思维约束，这是休闲体育文化价值的重要体现。休闲体育文化的约束，促进了运动者休闲意识的觉醒，通过参与休闲体育活动，在休闲体育文化的熏陶下，去享受生活，并提高生活质量，促进社会文化的进步与发展。

（二）促进人类科学地进行休闲

科学是社会发展的动力，也是各行各业必须遵守的规律。休闲体育文化是一种社会文化方式，它以柔性的文化层面，促进社会成员形成一种良好的社会文化心态，创造一种合作、奋进、友爱的社会环境，调节社会成员的心态，促进人们形成科学的休闲观。

（三）实现对休闲文化的传承

马克思主义哲学认为,事物总是处于运动和变化之中,休闲文化也不例外。休闲文化通过自我深化与更新,形成一个螺旋上升的良性循环的过程,能够推动社会文化的上升发展,实现对先进文化的丰富。现代休闲体育内容丰富,一些国家和民族特色体育文化活动成为休闲体育及其文化中的重要内容。就我国休闲体育发展来讲,民俗体育及其文化应该纳入休闲体育文化中来,休闲体育文化是一种对休闲文化的选择和传承。

（四）缓解老龄化带来的社会压力

随着物质生活水平的提高,以及现代医学的快速发展,人们的寿命越来越长,人口老龄化的问题在当今世界已经成为每个国家都普遍关注的话题。老龄化会加剧医疗的负担,对社会形成一种压力。而休闲体育的发展可以缓解这种社会压力。实践表明,老年人通过参与休闲体育活动可以强身健体,降低老年疾病的发生,减轻医疗负担。世界上一些发达国家都在大力发展运动健身,鼓励老人们利用余暇时间参与体育休闲活动,锻炼身体,如美国、日本和新加坡等,出台了一定的政策措施,来促进老年人的身体健康,都取得了相当不错的成效,值得我们借鉴。

（五）推动休闲文明的和谐化进程

人类社会的和谐,包含了人与人、人与社会、人与自然的全方位和谐。休闲体育文化活动不仅仅在于满足人们娱乐性与消遣性的需求,满足对美的需求,同时还能够满足自我发展的需求。休闲体育运动为人们的精神文化消费提供了丰富的内容与形式,是人们社会生活中的有机组成部分。人们在休闲时间里的活动,需要正确的引导,否则就会给社会带来一些危害。如很多青少年群体在闲暇时间里无所事事,打架斗殴,参与赌博等。因此,如何合理地进行休闲,对于社会成员正确地发泄自我和促进自我具有重要意义,对社会的稳定和文明进步也具有重要意义。休闲体育文化活动是一种健康的宣泄活动,人们通过参与休闲体育活动可以很好地释放自己的过剩精力,发泄自己的负面情绪,而不会去选择一些越轨的违法犯罪行为来释放自己的不满和情绪。通过参与休闲体育,人们的休闲活动可以得到正确的引导,向有利于社会进步的方向发展,同时社会的精神文明建设也会得到不断推进,有利于人、社会、自然的和谐,从而促进休闲文明的和谐化进程。

四、实现休闲体育文化价值的条件

休闲体育文化价值的实现受外在社会条件的制约,同时也受内在自身条件的影响,它们共同影响着休闲体育文化的价值。下面以我国休闲体育文化的情况为例做阐述。

(一)外在社会条件

休闲体育的产生与发展需要多种社会条件的共同作用,而不是一种偶然的行为。休闲体育文化价值的实现需要政治、经济、时间、人文环境的支撑。

1. 政治条件

休闲体育文化价值的实现,需要一定的政治条件,其主要包括执政党的态度和立场、颁布的相关政策法规等。其中,政策法规是政治条件的高度浓缩,对休闲体育文化价值的实现具有重要的作用。

在政策方面,我国出台了一系列的政策文件,对休闲体育文化的发展有利,包括《健康中国 2030 规划纲要》《全民健身计划(2016—2020)》《加快发展健身休闲产业的指导意见》国办发[2016]77 号等,这些政策和文件的出台为我国健身休闲产业、休闲体育产业的发展提供了良好的政治条件。

2. 经济条件

经济基础决定上层建筑,马克思认为,物质生活对社会生活、政治生活、精神生活具有重要的制约作用。因此,我们必须认识到,休闲体育文化价值的实现是以经济条件为前提和依托的。

经济条件对休闲体育文化价值实现的影响具体表现如下。

(1)经济水平提高为休闲体育奠定了基础

改革开放以后,我国的经济水平飞速发展,国民生产总值显著提高。到 2016 年末,我国的 GDP 总量已经达到了 11 万亿美元,人均 GDP 达到 8 000 美元,经济水平在不断提升。随着人们生活水平的提高,人们休闲方面的消费会呈现显著性的增长。随着人们用于社会生产的时间逐渐减少,闲暇时间在不断增多,人们在闲暇中的生活方式也变得越来越丰富,花费在休闲体育中的时间也相应增加,这为休闲体育在我国的快速开展提供了必要的经济基础。

(2)经济发展刺激休闲体育需求不断扩大

现代社会国民经济高速发展,大大提高了人们的物质生活水平,推进了第三产业的发展,从而为休闲体育的发展提供了社会物质条件,休闲体育的设施得到开发,使休闲体育有了开展的空间和场所。现如今,人们对休闲体育方面的需求在不断扩大。

(3)区域经济发展程度决定休闲体育的水平

不同区域经济的发展程度,决定了这个区域休闲体育的发展水平。在经济欠发达地区的休闲体育发展必然会受到一定程度的限制。就我国而言,由于地理环境和经济发展历史和条件的限制,我国东西部地区经济发展的不平衡性,使得不同区域的休闲体育项目出现了显著的不同,也形成了不同的休闲体育文化,但都满足了当地人民的体育需求。

3.时间条件

体育是需要参与者有闲暇时间的活动,休闲体育文化价值的实现需要参与者投入时间,有时间参与和体验休闲体育活动,是传播休闲体育文化,促进其价值实现的重要前提。休闲时间的增多是休闲体育发展的重要条件。

具体来讲,随着社会的发展,人类的休闲时间不断增多,为促进休闲体育的发展提供了有利的条件。当社会生产力低下的时候,人们的生产劳动条件差,人们为了生存,生产劳动占去了绝大部分的时间,几乎没有休闲时间。之后工匠、手工业者的出现增加了人们的休闲时间,蒸汽机发明后,人们的生产劳动可以运用机器,这推动了生产力的巨大发展,也极大地提高了生产效率,人们逐渐从生产劳动中解放出来,休闲时间逐步增加。科技的进步和生产力的提高把人们从生产劳动中解放出来,人们拥有了更多休闲的时间,开始运用休闲的时间进行体育活动。我国自改革开放以后,特别是21世纪以来,生产力飞速发展,人们的闲暇时间也越来越多。此外,政策的改变使得我国人民群众的休闲时间得到了法律保障。在20世纪80年代时,我国施行的是每周六天工作制,人们的余暇时间相对较少。到了1994年,我国改革了工作制度,将原先的每周工作6天改为5天,每天工作8小时。随着改革开放的深化进行,每周5天的工作制度逐渐在我国得到了推广和普及,这种工作制度一直延续到今天。从而使得人们能够自由支配的时间越来越多,为人们参与休闲体育活动提供了时间保障。特别是近几年来,人们纷纷在休息期间,约上三五好友,摒弃传统的请客吃饭,变成了"请人吃饭不如请人流汗",大家一起骑行、打球等。

总之,只有拥有了可以自由支配的时间,才能参与到休闲体育活动中去,从而实现休闲体育活动的文化价值。

4.人文环境

随着社会文明的进步,人们对健康的深入认识使得人们关注和参与休闲活动。现代社会,人们已经愈发关注身心健康的问题,这也是人们注重提高生活质量的内容之一。健身休闲慢慢成为人们日常生活中的一种需求。休闲体育是在经济高度发展、生产自动化程度提高和大众传播媒介直接影响下产生的,它的日益普及影响着人们的生活和工作。休闲体育是现代社会的产物,随着现代社会体育信息的不断增加,人们体育观念的逐渐转变,在媒体的帮助下,体育得到了迅速的传播,运动已经逐渐成为人们生活的一部分,这些为休闲体育的发展奠定了良好的人文基础。

(二)个人内在条件

1.体育观念的转变

人们的休闲体育观念是休闲体育发展的重要影响因素。休闲体育作为一种生活方式和文化现象,它的形成和确立需要一定的过程。随着我国改革开放的进行,许多外来的价值观念正逐渐冲击着人们的认知和价值观念,很多价值观念逐渐被人们所接受,在与传统价值观念的融合之后,形成了新的价值观念,并且得到了人们的广泛认可。休闲体育价值观念的形成过程是在和原有价值观念融合的基础上建立起来的,它与中华民族的固有精神内核具有高度的一致性。为了促进休闲体育更好地发展,应将其与我国传统文化相结合,从而使大众在心理和价值观念上形成一定的认同感。

作为一种新型的价值观念,休闲体育文化价值的实现需要借助相应的市场、资金、物品与环境等来开展相应的活动,最终达到自我目的和价值的实现。休闲体育的过程和效果产生了相应的愉悦的心理体验。参加相应的休闲体育的人要通过自身的价值观念去评价。总之,休闲体育及其文化价值的实现,是一个系统复杂的过程,需要对人民群众的参与进行指导,并对其观念进行积极引导。

2.追求与理想的拓展

每个人都有自己的人生追求和理想,除了在物质方面的追求,如房、车等,现代人越来越注重精神方面的追求,包括实现自己的职业理想、梦想等。而通过参加休闲体育活动,可以拓展自己的人生追求,在参与的过程中,体会到运动带来的快乐、激情以及对胜利的渴望,实现对自己的超越等,可以进一步引发自己对人生价值的思考。因此,如果一个人更注重对精神方面的追求,参与休闲体育活动是一项非常不错的选择。

第三节　休闲体育文化的产业化发展

休闲体育文化的产业化发展是需要休闲体育产业来支撑的,休闲体育产业包括很多方面,本节将重点关注一下体育健身休闲产业、体育旅游产业、冰雪运动产业和体育赛事产业的发展情况。

一、体育健身休闲产业的发展

体育健身休闲产业是指向消费者提供以体育为介质,以健身休闲为目的的各类产品的集合。它既包括有形的产品服务,如提供给健身爱好者们的健身房、舞蹈房、体育场馆等,也包括体育健身指导、体能康复咨询、体质测试与健康评估、运动处方诊断、运动康复指导等无形产品的服务。

(一)体育健身休闲产业的特点

1.关联产业多

体育健身休闲产业的发展,需要其他产业的支撑,包括体育用品业、体育制造业、餐饮服务业、体育建筑业等,需要这些产业提供运动服装、健身器材、饮食服务、体育场馆等产品,是一项关联度较高的产业。

2.属于劳动密集型产业

体育健身休闲产业是一项劳动密集型产业,因为在生产过程中对劳动力的需求依赖程度较大,体育健身产业的资本构成水平较低,在生产过程中对劳动的依赖较大,正因为如此,体育健身业可提供的就业岗位比较多。

3.属于朝阳产业

朝阳产业指的是正处于成长期,但前景非常广阔的产业。随着我国人们生活水平的不断提高,休闲时代的到来,以及人们对健康的日益关注,体育健身越来越成为很多人的第一休闲选择,体育健身休闲产业必将伴随着我国社会的不断发展而蓬勃发展。

（二）体育健身休闲产业的发展现状

1.国外体育健身休闲产业发展现状

从世界范围来看,体育产业已经成为国家产业结构的重要组成部分,其中最具代表性的是美国。根据易剑东教授的整理,美国 2014 年的体育产业规模为 4 984 亿美元,占当年 GDP 的 2.93%,而在这其中,体育健身休闲业占据非常大的比重。据有关数据资料显示,美国在 2005 年时的健身俱乐部数量已经达到了 26 830 个,2008 年时,全美体育健身休闲从业人数为 85 万人。在澳大利亚,体育健身产业也发展的非常好,澳大利亚全国 2 000 多万人口中,有 256 万人经常到健身俱乐部消费,全国每年有 2 亿人次参加各种类型的休闲体育活动。国外体育健身产业经历了长期的发展阶段,现在正处于蓬勃发展阶段。

2.我国体育健身休闲产业发展现状

由于体育健身休闲产业在我国刚刚起步发展,相关的统计数据比较少,从有限的资料中可以得出,2008 年时我国的体育健身休闲活动从业人数为 15.03 万人,增加值为 74.49 亿元,并呈现出以下特点。

（1）市场体系初步形成

从 20 世纪 80 年代开始,经过近 40 年的发展,尤其是最近十几年的快速发展,我国已经初步形成了主体多元化,多种所有制并存,平等竞争,可提供高中低档服务产品的体育健身市场。

（2）市场规模不断扩大

随着近些年来,人们对健康的关注,越来越多的人们愿意花钱进行健身消费,各类健身场馆、体育场地,也如雨后春笋般建立起来,使体育健身的市场规模在不断扩大。

（3）服务更加多元化

现在在各类体育健身中心,消费者可以看到很多体育健身服务项目,包括力量器械、有氧健身操、形体训练、体育舞蹈、乒乓球、羽毛球、保龄球、武术、游泳等。此外,一些健身中心还提供体能康复服务、运动咨询指导,并开设有茶室、餐饮、舞厅、咖啡厅、桑拿浴等服务项目,以满足不同人群健身、健美等需求。

（4）连锁化经营模式发展较快

随着市场上健身场所的不断增加,一些国外知名体育健身企业也开始进军国内市场。此外,最近几年,国内也出现了一些小型的连锁式健身俱乐部,打出个性化和便捷化的连锁发展模式。

（5）市场竞争越来越激烈

目前,我国的健身场所数量正在不断增加,但是由于服务上的同质化和价格上的恶性竞争,导致市场竞争越来越激烈,要想脱颖而出,必须努力找出差异,进行个性化经营。

（三）体育健身休闲产业存在的问题

目前,我国体育健身休闲产业虽然得到了一定程度的发展,但体育健身休闲产业的发展仍处于初级阶段,发展的并不完善,主要存在以下几个问题。

1.人们的健身意识还很薄弱

当前,尽管人们对体育健身休闲的认识得到了进一步的深入,但是仍然很薄弱,不能很好地认识到健身休闲带来的好处和意义。因此,在面临众多的休闲选择时,人们往往会选择其他的休闲方式。体育健身休闲正面临着众多休闲方式的挑战,如电子游戏、看电视、打麻将等,这些都具有很强的娱乐性和休息性,也在一定程度上对体育健身休闲产业的发展产生了限制和制约作用。

2.人们的体育健身消费水平不高

相较于发达国家来说,我国居民收入水平仍然较低,农村人口比例较大,总体上体育健身消费水平不高。据有关资料显示:我国城乡居民除日常生活消费之外,子女教育仍然是家庭最主要的支出,占15.9%,而体育消费仅为4%。虽然现阶段我国的消费水平在不断提高,但是由于健身观念的薄弱,造成消费动机的不足,所以健身的消费水平也不高。

3.市场供给的不足

虽然我国体育健身产业发展迅速,但是存在产品供应不能完全满足消费者的现象,我国的体育场地设施严重不足,人均体育场地面积只有1.46平方米,能够提供的体育项目也比较有限,因此造成了市场供给的一些不足。

4.体育健身休闲产业发展的不平衡

当前,我国体育健身休闲产业发展存在着一定的不平衡,主要包括以下几方面。

（1）区域上的不平衡

体育健身休闲产业的发展与经济发展水平联系较为紧密，在经济欠发达地区，体育健身休闲产业的发展必然受到一定程度的限制，由于受地理环境、区域位置等条件的限制，我国的经济发展呈现出一定的不平衡性，具体表现为东西部地区经济发展的不平衡性，以及城乡经济发展的不平衡性。东部地区各省份在体育健身休闲产业的发展速度和规模上明显高于西部地区，这种不平衡性会在一定时间内呈现出一定的扩大趋势。此外，体育健身休闲产业基本处于城市地区，农村很少出现。

（2）布局上的不平衡

体育健身场所和服务单位，一般集中在大城市市区的商贸中心，而在城乡结合部，以及一些中小城市，尤其是新建居民住宅小区，相关的体育健身配套设施较为缺乏。

（3）项目开发上的不平衡

目前，在大多数健身中心，开展比较普遍的有氧健身操、各种舞蹈、乒乓球、羽毛球、网球、台球、瑜伽等项目，服务同质化比较严重，产品差异度不高，缺乏运作特色。

5. 市场法规不健全，管理需要完善

目前，我国出台了一系列发展体育产业的政策文件，以及发展健身休闲产业的政策，但是关于相关的法律法规仍然不完善，已有的法规制度缺乏操作性，体育健身产业的行业管理目前比较薄弱。市场准入制度不高，经营管理水平不高，消费者与经营者发生纠纷时，没有有效的解决途径。

（四）体育健身休闲产业的营销

体育健身休闲产业的发展，需要通过一定的营销策略进行管理。具体来说，主要包括以下几个方面。

1. 主观标准客观化

在体育健身休闲产业中，对服务产品的质量评价一般是服务人员的主观描述和消费者的主观感受，没有一套客观的评价标准。服务人员和消费者由于各自所处的地位不同，不能很客观地反应体育健身产品的服务质量。这对于体育健身服务企业对市场的预测不能提供科学依据。

一般来说，体育健身服务包括两个阶段，即健身过程服务（服务产品的生产和消费过程的服务）和健身前后服务（消费者进入健身场馆开始健身活动和结束健身活动阶段），为了规范体育健身休闲市场的发展，应重视对这

两个阶段客观评价体系和标准的建立。

首先,使服务过程和服务行为规范化、标准化。体育健身服务企业应该对健身服务的每一个环节(细节)做出明确的规范化的规定,并公之于众,既让服务人员有所遵循,也便于消费者了解和掌握。注意服务标准制定的具体化和定量化,避免含糊不清,模棱两可。

其次,应该重视服务质量、效果的评价客观化。健身效果的评价,应尽量采用科学仪器来测试,用测试数据来评价效果。例如,利用测定心肺功能的仪器测定消费者的心肺功能、身体机能,通过科学仪器对服务质量和效果进行客观化测定和评价,可以使原来主观化的标准变得客观起来,达到更好的效果。

2.功效服务优先化

消费学研究表明,追求功效动机是消费者购买动机的首要影响因素,调查发现,影响消费者是否购买某种产品(或服务)的最主要因素是产品的功效,认同产品功效来决定是否购买的消费者占 86%,远高于其他购买影响因素(如价格、包装等)。所谓功效,包括两个方面的内容,即使用功效和心理功效。即要用起来得心应手,看起来赏心悦目,要同时具备使用价值和审美情趣。体育健身休闲企业在提供产品时,既要使消费者达到强身健体的效果,还要使消费者在健身休闲过程中变得精神愉悦、心情舒畅。因此,应该在运动项目的开设、健身课程的安排、服务人员的态度、服务环境的布置等方面给予精心的策划和安排,尽最大可能为消费者提供最优化的功效服务。

3.无形产品有形化

体育健身服务产品属于非实物形态的无形产品范畴。无形产品最大的特点是无法给予消费者一个清晰明确的印象,消费者无法感知健身中心的服务水平和健身效果,可能会对体育健身服务产品缺乏信心。针对无形产品的这种弱点和消费者的心理状况,体育健身运作企业应采取无形产品有形化的营销策略。

无形产品有形化,具体是指体育健身企业应该向消费者提供体育服务产品的有形线索,指导和帮助消费者了解体育健身产品的优势和劣势。具体来说,这种"有形线索"主要表现在以下两个方面。

(1)提供服务内容和质量等服务信息,使消费者通过视觉观察有形物,获得直观的信息。如健身场所的装饰装修,整体服务环境如功能分区、卫生状况、器材设施以及相关配套的休闲、娱乐、餐饮情况等硬件条件;如服务人员的衣着打扮、精神面貌、态度好坏等服务信息,公示有关服务的信息资料和收费标准等。

（2）把健身服务过程的各个环节、健身锻炼效果、服务质量标准、服务效果等通过直观的表现形式如文字、图表、照片、视频等呈现给消费者,让消费者进一步了解健身中心的服务水平和产品质量,由此来打消消费者的疑虑,坚定其体育健身休闲消费的信心。

4.服务差异化

在体育健身休闲产业中,作为同类企业——体育健身休闲企业,提供的都是同类服务——体育健身休闲服务,但应该根据消费者的需求差异和企业的市场定位,存同求异,重视服务的多元化、个性化、特色化、多功能化。

其中多元化和个性化是最重要的两个部分,多元化是指健身企业要想尽各种办法来提供各类健身服务,如不同运动项目的健身服务、体适能服务、提供运动康复服务等,为消费者提供多元化的选择。个性化是指根据消费者的不同需求来设计产品,根据消费者的身体素质、运动能力和个人需求等,来设计健身服务的方案。个性化服务的最大特点是使消费者感觉到自己被重视,被特别对待,提升消费者的满意度。

5.情感人性化服务

所谓情感人性化服务,又称"情感营销",具体是指,要满足消费者的情感性需求,推行人性化服务,重视消费者的个人情感差异和需求。通过设计产品的情感促销、情感广告、情感设计等策略来满足消费者的情感消费需求,实现企业的经营目标。

当前,随着社会文明程度的提高和人们生活方式的进步,消费者越来越重视情感方面的需求。因此,在体育健身休闲产品和服务的营销过程中,要有针对性地推出新的情感服务产品,为顾客提供情感性消费服务,从而提高俱乐部的服务水平和产品销售。

二、体育旅游产业的发展

体育旅游产业是休闲体育产业中一个非常重量级的产业,而体育旅游是旅游产业和体育产业深度融合的新兴产业形态,是以体育运动为核心,以现场观赛、参与体验及参观游览为主要形式,以满足健康娱乐、旅游休闲为目的,向大众提供相关产品和服务的一系列经济活动。近些年来,我国体育旅游产业发展迅速,呈现出蓬勃发展的趋势,是一个名副其实的朝阳产业。

(一)体育旅游产业的发展原则

1.市场主导,政府支持

发展旅游产业时,要充分发挥市场在资源配置中的决定性作用,加大政府扶持力度,主动激发市场的活力和企业的动力,健全和完善体育旅游产业体系。

2.消费支撑,培育主体

以满足人民群众日益增长的体育旅游休闲需求为宗旨,培育壮大体育旅游企业主体,加快体育旅游的供给侧改革,刺激人们的体育旅游消费需求,不断完善体育旅游配套设施,提高体育旅游服务水平。

3.发展特色,打造品牌

努力开发具有地域特色和产业特点的体育旅游产品和项目,加大体育旅游宣传推广和市场开拓,打造体育旅游品牌,扩大我国体育旅游产品在国际上的影响力和知名度。

4.加强监管,规范发展

在发展体育旅游产业时,要加强体育旅游市场的管理和监督,推进体育旅游服务标准化和专业化。加强国际合作和交流,学习国际先进体育旅游理念和方法,提升我国体育旅游服务的现代化、专业化和国际化水平。

(二)体育旅游产业的发展特点

近些年来,随着人们生活水平的不断提高,旅游已经成为人们生活中必不可少的一个环节,人们纷纷利用闲暇时间和节假日时间出门旅游观光,而体育旅游更是成为其中非常受欢迎的项目。我国的体育旅游产业主要呈现出以下特点。

1.发展的外部环境良好

随着我国人们生活水平的不断提高,体育旅游产业迎来了很好的经济环境,人们有更多的钱和时间参与体育旅游。此外,从国家层面已经出台了相关发展体育旅游的文件,2016 年 12 月份出台的《国家旅游局国家体育总局关于大力发展体育旅游的指导意见》旅发[2016]172 号,详细规划和指导了未来体育旅游的发展蓝图,为进一步发展体育旅游产业开拓了很好地外部环境。

2.区域性特征明显

由于我国是一个资源丰富的国家,各区域的自然资源不同,有山地、湖泊、草原、沙漠、平原、沙滩、海洋、雪域等,根据这些资源,各区域可以开发的体育旅游项目也不相同,如包括沙滩足球、沙滩排球、滑雪、滑草、登山、冲浪等项目,因此我国的体育旅游产业呈现出一定的区域性特征。

3.产业融合度高

旅游产业需要文化、教育、健康、养老、农业、水利、林业、通用航空等产业一起融合发展,是一项关联度和融合性较高的产业,这也是为什么体育旅游产业发展迅速的原因。

(三)体育旅游产业的营销

从一般意义上来讲,体育旅游产业的营销与其他产品的营销在本质上是没有区别的,因而一般产业运作中所采用的多种策略也可在体育旅游产业运作中使用。体育旅游产业运作需要采取的策略主要有以下几个方面。

1.无差异目标市场策略

体育旅游企业把整个客源市场作为目标市场来运作的一种营销策略,就是所谓的无差异目标市场策略。通常可以以多种因素和标准对客源市场进行分类。但是,如果客源市场对产品的要求不存在实质性的或有经济意义的差别时,体育旅游企业就可采用无差异的目标市场策略。

一般来说,体育旅游企业的无差异目标市场策略适用于以下三种情况。

第一,整个客源市场的需求虽有差别,但需求的相似程度较大。

第二,客源市场的需求虽有实质上的差别,但各个需求差别群体的经济规模较小,不足以使体育旅游企业通过某个细分市场的运作取得效益。

第三,体育旅游业业内竞争程度较低,客源市场的需求强度较高。

成本较低是体育旅游企业采取无差异目标市场策略的原因。一般来讲,无差异目标市场策略使旅行社向市场提供标准化产品,使产品开发、广告促销、市场调研以及市场管理等各项费用的开支减少,可以促进企业形成规模经济。

2.差异性目标市场策略

企业在多个细分市场上进行营销经营,并为每个存在明显需求差异的细分市场设计不同的运作方案的策略,就是差异性目标市场策略。一般来说,体育旅游企业差异性目标市场策略主要适用于以下三种情况。

第一,客源市场的需求存在着明显的差异。

第二,按细分因素与细分标准划分的各类客源市场都具有一定的经营价值。

第三,体育旅游企业规模较大,需要以产品经营能力来占领更多的细分市场。

与无差异性目标市场策略不同的是,差异性目标市场策略往往能够取得更好的经营绩效。其主要原因是它针对性强,满足市场需求的程度高,对体育旅游企业扩大市场占有率是十分有利的。但是同时也需要强调的是,体育旅游企业采取差异性目标市场策略,会增加企业的经营成本,主要是因为体育旅游企业要向不同的细分市场提供不同的产品、制定并实行不同的经营办法、建立不同的销售网络,并不断研究客源市场上的差异,而这一切都需要相应的资金投入。

3.市场营销组合策略

企业在选定的目标市场上综合运用各种市场营销策略和手段,以销售产品,并取得最佳经济效益的策略组合,就是市场营销组合策略。市场营销的因素的组合方式有很多种,其中运用最为广泛的就是把市场手段或营销因素分类的"4PS"方法,即把营销因素分为——产品、价格、销售渠道、促销等。

在制定市场营销组合策略时,应该注意以下几个方面的事项:首先,价格、促销方式要服从产品和分销渠道;其次,市场营销组合中的各要素策略必须在综合分析的基础上同时制定;再次,市场营销组合的策略界限的销售额或利润额是否还会增加;最后,市场营销组合策略的制定要有对策性,要有利于加强产品在市场上的地位,避免恶性竞争。

4.市场细分策略

市场细分是从消费者的不同需求出发,以消费者购买行为的差异性为主要依据,把消费者总体划分为许多类似性购买群体。

(1)市场细分的意义

实行市场细分,就是要研究现有产品对各个细分市场需求的满足程度,帮助发现在市场中该企业自身条件能加以满足的消费需求,从而形成新的目标市场;市场细分有利于及时反馈信息和调整营销策略。市场细分后,企业比较容易了解消费者的意见和要求。信息反馈加快可使企业及时地根据消费需求的变化调整自己的营销策略,提高企业的应变能力。市场细分有利于企业提高经济效益。市场细分之后,企业可面对细分市场,有效地利用企业的资源和发挥企业特长,生产出适销对路的产品,以满足消费者的需求。因此,进行市场细分,对于体育旅游企业具有非常重要的意义。

(2)市场细分的具体要求

①市场细分也就是市场分片集合化的过程。体育旅游企业先把总体市场按照划分标准分成若干个小的分片,然后再把一些小的市场分片相应地集合成较大的市场分片,使其有一定的规模,以适应商品的供销情况。

②市场细分后各市场的差异必须是明确和清楚的,细分的依据与标准要确切可行。各分片应当有各自的购买群体,有共同的特征,类似的购买行为。

③每个细分市场必须有适当的发展潜力。一个细分市场是否大到足以实现企业的营销目标,取决于这个分片的人数和购买力。当然,每个分片的潜在需求大小,还有待于企业去开拓和发展。

④细分后的市场应当在一段时期内能够保持相对稳定。只有当市场具有一定程度的稳定性时,才能够成为旅游企业制定较长期的市场营销策略的依据,变化太快、稳定性不强的市场会给企业营销带来较大的风险。

总之,体育旅游企业应该制定一定的营销策略来进行运营,保障企业的快速健康发展。

三、冰雪运动产业的发展

冰雪运动产业是休闲体育产业的重要组成部分,特别是我国在申办2022年冬奥会成功后,迎来了前所未有的发展契机。

(一)冰雪运动产业的概念

冰雪运动产业是指,以冰雪资源为依托,以冰雪休闲产品为手段,通过提供冰雪休闲服务满足休闲需求,并获得经济效益的综合性行业。冰雪资源指的是自然形成的冰雪和人工制造的冰雪;冰雪休闲产品主要指的是大众滑雪、滑冰,参加相关培训和比赛等;冰雪休闲服务就是为提供以上冰雪产品所付出的各种劳动,如清理雪道、指导健身滑雪等。

（二）冰雪运动产业的特点

1.具有季节性和地域性的特点

冰雪运动产业开展的基本条件是，要具备冰和雪的资源，而冰和雪受地理环境和天气环境等条件的影响较大。我国幅员辽阔，冰雪资源主要集中在东北三省，黑龙江、吉林的冰雪运动发展势头良好。而在我国的南方，由于受气候等条件的影响，冰雪运动开展才刚刚起步。

2.高投入、高风险性

冰雪运动对于场地的建设要求比较高，无论是滑雪场的开发，还是冰场的建造，都需要投入大量的资金，尤其是那些需要人工造雪和制冰的地方。此外，开展冰雪运动还需要专门的滑雪或滑冰服装、器械、装备以及专门的技术指导，这些都需要投入较大的人力、物力和财力。因此，冰雪运动产业是一项高投入的产业。

冰雪运动是一项技术要求较高的体育运动，其中的一些项目更是被列入了高危险性体育项目，最近几年也经常发生一些冰雪运动事故，给冰雪运动产业的经营者带来了警醒。因此，冰雪运动产业还是一项高风险性的产业。

3.趋向大众化

随着人们生活水平的不断提高，在闲暇时间参加冰雪运动成了越来越多人的选择，我国在申办奥运会成功以后，更是提出了3亿人上冰雪的目标，这预示着我国的冰雪运动产业将会面向大众群体，培养更多的冰雪爱好者。因此，冰雪运动产业将会趋向大众化。

（三）冰雪运动产业的发展原则

1.全民普及，优化提升

发展冰雪运动产业，应该以青少年为重点，全力引导全社会人们参与冰雪运动，推广冰雪健身休闲项目，丰富冰雪赛事活动，满足人民群众多层次、多样化的冰雪运动需求和休闲需求。应该不断优化冰雪项目布局，遵循冰雪运动的发展规律，提高冰雪运动的发展水平。

2.市场主导，政府支持

发展冰雪运动产业，应该发挥市场的主导作用，着力推进冰雪运动的供给侧结构性改革,扩大增量,提高质量,不断完善市场机制。发挥政府的引导和支持作用,制定规划政策,提供公共服务,努力营造重视冰雪、支持冰雪、参与冰雪的社会氛围。

3.因地制宜,重点发展

由于我国幅员辽阔,各区域自然条件不同,应该依据各地自然条件和经济发展水平,宜冰则冰、宜雪则雪,室内外结合起来发展冰雪运动。继续支持重点地区,如东北、华北等区域,充分利用现有资源,挖掘潜力,不断创新,形成冰雪运动发展的集聚区。

4.协调合作,互动融合

发展冰雪运动产业要立足全局,系统谋划,形成优势互补、良性互动的空间发展格局,促进冰雪产业的协调发展。丰富冰雪产业业态,推动冰雪运动与旅游、健康等相关产业互动融合,创新发展模式,发挥辐射带动作用,促进区域经济社会发展。

(四)冰雪运动产业的发展环境

1.外部环境

目前而言,我国冰雪运动产业发展的外部环境良好,一方面,国家出台了一系列政策文件,包括《冰雪运动发展规划(2016—2025年)》《全国冰雪场地设施建设规划(2016—2022年)》等,这些政策的出台,都为冰雪运动产业的发展提供了良好的外部环境,刺激一部分资本进入冰雪运动产业中来,促进了冰雪运动的快速发展。

2.内部环境

随着人们生活水平的不断提高,收入水平也在不断上升,人们的休闲时间不断增多,以及对自身健康的不断关注,参与体育运动的热情不断高涨,冰雪运动必然会作为冬季休闲的第一选择。因此,从内部环境来看,冰雪运动产业也遇到了蓬勃发展的机遇和条件。

四、体育赛事产业的发展

体育赛事产业是休闲体育产业中的一个重要组成部分,到现场观看体育赛事,或者在电视机前、电脑上、手机上观看体育赛事,已经成为人们在休闲时的重要选择。因此,体育赛事产业的发展非常值得关注。

(一)体育赛事产业的特点

1.经济效益高

一场高水平的赛事,往往能带来很高的经济效益,主要包括电视转播收入、门票收入、赛事衍生品收入等,可以为赛事组织者和当地带来可观的经济收入。

2.社会效益好

体育赛事往往能够渗透到社会的各个方面,对拉动经济、宣传文化、塑造城市形象具有非常大的作用,还能使人们通过参加体育赛事,丰富自己的业余生活,增加社会认同感,从而更加努力地工作。因此,体育赛事产业具有良好的社会效益。

3.多元化和联动性强

体育赛事是一个关联度非常高的产业,它与交通运输、旅游、住宿、餐饮、保险、金融等相关产业联系密切。体育赛事是一个多元化的赛事,包括竞技体育赛事、商业性赛事、职业联赛、群众性赛事等,具有多元化的特征,可以满足人们不同层次的体育需求。

(二)我国体育赛事产业的发展

1.总体发展概述

目前在我国,体育赛事产业正在蓬勃发展,出现了欣欣向荣的局面。主要呈现出以下特点。

(1)职业联赛发展迅猛

自1994年中国足协开始进行职业化改革以来,我国的职业体育赛事不断向前发展,特别是最近几年,以中超、CBA为代表的职业联赛发展快速,中超更是卖出了5年80亿的天价转播权,这些职业联赛极大地丰富了人们的业余生活,形成了一定的观赛文化,成为很多人生活中的一部分。

(2)世界性赛事越来越多

随着2014年国务院46号文件的出台,我国对体育产业的重视不断加大,成功申办了很多世界性赛事,如2022年冬奥会、2019年男篮世界杯、2022年亚运会、世界田径锦标赛、世界游泳锦标赛、世界羽毛球锦标赛等,这些赛事的成功申办将极大地促进我国体育赛事产业的发展,并不断形成欣欣向荣的体育文化。

（3）马拉松赛事火爆

最近几年,我国的马拉松赛事呈现出火爆发展的态势,2016 年全国的马拉松赛事数量已经达到了 300 多场,几乎每天都会有一场马拉松赛事在举办,主要是人们对自身健康的不断关注,引发了跑步热,催生了一系列路跑以及马拉松赛事的诞生。这对休闲体育文化的发展起到了非常重要的促进作用,将会继续蓬勃发展。

（4）商业性赛事越来越多

随着体育产业成为国家战略,越来越多的资本开始涌入体育产业领域,越来越多的机构开始策划和引入一些商业性赛事,来满足广大体育爱好者的参赛和观赛需求,如国际冠军杯、城市传奇篮球赛等。

（5）群众性赛事蓬勃发展

随着体育成为人们生活的一部分,广大爱好者们也日渐希望通过参加一些体育赛事来证明自己的喜爱,越来越多的群众性体育赛事出现在我们周边,如趣味运动会、定向比赛、亲子跑等,这些都极大地丰富了人们的休闲生活,满足了人们的体育需求。

2.代表城市的发展情况

目前,在我国各地,体育赛事产业的发展都取得了一定的成就,但是以北京、上海、广州为代表的一线城市,体育赛事的发展具有一定的代表性,下面来具体阐述一下。

（1）北京体育赛事产业的发展概况

早在 2007 年,北京市就专门出台了《促进体育产业发展的若干意见》;2015 年,北京市出台了《关于加快发展体育产业促进体育消费的实施意见》京政发[2015]36 号,这对于北京市体育产业发展能够进行相应的政策引导。

另外,北京市还设立每年五亿元的体育产业专项资金,用来扶持符合政府重点支持方向的体育产业项目、体育产品服务项目与企业,而体育赛事就是其中一个重要的扶持对象。

近些年来,北京市成功举办了一系列国际级的大型体育赛事,其中较为具有代表性的有世界斯诺克中国公开赛、中国网球公开赛、北京国际马拉松赛、NBA 季前赛、国际场地自行车邀请赛以及国际铁人三项联盟世界杯等。2015 年北京在鸟巢举办了国际田联锦标赛。此外,北京的职业体育俱乐部在最近几年也取得了非常好的成绩,北京首钢夺得 3 次 CBA 冠军。而在北京举办的各种商业性体育赛事和群众体育赛事更是不胜枚举,都极大地促进了休闲体育在北京的蓬勃发展。

(2)上海体育赛事产业的发展概况

上海是除了北京之外,我国又一大体育赛事中心城市,上海已经形成了F1中国大奖赛、上海ATP1000网球大师赛、国际田联钻石联赛、上海国际马拉松赛、汇丰和宝马高尔夫球世界锦标赛、世界斯诺克上海大师赛、崇明自行车赛、上海环球马术冠军赛、NBA国际系列赛、国际滑联"上海超级杯"等冰上赛事、国际体育舞蹈大奖赛总决赛和城市定向挑战赛等国际性赛事。此外,上海每年还举办130多场国家性体育赛事,已经形成了庞大的体育赛事群,为体育赛事产业的发展奠定了良好的基础。

上海体育场馆设施条件处于国际领先地位,拥有上海八万人体育场、上海体育馆、上海虹口体育场、上海源深体育中心、余山高尔夫球俱乐部、卢湾体育馆、上海国际赛车场等一大批具有承办国际赛事能力的体育场馆。另外,上海还有一批具有丰富赛事运作经验的公司及团队,如上海久事国际赛事管理有限公司、东亚体育文化发展有限公司、上海国际田径黄金大奖赛有限公司、英国先行公司等,这为上海体育赛事产业的发展奠定了良好的组织基础和人才基础。

上海的各区县体育局也纷纷打造"一区一品"的体育赛事项目,如金山区承办的世界沙排巡回赛上海金山公开赛,崇明县的环崇明岛男子、女子国际公路自行车赛,长宁区的体操健美国际大赛,静安区的国际剑联男女花剑世界杯赛,杨浦区的亚洲极限运动锦标赛,宝山区的国际篮球邀请赛,徐汇区的国际飞镖锦标赛,卢湾区的国际体育舞蹈公开赛等赛事,这些体育赛事共同组成了上海市一道亮丽的风景线。在今后的发展过程中,上海市提出了要成为"世界著名体育城市"的发展目标,必将成为我国乃至世界范围内举办重大体育赛事最多的城市之一。

(3)广州体育赛事产业的发展概况

广州是除了北京、上海之外的第三大体育赛事中心城市,它也是2010年亚运会的举办城市。

广州的体育氛围非常浓厚,体育人口数量非常庞大,消费能力也很强,这就为广州市体育赛事产业的发展奠定了坚实的群众基础与市场基础。广州曾经举办了美国NBA季前赛。2003年,广州成功举办了中国—巴西足球对抗赛。广州还相继成功拿到了世界摔跤锦标赛、世界乒乓球锦标赛、亚洲体操锦标赛、苏迪曼杯羽毛球混合团体锦标赛、亚洲男篮锦标赛、广州国际网球公开赛等一些国际大型赛事的主办权。通过多年的积累,广州已经探索出了一套商业办赛的运作模式与经验,这为广州赛事产业的发展奠定了很好的基础。2015 年,广州市举办了 200 多项各级体育赛事(活动),涉及足球、篮球、排球、网球、乒乓球、羽毛球等 30 多个体育项目,赛事内容丰富。其中,国际级体育赛事(活动)12 项,国家级体育赛事(活动)13 项。而提到广州的体育赛事,不得不提到的是广州恒大淘宝俱乐部,已经获得了中超六连冠的伟业,形成了一大批球迷群体,极大地丰富了广州球迷的业余生活。此外,广州的群众体育赛事非常发达,拥有一批规范化的赛事,极大地满足了广州市民的休闲体育需求。

(三)体育赛事产业的运营

体育赛事产业的运营需要做到以下几个方面。

1.创新运营理念

我国的体育赛事运营者应该积极学习发达国家的成功经验,采用"俱乐部"法人治理模式。体育赛事所有权与经营权相分离的运作方式,可以更好地激发体育赛事经营者的积极主动性,同时还可以进一步提高体育赛事运作的灵活性。应该依据我国的实际情况,对体育赛事的运作理念不断进行创新,探索适合我国国情的体育赛事运营模式。

2.改革运营体制

2014 年,国家体育总局引发了《关于推进体育赛事审批制度改革的若干意见》,放开了一些商业赛事和群众性赛事的审批权,极大地推进了我国体育赛事产业的发展,但是在实际运营过程中,还是会遇到一些难题,比如赛事安保问题,以及与其他政府部门的协调问题等,这些都需要不断改革赛事的运营体制,加强体育赛事的运营力度。

3.客观、科学地进行评估

体育赛事的运营者者在组织和运营体育赛事的时候,应该对大型体育赛事各方面的影响进行客观、准确的科学评估。要积极与政府各部门合作,如对于建设体育场馆,要科学地进行选址,避免场馆闲置的现象出现,在举办大型体育赛事时,要考虑到交通、住宿、餐饮等方面带来的影响,积极协调,并对体育赛事举办后的效果进行评价。

总之,休闲体育文化的产业化发展,需要建立在相关产业蓬勃发展的基础之上,才能为休闲体育文化的发展添砖加瓦,促进其繁荣发展。

第九章　校园体育文化分析与发展研究

校园体育文化是以校内学生为主体，以体育文化活动为主要内容，以校园为发展空间，以每个学校自己的独特精神为特征的一种群体文化。本章将深入研究校园体育文化并对其发展进行研究。

第一节　校园体育文化的理论研究

一、校园体育文化的内涵

校园体育文化是一种独特的文化现象，其内涵十分独特，并具有外延性。丰富的文化内涵决定了校园体育文化是一种内容广泛、样式繁多的文化形式。在校园体育文化中，既能看到严谨的科学方法，又能看到健全的组织结构，还存在着丰富的人文资源。

在我国校园中，同时存在着多元的文化，其中校园体育文化是校园文化的一部分。它体现出校园文化的特性，其价值核心和价值取向上同校园文化所具有的价值体系相通。学生在文化环境中得到知识，同样又可以创造出文化，校园文化所特有的精神氛围和物质环境产生出潜移默化的影响，在这影响下学生们对学校有认同感，化身为群体的一分子，在行为举止中参与校园文化的创造与传递。同学们对自己校园文化的认同感具体表现在学校开展的各项体育活动上。在每年的学校运动会上，参赛运动员积极地拼搏与进取，在竞技争夺中勇攀高峰的责任感和荣誉感就是对学校的认同感和归属感的一种表现。

校园体育文化体现出体育活动的特色与魅力，反映出当代青少年的体育精神和时代主题。体育文化中的主要内容是体育活动，以充满活力的青少年学生为主体的学校体育活动显示出年轻人的活力与色彩，这从每年各高校举行的各种体育赛事的场景中就可见一斑。同时，在科技飞速发展的今天，校园不再是一个闭塞的、严肃的空间，而是具备了包容性与开放性，开展多元化的活动,反映出时代的体育精神与主题。

校园体育文化的环境是充满了教育意义的。在强调竞技的同时,更要推崇广泛参与。校园体育活动的开展不仅仅是为了争夺名次,更要培养学生良好的健康意识和体育锻炼的习惯,使学生拥有健康的体魄,健全的人格,达到德智体全面发展。因此,学校在发展校园体育文化时要带动更多学生参与到体育活动中去,重视体育文化中的教育意义。

校园体育文化是校园文化和体育文化这两种文化体系交互作用而产生的体系,是一种具有深刻内涵和独立形态的亚文化。校园体育文化区别于其他的体育文化的特点是校园环境自身的特殊性,其是在学校里发生的一种文化,这是该文化最特殊的方面,校园体育文化滋润着每一位青少年学生,每一位教师,形成了一种独特的现象。

校园体育文化的价值对于校园内的师生来说,既能满足生理上的健康需求,又能满足心理上的精神需求,同时还满足了学校发展自身文化的需求。它既是一种健身娱乐的手段,又继承、发展和传播了社会文化。体育运动涵盖了文化研究中的人与自然、人与人、人的精神与物质关系这三个方面。校园体育文化在学校的特殊环境中逐渐产生并发扬光大,它既符合学校的发展需求,又具有自身的特征和功能。

二、校园体育文化的本质

校园体育文化的构成要素是体育物质文化和体育精神文化,它是校园文化的重要组成部分。校园体育文化通过一定的文化氛围、文化环境、文化活动的发展与支持,通过师生共同遵守的法规、行为以及学校制定的校规校纪等文化因素,对学生进行体育教育,从而全面促进学生的身心发展。校园体育文化是学校在一定的背景或特定的机遇下,并在长期建设中,为实现所制定的计划目标而形成的文化总和。学校把有利于学生成长的文化通过不同的方法和手段渗透于体育活动之中,从而达到积累、整合、提炼的目的。校园体育文化反映了学校广大师生的健身目标、健身理念以及健身行为准则。

校园体育文化的本质主要是通过师生体育价值观的培养实现的,在学校中一旦形成了某种校园精神,就促使更多的学生,乃至全校学生都具有体育文化构建的思想和行动,逐渐形成强大的体育氛围。学校在引导师生建立运动健康的观念后,学校要有宏观的计划去指导他们应该做什么、为何去做,要让参与者拥有该校特有的体育精神特质,打造学校特有的体育文化风尚。学校开展的校园体育活动不仅要有价值定向,也要有相应的价值观念,因为当人们的行为被认为具有某种合理性时,才会被广大师生所接受。

先进的校园体育精神可以升华校园的价值体系,作为学校发展的潜在力量,形成巨大的精神财富,推动每一届青少年形成奋勇拼搏、开拓创新、自立自强的优秀品质,在遇到坎坷与挫折时,给予人巨大的精神力量,会成为人们追求更高、更快、更强的力量源泉。校园体育文化的价值观念是在师生共同认可的情况下创立而来,具有无形的号召力。在校园体育精神的熏陶下,所有人体验并认识到共同的理想追求、价值观念、道德情操和行为规范,会使校内的学生和教师产生强烈的责任感、荣誉感和使命感。

三、校园体育文化的特征

校园体育文化是一种以社会文化为背景,来源于社会却又不同于社会文化的特殊文化。社会的变迁和发展对社会文化的演变和发展会产生巨大的影响,在有些校园中,校园体育文化在一定程度上反映了社会的风貌,也是社会文化的一个组成部分。校园体育文化在发展的过程中既受社会文化特征的制约,又有自身的独特表现。

(一)校园体育文化的外在表现特征

1.娱乐性与趣味性

校园中,教师们要备课、上课,学生要听课、学习,在每天反复的工作和学习中往往使人感到疲劳和压抑。参与体育活动就是让师生解除疲劳、愉悦身心的最佳方法,还能带来很多好处。校园体育文化在一定程度上具有体育运动的一些特点,它要求人们亲身参与运动,感受运动带来的乐趣,同时也要承受一定量的运动负荷,提高自己的体能。校园的生活环境相对封闭,体育活动以其娱乐性、趣味性和丰富的选择性,能够给大家带来娱乐,对调节人的身体和心理、增进人的健康有特殊的意义。

2.人文性

体育运动的直接表达就是身体上的活动,而身体语言是人交流形式中最古老的一种,它体现了人类的创造力,具有丰富的内涵。校园体育文化中,一些运动可以尽情发挥人的身体语言,让理性得以表达。在学校举办的体育竞赛、体育活动中,高水平参赛运动员的独特风采,能够让同学们情不自禁地受到某种情绪或思想的感染,在心灵深处逐渐树立起爱学校、爱集体的情感,从而产生凝聚力与向心力。

　　校园体育文化最突出的特点就是以身体活动为表现形式,身体活动在校园体育文化中能展示出人类区别于其他生物的特质,又显示出鲜明的人文精神。校园体育文化是人的自然属性、校园文化属性和体育文化属性三者共同交互而形成的文化。究其原因,是校园体育文化将人体最本能的身体活动引向人主动的寻求自身发展,从而引向校园文化、体育文化的文明进程,将身体活动纳入校园体育精神文化的领域,而且赋予校园体育文化永恒而持久的使命,使之成为横跨体育和校园的两大文化领域,促进人的发展,打造出独特的文化形态。

　　纵观校园体育文化发展道路,体育文化自始至终呈现出人文精神,蕴含着人文目标,昭示着人文价值理念。随着人类物质文明和精神需求的不断提高,人们逐渐有了保持身体健康的意识。体育文化作为文化领域的一部分,其人文本质、人文理性和人文精神通过其他形式更加明显地表示出来,校园体育文化的内涵就将更加丰富,最终在贴近大众文化生活、满足大众文化、尊重大众文化权利、反映大众文化的基础上,全面提高全校师生的人格。

　　3.创新性与开放性

　　形成校园体育文化的主体是学生,而学生基本都是青少年,处于青春年华。青少年生性天真烂漫,他们热衷于找点不同的东西去缓解严谨的学习生活,这种方式既能让自己有所收获,又能提高知识水平与运动技能。于是,能满足学生需求的校园体育活动恰恰受到他们的欢迎。课余体育文化为学生体育发挥自我才能和培养创新意识提供了非常好的条件,让一些学生有机会发展体育运动的特长和爱好,弥补了课堂内以分数论高低的局限性。体育运动还鼓励和要求不断创新,在不断创新中才能在体育上取得成就。

　　在体育运动中,人都要有一定的胸怀与抱负。运动员心中,要有一种信念在支撑着自己,那就是"努力拼搏、超越自我、勇攀高峰"。这种心理的暗示在激励着每一名有梦想的孩子战胜各种困难、不断进步、超越自我,实现自己的愿望与目标。创新是体育运动的文化特质,是校园体育文化构建中不可缺少的灵魂,也是体育教学与竞技体育中孜孜不倦的追求。

　　校园体育文化体现了时代和社会的特征。由于体育文化本身是十分灵活的,所以校园体育文化要建立一种开放的体系。它具有青年文化自身的特点,同时又不断地吸收和表现社会时尚的体育文化特征,反映社会体育科技、体育知识、体育艺术、体育产业等方面的最新动态。比起传统的文化课学习,校园体育文化更超前和更灵活,为学生全方面发展全面铺路。

　　定期开展体育交流活动,通过学校与学校、学校与社会之间广泛而有效的交流与合作,让学生提早接触到社会,能提高学生的人生经验,吸取社会文化中的养分。体育运动具有社会属性,可以培养学生的社会交往能力和社会适应能力。此外,学生积极参加各种课余体育活动,可以培养他们的活动组织能力,这对其今后走向社会参加工作十分有锻炼意义。学校定期开展体育活动和对外体育交流活动,能提高校园的体育文化水平,形成良好的体育氛围。

4.群体性与实践性

邓小平同志曾经在 20 世纪 80 年代提出"教育要面向现代化,面向世界,面向未来"。这为我国教育体制的改革和发展指明了方向。学校要培养德、智、体、美、劳全面发展的社会主义祖国的接班人,而校园体育文化活动作为校园不可缺少的一个重要组成部分,具有独特的传播意识形态和价值观念的功能。它的传播继承和变迁变异,都是在特定环境下由特定群体去实现,也形成了一个个相对独立的文化群体,它们是相对闭合的,从某种意义上来讲也是流动的组合群体。

学生在校园的学习与生活中,要尝试社会活动的模拟与演练,教委等领导部门也要求学校组织开展社会实践活动,用学到的理论去进行实践,培养人的社会生存能力和思维创造力。而学校的各项体育活动,如体育文化节、全校运动会、广播操比赛、体育趣味竞赛等,充分满足了学生的需求,在实践中锻炼了他们各项能力,比如赛事组织策划、节目编排、裁判执法,这些工作都能充分锻炼学生的组织和规划能力;体育征文、体育摄影活动能发挥学生的个人爱好;在体操类、武术类竞赛中能锻炼学生的力与美。这种学习与实践相结合的特点,能充分调动学生的主观能动性,为学生提供了良好的实践空间。

校园体育文化实践活动还可以大范围地培养学生的领导能力,促进更多管理型人才的涌现。学生的悟性比较强,具备很多未被开发的潜能,而校园体育文化活动的开展为有志培养领导能力的学生提供了实践的机会。在活动中学生的领导能力、管理能力与服务奉献、敬业乐群的品质得到了锻炼。事实证明,校园体育文化中的骨干人员走向社会以后,往往都能比其他人先能适应社会,发挥出高效的工作能力。

大学校园体育文化活动是在人与人、人与集体、集体与集体间互动协作下完成,学生在体育活动中必然会扮演某个角色,所以在这种活动中学生能给自己正确定位,客观认识自身能力,在活动中踏实做好本职工作,为活动成功举办尽职尽责。在体育活动过程中,大家同心协力、相互配合才能把活动顺利举办。师生之间可以自由地进行情感、运动技能等的交流。校园体育活动为师生提供了一个自由、平等、交流的舞台,锻炼了人际交往能力。

5.行为文化特征

校园体育的行为文化主要包括体育教学、体育工作组织和课外体育活动。

体育教学是校园体育行为文化的重要组成部分,它包括教学的指导思想、内容、方法、手段、组织形式等。体育教学能够传承学校的体育文化,能够让学生形成终身体育意识,让学生养成良好的健身习惯,掌握科学的健身方法,提高体育文化欣赏水平。

校园体育工作的组织系统是指体育行政机构和社团组织两个方面。体育工作行政机构是在学校校长领导下的体育教学部门与相关职能部门,负责全校整体的体育工作的部署与规划。社团组织一般是在学校的领导和支持下由学生自发形成的团体组织,在高校中十分常见,在有些中学中也能寻觅到,其中有许多与体育有紧密联系的社团,如健美操社团、羽毛球社团、棋牌社等等。

课外体育活动是校园体育文化开展的重要方面。长期举办丰富多彩的课外体育活动,如轻松有趣的体育游戏、体育知识讲座、体育项目竞赛、体育摄影展览等,都能够让学生培养兴趣、提高运动技能和形成终身体育意识。

6.物质文化特征

校园里的体育建筑设施、体育雕塑等本身就是一种文化现象,它集中体现了本校的历史风貌和时代脉络,反映了一个学校的文化内涵和底蕴。它是体育精神文化的载体,汇聚所有教育者对校园文化发展的期望,体现着人们的情操、意志、价值观念等文化需求,潜移默化地熏陶着每一代学子,体育建筑设施及各种器械是学生开展校园体育文化,进行体育锻炼必不可少的物质基础。

(二)校园体育文化的内在属性特征

除了外在表现,校园体育文化通过内部属性也可达到教育目的。它从认知、感知的角度进一步加深对学生的教育,具有一定的隐蔽性和主动性,在实践中不易被察觉。

校园体育文化的感化性包括环境氛围、舆论言论等,以潜移默化的方式影响人的行为,逐步形成稳定而持久的体育意识。针对学生群体的特性,用其独特的艺术形式对学生的行为品德加以熏陶,使学生在良好的文化氛围中具有分辨雅俗和真善美的能力;同时,让学生树立崇高的体育道德,规范自己的行为,在实践中不断优化和完善自己。

校园体育文化有着多种多样的方式与方法。体育活动方式的多样化,给予师生充分的自由度,使得学校广大师生可以选择自己适合、爱好的锻炼方式。同时,校园体育文化没有性别、年龄、身体条件、兴趣爱好的限制,所有人都可以找到适合自己的活动方式。这说明校园体育文化具有活动方式的多样化和参与者的普遍性特点。

1.导向性

学校是一种教育机构,而教育部门受到国家的领导,不可能脱离国家政治、经济环境的影响而高度自主,一个国家的社会政治因素与经济发展环境势必对校园体育文化的形成与发展产生影响。所以,鲜明的时代特征构成了校园体育文化的时代内涵特征。例如,北京成功举办了 2008 年奥运会;中国女排在 2016 年里约奥运会上夺得冠军;北京和张家口获得 2022 年冬奥会举办权等。每次重大体育事件的产生都对校园体育文化产生了巨大的影响,并在校园里被大家广泛议论。学生是校园体育文化的主体,而他们正处于青春年少的青少年时期,这一时期从来都有一颗追求社会潮流的心,尤其是高校大学生,更是社会时尚的青年引领者。

在 21 世纪的今天,健身越来越受到大家的重视,在学生群体,尤其是大学生群体中成为一种时尚。在课余时间,经常能发现去健身房的大学生。大学生在受到高等教育后,具有较高的意识水平,不仅能够接受传统的体育精神产品和物质产品,而且能够吸收体育文化的精髓,创造自身的体育文化。篮球、排球、足球、乒乓球、羽毛球、武术、健身操等作为课外健身活动受到学生的欢迎,新兴的体育项目如橄榄球、棒球等也在一些学校开始发展,并因为他们的独特魅力而普遍受到接纳。活跃在各个高校的体育项目丰富了学生的日常生活,为校园体育文化注入了生机和活力。

由于处于社会文化潮流的前沿,大学生对一些社会现象、社会潮流非常敏感,表现出格外的关注。校园体育文化跟随校园文化多方面发展,能迅速的发现、传播各种体育消息,及时地汇报体坛动态、传播体育科技发展水平,已经成为一个时代的晴雨表,有一定的先导性。学校正是因为有了校园体育文化的先导性,所以能根据社会发展的大趋势,确定体育教育发展的规模,设计校园体育设施的管理方式,为培养国家人才打好基础。学校有了校园体育文化的这种优势,就能正确利用现有的条件和特点,充分发挥体育对社会主义政治、经济以及其他各方面的重要作用。

在近代的中国,校园体育文化作为富国强兵的一种手段,被赋予了鲜明的政治使命。我国近代教育家徐一冰认为,"强国之道,首重教育,教育之本,体育为先"。把体育教育看成是国家富强的一种重要手段,这充分说明了当时中国校园体育文化具有政治色彩。新中国成立以后,百废待兴,特殊的国内形势和国际地位促使校园体育的目标是为国防和生产服务。此时的口号"锻炼身体,保卫祖国""锻炼身体,构建祖国"鲜明地印证了这一点。

随着改革开放的实施,在20世纪90年代,我国确立了社会主义市场经济体制,校园体育文化有了更好的发展道路,拥有更多的发展机遇,一些主流的体育项目纷纷进入各高校和中小学的体育课中,而民族传统体育通过各种形式也在逐渐传播与普及。全国亿万学生阳光体育运动在校园内广泛开展和《全民健身计划纲要》的发布则是21世纪以来国家对学生参与体育运动的全新要求,也是打造校园体育文化新蓝图的机会,从此校园体育文化进入了一个全新的局面。

2.隐蔽性与渐进性

校园体育文化本身具有隐蔽性。校园体育文化主要以不明确的内隐方式,通过学生无意识的、非特定的心理反应机制影响学生,能够绕开学生体育意识的障碍,使学生在不经意间领悟人生真谛,反思自我的得失,约束自己的行为。具有良好体育文化风气的校园,它所形成的体育氛围和集体舆论,体现了师生共同的体育价值观念、集体荣誉感,是一种无形的力量,对每一个成员产生支配作用,使生活在这个环境里的人不断调节自己的心理和行为,与整个气氛和舆论相协调,使校园的师生在不知不觉中受到熏陶。刚进入这个校园的学生,也会在不知不觉中接受其约束,以适应新的环境。

校园体育文化对学生的教育也是以一种滴水穿石的渐进方式来进行的。校园体育文化是由校园全体成员共同创造的精神力量、文化观念、生活方式。学生在体育活动中的渐进认识及主体情感体验,使体育自然产生了巨大的吸引力,吸引广大师生积极参与,形成一定的体育文化环境。

体育文化能弥漫到整个校园之中,它具有辐射和带动的作用。现代体育的价值观与道德风尚正在影响着校园体育文化,它的一些观念和思想促进校园体育文化的形成。比如现代体育倡导的团队协作、公平竞赛、永不放弃等精神和自由个性发展、终身体育意识,具有广泛的空间和持久的时间,这种特定的文化氛围是和学校的培养目标、校风校纪、生活方式等内容相联系的。

3.持久性与广泛性

我国实行九年义务教育制度,也就是说一个人从小学开始至少要上满

9年学,而之后还有高中、大学甚至硕士、博士……从时间维度上看,校园体育文化的影响贯穿了人生中的幼年、儿童、少年、青年等几个最为重要的时期,一个现代社会的人几乎直接面对将近20年之久的校园体育文化的熏陶,同时要形成终身体育的意识,在工作和退休时也不能放弃体育锻炼。从空间维度看,校园体育文化遍布世界各地,其覆盖面之广也是其他文化难以望其项背的。世界各国的校龄儿童、少年、青年几乎涵盖了地球上1/4到1/3的人口,校园体育文化能给人带来积极向上的活力,培养人乐观的精神,在全世界迅速传播,形成不同的文化区域或文化群体,从而表现出其在时间上的持久性与空间上的广泛性特点。

4.发展性

校园体育文化具有可持续发展性,这集中体现在体育的生态哲学上。体育生态学在校园体育文化的目标和任务是通过对生态哲学理论的研究,使广大师生树立起人与自然共生共荣的生态世界观及相应的合理的生活方式、符合道德的生产方式以及全美感的改造自然的方式。例如,2008年奥运会"绿色奥运"理念的提出,就把发展体育绿色艺术打造成校园体育文化的主要内容,大力发展反映和体现可持续发展本质要求的体育绿色艺术。具体的形式与要求是不断拓宽体育绿色艺术题材,宣传绿色价值理念,塑造绿色构建典型,杜绝绿色破坏现象。通过体育活动的形式,发展可持续的体育文化,倡导资源节约、能源清洁、废物资源化、农业生态化、食品绿色化,让师生掌握各种环保技能,最终实现自身生产方式的生态化、生活消费的文明化,加深师生对体育文化科学的哲学理解,重新实现体育文化的统一,确立体育文化的支点与归宿。

5.层次性

校园体育文化的内容可分为专业性的体育文化知识的传播、教育、研讨、练习、交流和一般性的体育文化知识的交流、传播和练习。按照参加体育活动的目的分类,有以提高耐力和速度为目的,有以增强力量为目的,有以提高柔韧性、协调能力为目的的各类体育活动,还有以锻炼和提高智力为目的的各类体育文化活动。按照活动形式来分类,有竞技性的各项体育比赛,也有体育课中的体育教学、体育训练,在校外还有体育健身和体育锻炼。校园体育中不同体育活动项目能够适应所有学生的不同需求。同时,校园体育文化具有深层次的结构和丰富的底蕴,这种深层次的结构和丰富的底蕴影响了每一代的青年。

6.休闲性

校园体育文化还具有休闲性的特点,因为它可以是以余暇体育的形式进行。余暇体育指人们在假日或闲暇时所进行的体育活动。在校园体育中,这种闲暇的体育活动有很多,比如中小学中下午的课外体育活动、学校定期开展的体育节和趣味性体育游戏比赛、春秋游玩、户外远足等。校园余暇体育不仅有能让学生自主选择的锻炼方式,还有机会能让学生学到锻炼身体的方法,在休闲性体育活动中有较大的自由度。现代学生已不再满足于跑步、足球、篮球了,网球、橄榄球、冰球、滑冰等一些新兴体育项目在学校和社会中已悄然兴起,尤其是冰雪项目,中国获得 2022 年冬奥会举办权后必然会出现冰雪热潮,滑冰、滑雪等项目必定会作为学生们茶余饭后消遣时光的最佳方式。显而易见,单靠每周 2 到 3 节的体育课是无法进一步增强学生体质的,而丰富多彩、形式多样的校园体育文化可以让学生根据自己的运动兴趣、身体状况选择适合的项目,更有利于《全民健身计划》在校园的实施。

(三)校园体育文化的社会属性特征

1.竞争性与共享性

竞争是体育运动的灵魂,也是校园体育文化的核心内容和精彩之处。没有竞争,人就不会有进步和提高。现代体育正处于不断地变革和发展之中,竞争性是这一时期的主要特征。校园体育也具有竞争性,也是学生学习公平竞争最好的课堂和演练场。激烈的竞争可以培养学生形成竞争意识,遵循"公平公正,力争上游"的原则,锻炼学生的心智,增强他们参与竞争的意识和取得胜利的信心。

在激烈竞争的同时,校园体育文化又具有资源共享性。21 世纪是一个高科技和信息化的时代,网络世界具有丰富的表现力、强大的交互性和共享性、宽广的知识传播渠道、知识传播的同化性等特点,已经成为人们日常生活中不可或缺的一部分。信息传播方式的变革必将在很大程度上改变校园体育文化的格局,借助于网络技术,全球各地的人群都可以轻松、及时地获得各种体育信息,从而为校园体育文化的共享拓宽道路。校园是信息迅速传播发展的主战场,在科技潮流发展中处于领先地位。

2.传承性

校园体育文化随着我国学校的发展而推进。在 19 世纪,祖国受到欧洲列强入侵,中国学校体育的发展始终受到来自西方体育文化的影响,如日本的军国民体育思想、美国的自然主义体育思想。新中国成立后,苏联的体育教学理论成为中国教育的主流,到 20 世纪 70 年代末,中国学校体育才进行了改革。

中国校园文化的传承性,无论是它的内容还是它所涵盖的思想,都体现了时代的鲜明特性。从近代西方体育文化的涌入,到 1919 年五四运动与中国近代教育文化以及马克思主义文化的交融,甚至从 20 世纪 80 年代改革开放以后的当代体育文化的方方面面,都可以看到校园体育文化的传承性,就校园体育文化发展的大环境而言,中国传统体育文化仍是强大的内源因素。

我国传统体育文化强调"身心并完""天人合一"。随着人类对自然的进一步认识,人与自然的和谐统一成为校园体育文化不可缺少的一部分内容。校园体育文化吸取了古代时期道家推崇的"天人合一"的养生思想,把人在生物、心理和社会层面上的发展统一起来,把人类发展与社会发展统一起来,建立起人与自然共生的体育文化环境。

3.民族性

民族传统体育是中国体育文化发展中重要的形式与内容,各民族创造了源远流长的民族文化,形成了多种民族体育形式,如汉族的武术,蒙古族的摔跤、射箭,朝鲜族的荡秋千、跳板,回族的扔石锁、拔河,苗族的划龙舟等。随着学校体育文化的逐渐形成,各民族传统体育项目在各自特殊的地域以及受众基础上,使校园体育文化得到了广泛的传播和发展。体育文化的传播并不强调体育教学的一致性,而是强调发扬民族传统体育的同时,把一些有特色、有意义的传统体育项目作为传播民族体育文化的核心内容,多层面、多角度地构筑传播民族体育文化的平台。

4.教育性

学校开展的所有活动的目标都是为了培养人才。校园体育文化是学校教育活动的重要组成部分,肩负着重任。校园体育文化首先要教会学生如何去做人,然后才是培养学生的身体素质、增进学生的身心健康等方面的教育。在体育锻炼中可以让学生树立崇高的理想、磨练坚韧顽强的意志品质、形成拼搏进取的精神,在道德品质、思维和创造能力等方面也有显著的作用。例如,大学生在观看、欣赏、参与体育活动的过程中所表现出来的强烈情感,本身就蕴含着一种特有的教育性特点,是其他文化所感受不到的。因此,校园体育文化无疑是极好的爱国主义、集体主义和社会主义教育,它在社会主义精神文明构建中起着重要的作用。

(四)校园体育文化的多元化特征

1. 多元性

校园体育文化与主流文化能够快速而高效地融合。20 世纪 80 年代后,主流文化一方面经过解放思想与改革创新,适应了计划经济转向市场经济的背景和趋势,从而促进和保障了体育文化的传承与繁荣。另一方面,它确保了官方意识形态的统一性、主要性与时效性,通过各种经济、行政、立法等手段可以看到,体育文化与主流文化是能够协同发展的。如何在校园体育文化的通俗化、多元化、平民化与主流文化的思想、统一、国家取向之间保持必要的联系与平衡,是校园体育文化的重要内容和目标。

从体育目标实现的指导思想上来看,现存"身心双健"的一元论和"重身轻心""重心轻身"的二元论两种对立观念。由于在体育实践中对身心关系理解的差异,一方面出现了在体育文化构建中过度追求道德性法则,损坏了体育文化的行事准则;另一方面过分地注重身体各形态指标的完成,背离了既要健身又要健心的原则。近年来,校园体育文化中有些因素受市场经济的影响,表现出内容通俗、无深度感,在外在表现上过度娱乐化;在审美层面上,校园体育文化出现了教条化、程序化、毫无个性,在校园体育文化构建上要考虑理想与现实,实现雅俗共赏,相辅相成。

2. 双重性

双重性的特性指的是校园文化和体育文化的融合,是一种横跨这两种文化的亚文化。当代教育文化与体育文化的分支和独立并没有使它们放弃历史遗留下来的这块两种文化并存的领地。当代校园体育文化通过对教育和体育的重组,在构建自身、完善自身的同时,映射出教育文化与体育文化的完美结合。因此,校园体育文化就如同一座桥梁,连接了教育文化与体育文化,充分闪耀了人类教育文化与体育文化的智慧之光。校园体育文化多以间接、隐蔽的方式展现,通过无意的、非限定性的心理反应机制影响学生。学生在体育文化环境中学习生活,体育以文化的形式散发信息,学生在主观或客观的意识中耳濡目染,就会在不知不觉中接受其感染、暗示,或进行尝试,内化成自身素质,实现着文化的心理沉淀,即校园体育文化的显性与隐性的融合。

3. 全面性

校园体育文化具有全面性。校园体育文化所营造的独特氛围可以令学生愉快地、自主地从事体育锻炼,全面发展学生的个性,培养他们独立自主、思维创新等方面的能力,在运动中收获满足,具体表现在与同学合作中感受到集体感、在运动过程中体验到刺激感、在完成心中目标所拥有的成就感。在体育运动中还可以使学生拥有感受美、欣赏美、创造美的能力,打造健全的人格,培养审美观与美的追求,全身心接受美的陶冶。因此,体育教育不仅仅是一方面的教育,而是具有综合性、全面性的特征。此外,校园体育文化既具有表层丰富的内容、多种多样的形式,又具有深层的结构和丰富的底蕴。这种深层的底蕴难以言表,但往往能使生活在这个体育文化氛围中的不同学生受到其影响。另一方面,校园体育文化本身具有不同的层次,能够适应不同层次的大学生的需求。

从组织的理论去研究,学校内部的多种组织层次分明,组织单位相对集中的特点,给校园体育文化带来了新特征。以高校为例,院、系、专业、班级、宿舍是相对独立的集体,群体相对固定,有明确的实际对象。因此,院、系、专业、班级、宿舍体育文化层次的形成也是顺应学生需求的,校园体育文化环境就是由这样一个个体育文化层从小到大一步步发展形成的。

校园体育文化具有多种文化交相辉映的特点。校园体育文化作为一种独特的文化形式,受到校园文化的制约,既反映某种体育文化的共性,又反映体育活动的特殊性。校园体育文化是以学生为主体,以体育课、课外体育活动、运动竞赛等为主要内容,以校园为主要空间,以校园精神为主要特征的一种群体文化。

四、校园体育文化的内容

根据校园体育文化的结构层次分析,可以将校园体育文化的所有内容归结为以下几种。

(1)体育活动类。包括体育课程、课外体育活动、校园体育俱乐部、体育兴趣小组、体育项目比赛、校运动会、体育文化节、体育校队训练等。

(2)艺术类。包括举办体育征文、体育摄影、体育服装设计、体育舞蹈表演,各类健美操、舞蹈等表演。

(3)娱乐类。体育杂志报刊阅览、体育赛事观看与欣赏、休闲类体育、体育知识竞赛等。

(4)体育环境类。包括校园体育景点、体育设施设备,体育场馆、健身宣传栏、校区健身场所。

(5)其他类。包括体育讲座、体育比赛的策划与场馆布置、组织春游秋游、户外远足、参观展览等。

由此可见，校园体育文化有多种展现形式，有众多活动内容，比如课间操、冬季长跑、体育课、课外集体活动、高水平运动队的训练、运动竞赛、体育竞赛、富有特色的体育讲座和报告会、体育技能表演、体育俱乐部校园交流活动、学校体育文化节等。其中，校园文化节和体育俱乐部作为新兴校园体育文化活动，在近年来发展速度很快，受到学生的厚爱。

五、校园体育文化的结构

校园体育文化不仅包括体育设施、体育活动、体育竞技等具体的内容和形式，还包括体育风尚、道德观念、运动精神等无形的深层内容。校园体育文化的结构可分为三个层面，即表层文化、中层文化、深层文化。

（一）表层文化

表层文化是首层结构，主要是一些能直观看出的形成了独有的校园文化景观的物质文化，具体表现为体育运动、体育设施等可以直接感触的东西。物质是体育文化的基础，也是客观保障，它包括体育场馆、体育器材、体育教材和体育教师等等。此类物质基础是校园体育文化构建的硬件。

（二）中层文化

中层文化是第二层结构，主要表现为制度文化，是学校体育的综合形态，是物质与精神之间的层面。制度与方法既是校园体育的组织形式，也是校园体育的意识体现，它涵盖了体育教学、科研活动、课外体育活动、运动队管理、业余体育竞赛、体育协会视察、体育知识普及和体育交流等全方位制度、方法的确立。制度文化体系包括组织、政策、体制、规则等内容。制度文化介于物质文化和精神文化之间，是校园体育文化构建的保障。

（三）深层文化

深层文化是第三层结构，属于抽象的精神文化，在层次结构中位于主导地位。校园体育精神文化就是校园体育的健康观念和价值观念，决定了校园体育文化的目标，是校园体育文化的本质与核心。校园体育文化的精神文化体系包括价值观、审美观、娱乐观、思维方式、意识形态、体育心理等，如对身体、余暇、娱乐的态度，对校园体育象征意义的理解等。这是校园体育文化构建的软件。

校园体育文化的结构如图9-1所示。

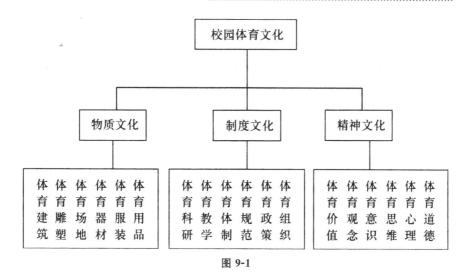

图 9-1

第二节　我国校园体育文化的发展现状

一、校园体育文化发展历程

（一）近代校园体育文化的开端

中国校园体育文化开创于 19 世纪 40 年代的鸦片战争后。伴随着国门被迫打开,洋务运动兴起,"西学为体,中学为用"成为思想主导,西方的体育模式也逐渐被引进中国的学校和军事学堂中。这一时期,校园体育的目标和内容有着浓厚的军国民体育思想色彩,处于近代的清政府试图通过发展体育活动达到强兵的目的,校园体育的内容主要是军事体操与军事技能,如木棒、刺棍等项目;在一些教会学校和基督教青年会也开展了体育活动,内容涉及球类、田径等竞技运动项目,并定期举办各类项目的竞赛。部分基督教青年会还组织人员到各个学校传授体育项目的理论知识和练习方法,这些都促进了中国校园体育文化的萌芽。

1898 年戊戌变法,百日维新虽然以失败结束,但促进了近代体育思想的形成。如严复的"通过体育强健身体"、康有为的"德智体二育并重,体育为学校的教育内容"等体育思想都极大地影响了学校教育者,对校园体育的形成与发展起到了很大的推动作用。1903 年,清政府颁布了《奏定学堂章程》，标志着我国近代新教育制度的建立，从此确定了近代校园体育的地位。

1905 年，科举制度废除。全国各级学堂中开始开设体操课，主要传授西式体操。校级、省市级和全国性学生体育比赛也发展开来，并开始创建了体育教师资培养体系。这个时期，我国受到了列强入侵，逐渐沦为半殖民地半封建社会，由于国人强烈的救国之心以及"求富"和"强兵"的治国之道，校园体育作为体现这一情结的重要手段便应运而生，这也就能解释为什么此时的体育活动具有政治色彩了。

可以说，近代校园体育的产生是历史的必然。该时期校园体育的最大特点是校园体育指导思想和具体内容都有综合性和混合性。受当时思想浪潮所影响，既有西方体育的表现形式，但也具有民族主义色彩。这一时期对于中国校园体育最大的贡献在于有了真正意义上的"校园体育"，为我国校园体育的发展奠定了基础。

（二）辛亥革命后的校园体育文化

辛亥革命成功后，孙中山先生在南京成立了中华民国临时政府，设置了教育部。此时，中华民国颁布了新学制，被称为"壬子癸丑学制"，将"学堂"更名为"学校"。1912 年 10 月，中华民国教育部颁布了各级学校令，其中包括了对体操课的有关规定，这是我国最早的校园体育法规文件。此时的校园体育继续沿袭清末的体操课，并正式将军国民体育列为学校教育的宗旨，兵式体操和军事技能训练成为校园体育的主要内容，"军国民体育思想"一度达到高潮。

1919 年爆发了"五四运动"，这促进了教育体制的改革。国民政府提出了改革校园体育的方案，强调身心协调发展，并且提出了具体实施校园体育的办法及校园体育内容的改革意见等。1922 年，又公布了《学校系统改革令》即"壬戌学制"，"体操课"正式改名为"体育课"。其目标、内容、形式等深受美国"自然体育思想"的影响，这个改革方案的提出是中国体育历史的一个转变，标志着"军国民体育思想"的逐渐结束。

在这个时期，校园体育文化具有两个特征。一是体育师资培养达到高潮，二是校园体育有了进步思想的提出。蔡元培、徐一冰、陈独秀、恽代英、杨贤江、杨昌济等一大批教育家从不同角度思考体育文化，并进行了深入探讨。一批教育家的思想涉及了校园体育的本质，涵盖了校园体育的价值、目标、功能，校园体育与德育和智育及健康的关系，校园体育的方法以及身体发展与心理发展的关系等重要理论问题，近代教育家所做出的努力不仅促进了当时的体育文化发展，对现代校园体育的发展也产生了非常重要的影响。这段时期，在辛亥革命的重大历史背景下，"军国民体育思想"的发展虽经历了高峰,但持续时间很短,马上被"自然体育思想"所取代。伴随着校园体育文化中的重大思想变革,中国体育在针对校园体育目标、校园体育内容以及形式与方法等方面也发生了质的改变,这种改变在表面上看仅仅是"体操课"被"体育课"取代,实质上却经历了校园体育文化价值观的改变。

(三)国民党统治时期的校园体育文化

在国民党统治时期,国民党政府在教育部设立了"教育部体育委员会",在各省、市的教育厅、局设立了"体育督学"或"体育股"等机构,并配备了相应的管理人员,加强了对校园体育的管理。1931年,国民党教育部颁布了《国民体育法》,规定了高中与高中以上必修体育;1932年,颁布了《国民体育实施方案》,对体育课的目标与具体措施进行了详细说明;1931—1936年,国民党颁布了一系列的教育法规,如《体育课程标准》等,对各级学校体育的上课课时、早操、课外运动、体育锻炼目标、体育教材的具体内容、体育场地器材设备的配备等都作了比较详细的规定,体育课和体育运动竞赛成为校园体育的主要内容。在校园体育的管理上也有了简单的要求,具备了现代校园体育管理的雏形。

这一时期,我国的校园体育思想出现了一次很大的学术争论,这也是近代以来校园体育史上第一次的学术争论,如"自然体育思想""体育军事化的思想""固有体育思想""体育军事化"与"体育教育化"之争、"土体育"与"洋体育"之争等等,这些争论初步形成了体育思想多元化的格局。

校园体育的最大特点直接表现在两方面。第一就是建立起校园体育管理制度,特别是围绕着体育课程标准的法规和文件的制定与颁布,对校园体育课的构建有了巨大的引导。第二就是尽管该时期"自然体育思想"占主导地位,但校园体育思想的多元化格局已初步形成,校园体育在内容上有很大变化,而且不同学术观点的争论也带来了校园体育理论研究的繁荣。

(四)新中国成立后的校园体育文化

中华人民共和国正式成立,标志着我国历史发展焕然一新。新中国成立伊始,校园文化在蓬勃发展的同时在一定程度上受到了"左"倾错误路线的影响。"文革"时期,"知识青年上山下乡"造成了教育领域发展得十分缓慢。我国校园体育文化的发展充满了曲折和艰辛,大约经历了如下六个发展阶段。

1. 第一阶段(1949—1957年)

新中国成立初期,校园体育还处于初创阶段。这一阶段建立了校园体育的管理体制,并制定了一些相应的管理条例和规定。如1959年全国范围内开始统一实行《体育课程教学大纲》,国家体委颁布了《准备劳动与保卫祖国体育制度》,并开始在各级各类学校中推行。此外还建立了体育人才培养体制,全国先后成立了 8 所体育学院和 11 所体育学校,并有 38 所高等师范院校设立了体育系、科,培养了大量体育师资。这一时期我国的校园体育受到了苏联发展的影响,高校体育主要是为了政治、生产、国防的建设,但是在一定意义上填补了我国成立初期校园体育的某些空白,为校园体育的进一步发展打下了基础。

2. 第二阶段(1958—1965 年)

这一时期为过渡阶段。1958 年中苏出现矛盾,国内国际形势也发生了很大变化,我国校园文化发展遵循着历史传统校园文化构建的轨迹,摒弃一切外国模式,坚持"独立自主、自力更生"的原则,完全摒弃外国的任何文化。

在"大跃进"的不利影响下,这一时期的校园体育也受到了"左"倾思潮的影响,再加上国内受到经济自然灾害的影响,学生体质普遍下降。但在党中央"调整、巩固、充实、提高"的方针指导下,校园体育的发展又步入了正轨。这一时期校园体育在指导思想、体育课程构建、师资队伍构建等方面都有了很大的发展。

3. 第三阶段(1966—1976 年)

这一阶段为畸形发展阶段。从 1966 年开始的"文化大革命"殃及到了全国的所有行业,我国教育事业的发展自然受到了严重冲击。此时教育事业发展不仅陷入停滞,甚至出现一定程度的倒退。我国大学经历了 3 年不招生的窘境,所有校园文化被废除和停止。

本阶段校园体育的发展一方面整体上遭到了极为严重的破坏,另一方面,相对于学校教育的其他方面,体育课和课余体育训练却受到了一定的重视。这种现象客观上反映了当时校园体育作为政治和军事斗争的一种工具,所谓的"军国民体育"在此阶段又重新登上台面,体育课在"文革"时期一度被称为"军体课",校园体育文化被红卫兵们当成了无用之物抛弃在历史中。

4. 第四阶段(1977—1992 年)

改革开放后,各个校园吹起转型发展之风。这一阶段是我国校园体育文化发展的新时期。尤其是 20 世纪 80 年代以后,我国校园体育教育开始朝着制度化和科学化的方向稳步迈进。《体育法》的颁布,将学校体育教育纳入法律范畴,开创了校园体育发展的新纪元。校园体育文化构建的指导思想发生了从"左"倾思想中摆脱出来的转变,校园体育理论研究、设施、场地以及师资队伍构建等方面在此阶段取得了很大的成就。从这一阶段开始,中国逐步缩小了与西方发达国家在校园体育文化方面的差距。

5.第五阶段(1993—2000 年)

这一阶段为新发展阶段。在中共十四大会议明确提出构建社会主义市场经济的方针,以及中央"科教兴国"的战略指导下,我国校园体制改革的力度与前进的步伐进一步加大加快。1999 年 6 月 13 日,中央出台了《中共中央、国务院关于深化教育改革,全面推进素质教育的决定》,提出通过多种形式大力发展高等教育,以提高学生的综合素质为目标,培养构建社会主义市场经济的新型人才的构建目标。政府对学校发展的拨款逐年增加,高校招生规模不断扩大,学校的健身更加社会化、产业化。

随着国家的支持,校园体育文化出现了一些新的特征。首先,人的需求与物质匹配不上的矛盾进一步突出。长期以来,大学的体育场地资源是相对的,但大学扩大招生规模,导致学生人数的急剧增加,就肯定满足不了所有人的运动需求,使大学的体育教师、体育场地和器材的供求矛盾更加突出。其次,部分学校校园体育文化构建的指导思想比较混乱,各地校园体育文化的发展存在着明显的差异。特别是近几年来,随着各地区经济和社会发展差距的加大,这种差异表现得越来越明显。最后,校园体育文化缺乏有效的组织与运行模式,无法调动大学生的体育动机,使素质教育的目标基本很难落实。

6.第六阶段(2000 年至今)

新世纪来临之际,我国校园体育文化逐渐步入繁荣稳定的阶段。当人类从千禧年跨入 21 世纪,相关教育者更加认识到体育在政治、经济、文化等方面的重要作用。在 21 世纪后,中国举办了一系列的世界性重大体育赛事,中国体育运动健儿捷报频传,极大地鼓舞了全国各族人民,也使校园体育文化进入繁荣稳定的发展阶段。2008 年北京奥运会的成功举办不仅让体育运动的魅力扩散到整个国家,还让中国向全世界展示自己的风采。体育文化对传承民族精神、弘扬爱国情怀起到了举足轻重的作用。

在校园体育文化发展中,以高校为例,大学的校园体育文化构建开始进入实质性创新阶段,并在实际行动中落实。大学的校园体育文化发展由各个院校共同参与,形式丰富多彩、规模较大、层次鲜明、参与人数众多。社会上的一些企业开始支持各大院校举办各种体育赛事,给予充分的赞助与支持,各种学生球类联赛应运而生,各大新闻媒体纷纷报道与关注,都为校园体育文化的发展注入新的活力。

新世纪教育发展全面加速,校园体育文化进入了快速发展阶段。《全国亿万青少年学生阳光体育运动》的全面启动给校园体育文化的发展注入了新的活力和动力。在社会上大家越来越重视和关心校园体育文化的构建与发展,校园体育文化也将在强身健体、娱乐休闲、增进学生身心健康、改善自身缺点、提高学生从事体育活动的积极性以及培养学生的竞争意识、增强团队协作意识、加强人际交往能力、培养学生的良好品质方面发挥重要作用。《全民健身计划纲要》的发布,提倡每个中国人"每天锻炼一小时,健康工作五十年,幸福生活一辈子",使校园体育文化走向和谐与科学发展之路,呈现出繁荣稳定的局面,也必将拥有着美好的明天。

二、校园体育文化发展的新趋势

20 世纪 90 年代以来,伴随着社会主义市场经济体制改革的不断深入与发展,在经济体制转轨的过程中,大学内部管理和外部体制环境改革正如火如荼地进行,这既为大学切实加强校园体育文化建设创造了良好的局面,也提出了一系列亟待解决的崭新课题。以大学为例,大学校园体育文化在变革、创新的过程中,正在呈现出一些崭新的发展,概括起来,有以下几个方面。

(一)由精英型向大众型转变

中国的高等教育自 20 世纪 90 年代末以来,告别了"精英教育",迈向了"大众化教育"的时代。相关文献调查报告指出,高等教育如今不再是一种奢侈品,而是生存的必需品。当下我国经济发展越来越快,体育社会化程度不断加深,所以中国的大学校园体育文化呈现出由精英型向大众型转变的态势。

(二)由平面型向立体型转变

当今这个时代科技信息不断更新发展,人民的物质生活水平有了天翻地覆的变化。大学校园体育文化在有效反映社会发展上必须满足大众生活质量提高的要求,通过一系列的体育文化活动,进一步充实和完善其内涵。在传播体育文化知识、体育生活理念的过程中,全面培养大学生的审美能力、思维活动能力,使大学校园体育文化的建构由"健身教育、娱乐激励"的平面型向"传播、审美、创新"三位一体的立体型转变。

(三)由相对封闭型向相对开放型转变

自改革开放以来,我国逐渐进行了经济体制改革,大学校园逐渐拆去了

"围墙",加强了对外开放,走出国门。我国加入WTO后,各种文化的交流逐渐频繁起来,包括体育文化的交流日趋频繁,文化的碰撞日趋激烈。这时大学体育环境开始由相对封闭走向相对开放,由单一发展转变为丰富多彩。

(四)由单一型向多元型、特色型转变

在过去相当长的一段时间内,高校采取的是高度集中的集约式管理体制,大学校园体育文化强调所有人的统一性而压抑了学生的个性,导致大家都一个模样,没有特色。随着社会的变迁,各高校发展更加多元化,受到了国内外其他教育文化、体育文化的渗透,大学对各种体育文化表现出了精彩纷呈的发展。体育文化、校园文化之间的碰撞、渗透、整合,必将对传统发展院校的体育文化以强有力的冲击,很多高校开始重视校园体育文化的传统继承和特色创新,可以说大学校园体育文化开始呈现出多元共生的特色。

(五)由自我型向社会型转变

大学校园体育文化自我型的表现是指在社会文化环境里,大学以自我为中心,片面强调体育在大学自身发展中的地位和作用,过分关注自我价值。在社会主义市场经济体制下,大学的发展必须围绕着社会责任担当,以服务社会为目标,树立使命感。事实证明,在社会主义市场经济体制由建立并逐步完善的过程中,大学校园体育文化迅速社会化的趋势越来越明显。近些年来,中国竞技体育实力的增强,体育逐渐在社会推广和普及,大众体育需求的增加,大学校园体育文化已经进入由自我型向社会型转变的轨道,并以崭新的姿态不断丰富和完善新时期的大学校园体育文化的内涵。

第三节 校园体育文化体系的科学构建

一、校园体育文化构建的意义

(一)加快全民健身计划实施

1.落实《全民健身计划纲要》

校园体育文化是《全民健身计划纲要》发展和落实的重要方面。《全民健身计划纲要》指出:"全民健身计划以全国人民为实施对象,以青少年和儿

童为重点。"在校学生基本都是青少年,他们正值青春,是祖国社会主义构建的未来与希望。青少年的体质水平是一个民族素质水平的象征和标志,学生时代是人体成长发育的最重要时期,体育锻炼是促进身体正常发育的重要因素。而校园体育文化就是以校园为活动空间、教师作为引导者、以学生为主体而展开的众多体育活动,使学生拥有健康的体魄,能擅长某一种体育运动,为整个人生以后的发展打好身体基础,养成终身体育的意识。

2.为全民健身服务

学生在学校时受到校园体育文化的熏陶,不仅学会了某些体育项目的基础技能,而且形成了正确的体育观、人生观、世界观。当他们走向社会,就会继续保持这种良好的价值观,有些学生很可能走向体育事业之路,有的学生变为传授者,继续传播正确的体育运动技术、体育观、体育道德等。另外,学校体育设施相对完善、体育锻炼氛围浓厚也为全民健身提供了有利的条件。

(二)完善校园文化

1.帮助学校管理构建

校园体育文化是立足于校园的一种特定的体育文化氛围。这种特定的文化氛围与学校的发展目标、校风校纪、精神面貌是相互联系的,因为体育运动具有开拓精神、顽强拼搏精神、集体主义精神、公平竞争精神等,这些精神就可以作为校纪、法规都无法代替的学校管理手段。它的不可替代性表现在它的独特性,传统的管理手段是通过有关规定进行警告或处罚,而校园体育文化是一种自我约束管理,在竞赛或平时体育活动的过程中,所有人都要努力追求集体主义精神和公平竞争原则,对个人行为进行自我约束,顾全大局,服从教师的管理与监督。

2.提高校园文化的凝聚力

受到我国传统观念的影响,师生之间、教师之间、不同年级之间、不同的专业之间在一定程度上有可能出现隔阂与猜疑,使得校园中的每一个单位相对独立,缩小了人际交往圈。这种相对独立的文化就像是一盘散沙,不利于形成集体凝聚力。

丰富的体育活动可以增强班级、年级间的凝聚力,充分融洽师生间的人际关系,增进学生间、师生间的相互了解,通过沟通拉近双方的距离。例如,学校举办运动会或体育竞赛时,参赛运动员听从引导老师的指挥、尊重裁判判罚,为了胜利而拼搏奋进。而场下的观众和啦啦队为运动员呐喊、助威,他们的呼喊与表演为场上拼搏的运动员带来力量,场上、场下形成一种有效的互动,增强了学生之间和师生之间的情感。

(三)提高学生的综合能力

1.交际能力

校园体育活动举办的竞赛一般都是集体项目,比如三大球、跳长绳等。这些体育活动可以把此前并不熟悉的学生组织在一起,通过体育活动使大家彼此沟通,可以让人变得更加积极乐观,对于培养好的心理与情绪大有裨益。另外,体育运动本身就是一种语言,运动员的一个小小的动作就能直接表达出自身情感。比如,足球比赛中赛前双方队长握手示意并交换队旗就代表的是友谊的开始;比赛过程中,双方身体冲撞倒地后将对方扶起来,就是友谊的延续;赛后相互拥抱并交换球衣就是友谊的保留,也是双方之间的尊重。从比赛开始到结束,一些简单的行为就可以升华双方的友谊,这是体育带给人们的另一种交际方式。

2.竞争意识

现代市场经济中充满了竞争,符合优胜劣汰、适者生存的法则。竞争成为当今社会固有的属性,是社会发展的总方向。在体育中的竞争可以鼓励学生力争上游,让运动员对得起自己付出的汗水,通过竞争战胜对手、夺取名次。所有体育运动都有自己的比赛规则,学生通过理论知识学习和赛事赏析,在公平竞赛的原则下进行技术、心理、战术的较量,在激烈的比赛中逐渐体会到竞争的刺激性和残酷性,提高自身的竞争意识,这种竞争的意识能让学生适应社会上的竞争。

3.开拓创新能力

体育运动一直在践行着那句经典的奥运格言,即"更快、更高、更强"。学生作为校园体育文化的主体,在技战术水平、比赛内容上不能满足于当下,要定下更高的标准,追逐更强的力量,在每一次的训练和比赛中不断地挑战自己的身体极限,挖掘心能与智能,不断地获取体育知识,在技战术和比赛内容上发挥创造力,不断超越自我,取得更大的成就。另外,开拓创新也是在发展个性。为了进一步发展学生的运动能力、提高学生的运动水平,为了学校的体育活动更具娱乐性、健康性,学校应该由体育教师制定各种训练计划、组织比赛、开展体育专题讨论等,要对学生的开拓能力与创新能力进行指导工作。

4.团体协作能力

体育项目的训练与竞赛,除了发挥个人技术之外,更加注重集体的配合,只有集体配合默契,在比赛中才会打出好的技战术配合,更有竞争力,更有观赏性。所以学生在参加团体比赛中首先要顾全大局,信任队友,集体配合,提高个人的团体协作能力,之后再考虑个人发挥与表现。

5.自律能力

学校的任何体育比赛首先要制定章程,包括比赛规则、纪律条例等。在比赛中,参赛运动员如果违反了相关条例,轻者会被警告、处罚,严重者还会被取消比赛资格。因此,学生在参加活动时就必须要规范自身的动作行为,遵守比赛规则和校规校纪。渐渐地这种刻意的约束变成了一种自我约束的习惯,成为一种自律能力,为学生将来做一个遵纪守法的公民树立了良好的风气。

二、校园体育文化构建的基本原则

(一)以人为本

校园体育文化构建应该以素质教育为基础,培养德、智、体全面发展的综合性人才,让学生在学校得到充分锻炼,对体育观念、体育精神、体育价值、体育道德有着正确的认识,并把公平、公正、公开的体育原则,更高、更快、更强的体育精神融入平时的生活和学习当中。同时,作为一个社会体育的传播者,学生更应该不断强化自身的体育组织能力,以便于为社会全民体育健身服务。因此,校园体育文化构建首先树立学生的主体地位,学校组织的体育活动要以学生为核心。体育工作者要充分了解学生到底想要什么样的体育活动,想要学校营造出什么样的体育文化氛围,这是做好体育文化体系构建的首要原则。没有树立学生在校园体育文化构建的主体地位,也就脱离了教育的初衷,所有行为都是无用功,没有实际作用的文化形式是毫无生存价值的。

(二)与时俱进

文化是时代的产物,反映出时代的特征,顺应时代发展而变化,所以校园体育文化无论是形式上还是内容上都应该与社会同步发展。随着社会经济的发展,社会在进步,经济实力的提升和高科技产业的进一步发展给我们的生活带来翻天覆地的变化,人们对体育的要求也不断地改变。

比如,20 世纪 80 年代中国女排 5 连冠带来了排球热,到 90 年代中国足球职业化改革兴起了足球热,而到了 21 世纪,北京奥运会之后发布的全民健身日的活动又掀起全民健身的热潮,北京申冬奥成功又开启了冰雪项目的热潮。以前人们的生活需求比较低,能吃饱、有房子住、有衣服穿就可以了,而现在随着人民生活水平不断提高,大家逐渐有了健康的意识,意识到仅仅解决温饱并不是真正的幸福,身体和精神上都有收获才算得上真正的幸福。在新时代的发展下,作为社会亚文化的校园体育文化,必须要随着社会需要有新的构建方向,与社会同步发展才能更好地服务于社会。

(三)协调性

校园体育文化体系的构建是一个系统工程,它由诸多因素组成,只有让各种因素协调发展,校园体育文化构建才能顺利健康地进行。具体协调因素有以下两个方面。

1.课堂教育与非课堂教育相协调

校园体育有两种主要的活动形式。首先是作为学科的体育课,自 18 世纪末到 19 世纪初,丹麦、德国等欧洲国家首先把体育课作为学生必修课程,此后大部分国家在中小学都上体育课。在中国,体育课成为各学校的必修学科。体育课本身又可以分成室内课和室外课。室内课所占比例比较少,一般在客观原因无法进行室外课时进行,主要形式是授课教师传播体育健康理论知识和一些相关的体育卫生知识、运动受伤的防治知识等。室外课是实践课,体育教师传授学生技术动作,以提高学生的运动技能为主要内容。它具有一定的教学计划方案和循序渐进的教学方法,对成套的运动套路分阶段地进行解析,促使学生练习并掌握相关动作。

另一个就是课外活动,课外活动虽然不是必修课,但它是国家规定中小学必须要进行的一项内容,是每个学生都要去参与的内容。体育课外活动没有具体时间要求,基本上每天的课间和晚间时段都可以成为课外活动的时间,可以作为没有体育课的那天的补充。另外,由于课外活动形式与内容都不受教学大纲的约束,课外活动往往比体育课更为灵活、内容更为丰富,能够充分满足学生的个性需求。但课外活动同样需要理论知识和运动技能做基础,因此只有把课堂上的理论知识赋予课外活动实践,用实践的经验来补充理论知识,两者相互完善、相互促进,才能有效促进校园体育文化的构建。

2."软""硬"协调

"硬",也就是硬件,指的是体育场地、器材、师资力量、体育组织等;"软"即软件,有体育精神、体育制度、体育观念等。校园体育文化构建需要"软"和"硬"兼施,才能达到事半功倍的效果。

在校园体育文化构建中,有的学校资金雄厚,打造了很好的硬件条件,但软件设施构建与校园体育文化格格不入,学校组织体育活动比较单一,缺乏科学性,没有把学校具有的硬件设施充分利用起来,这些硬件设施就成了摆设,只是一处风景。相反,如果学校的组织内容多样、制度完善,但硬件设施始终跟不上组织活动的要求,那么所谓的组织计划、规章制度都没有制定的意义。

软件和硬件设施都要具备才是校园体育文化体系构建的需求,"硬"是"软"的基础,如果硬件没有得到很好的构建,那么软件构建就没有必要。而"软"是"硬"的条件,如果硬件构建得不到软件很好的补充,那么所有的硬件设施也只不过是摆设,没有任何用途。所以只有两者协调地发展,才能使校园体育文化构建更加快速地前进。

(四)客观性

校园体育文化是时代的产物,它具有实质性的内容,如物质设施、学生主体、管理制度等。这些都是客观存在的,而对客观存在的事物,不能用主观态度去评判,必须以正视的眼光进行观察。比如,教师授课中,学生是客观的,学生的性别、年龄、接受知识的速度等不会受到老师的影响而改变。在教学过程中必须结合学生不同的实际情况进行不同教育,而不是教师通过自己的臆断把自己的东西强加给学生。再比如,学校所具备的物质条件是客观的,那么在组织室外教学或课外活动时就必须考虑是否具备这样的器材设备。或者是增加购买物质器材设备,学校财政是客观的,在购买时要充分考虑到学校的财政能力。总而言之,校园体育文化构建必须根据客观事实进行,主观臆断只会造成徒劳无功或事倍功半的结果。

三、校园体育文化构建的要求

(一)实用性和安全性

1.实用性

当下,我国偏远地区学校的体育场地和体育器材仍不宽裕,因此在筹备与组织中要考虑到实际情况,以满足学生体育运动需求为准则,不能为了追求规模与外表,把经费浪费在一些对体育本身毫无关联的用处上,使得校园体育运动华而不实,这对学生来说没有任何意义。

2.安全性

安全是体育运动中的基本理念和保障。在校园体育物质文化构建时要特别强调安全性。学校体育活动中,一定要严防各种事故,做好应急预案,要对体育场地、体育器材等进行经常性检查,消除存在的各种安全隐患。

(二)组织的多样性

校园体育文化构建要实现活动的多样性。如今,有的学校举办的体育活动依旧停留在每年秋天的运动会、每天的课间体操和冬天的长跑活动,这显然已不能满足时代的需求。学校体育活动多样性、健康性、娱乐性已经成为校园体育文化发展的主流。校园体育文化构建必须开辟多元化道路,组织形式必须突出多样性,给学生更多的选择空间。同时,具有一个多元化的组织模式,增加学校体育活动的覆盖面,内容方式多种多样才能吸引更多的学生加入。另外,组织形式的多样性也是校园体育活动呈现出健康和娱乐的前提。单一的体育组织模式必然会降低学生参加体育锻炼的积极性,而所谓的健康性、娱乐性更不用提。

(三)内容健康,娱乐性强

1.健康性

"健康第一"是校园体育文化构建的主题,也是国家倡导的理念。学生时代是人身体生长和发育的高峰期,健康的体育锻炼环境能使学生的身体得到良好的发育,而一个健康的体育锻炼环境体现在以下几个方面。

(1)良好的体育物质文化作基础。

(2)拥有精英教师作全方位的指导。

(3)拥有健全的校园体育健身模式。

(4)拥有浓厚的校园体育文化氛围。

学生处于青少年阶段,进入青春期后个人思想极不稳定,校园体育文化的构建要求对学生进行经常性的体育意识宣传,帮助学生树立正确的体育观、人生观,让体育精神渗入日常生活与学习之中,避免走弯路,在社会上受到不正之风影响而导致身心受到伤害。

2.娱乐性

校园的学习生活,常使学生的身心感到疲劳,精神常处于高度紧张的状态,时间久了必然会对学生的心理发育产生不利影响。而校园体育文化具有娱乐性,能够尽情释放学生的压力,是让身心得到放松的最佳途径。丰富多彩的体育娱乐项目能使学生获得精神愉悦和自由,保持昂扬向上的情绪,暂时忘掉学习上的焦虑与苦恼,学生在一个松弛有度的校园生活环境中是有利于健康成长的。

3.持之以恒的态度

学生对体育锻炼技术的掌握、体育意识的提高、体育的正确认识不是一朝一夕就能达到的,需要校园体育文化在一段时间内潜移默化地对学生进行指导和宣传。而校园体育文化氛围的创设、健康发展道路的探索同样需要浓厚的历史氛围作背景。另外,校园体育文化构建中所出现的问题将永远伴随学校的向前发展,而且这些问题往往具有时代背景和时代特点。校园体育文化构建只有坚持长期性,具有时代战略性的眼光,站得高才能看得远,不断地去发现问题和解决问题,才能使得学校的校园体育文化与其他优秀院校具有相同的发展水平,不被时代所淘汰,才能更好地服务广大师生。

四、校园体育文化构建的具体内容

(一)体育课

国家教育部一直非常重视体育课的教学质量,不断地对体育课程进行改革和创新。自从 2003 年颁布《普通高中体育与健康课程标准(实验)》以来,体育课程进行了一次全面改革,其中一点就是新的课程标准淡化了教学的详细内容,只提出了基本的构思框架,至于在哪个年级上什么样的内容、选择何种教材课程标准则没有强制规定,而是由上课教师和所在学校自行安排。这样的改革对体育教师既是机遇也是挑战,同时也给体育课提供了一个很好的成长空间。

从教学目标和教材内容来区分,可将体育课分为体育理论课和体育实践课两大类。体育课是校园体育文化的重要组成部分,是根据教学计划所开设的必修课程。

1. 理论课

理论课构建的基本思路是加强对体育文化知识、体育卫生保健知识和国防知识的宣传,传授体育文化理论知识,让学生能够全面地、系统地掌握体育知识,了解体育文化,对体育产生兴趣并且积极参与体育活动,提高理论知识,进而树立体育锻炼意识,养成锻炼的习惯。同时,在理论课教学的形式上应体现出多样化、个性化,随着课程改革的不断深入,给理论课的多样化、个性化提供了有利的空间,解除了一些条条框框的东西,更方便不同地区、不同条件下的学校授课。

此外,受传统教学模式的影响,学校的体育课中,往往都是师生有着明确分工,老师授课、学生听课的形式根深蒂固,这往往限制了学生的思维,也违背了以学生为主体的原则。在课堂上提倡老师和学生共同交流探讨,一方面能够激发学生的兴趣爱好和创新能力,另一方面也能够活跃课堂气氛。但是,体育课作为一门学科,一门重要的必修课,必须具有一定程度的强制性,每学期要通过进行水平考察的方式对学生的能力做出评价。

2. 实践课

体育实践课是指组织学生在体育场馆进行身体活动练习的课堂教育。其目标是帮助学生掌握锻炼身体的基本动作、技能和方法,同时也是对学生所学理论知识的巩固,让他们在实践中更加深刻地树立体育意识和体育观念。体育实践课属于一门运动学科,它受不同年级、性别、地域的影响,具有强烈的层次结构和实践性。实践课的层次性主要体现为学生掌握技术动作的程度,在运动技能上体现出从陌生到熟练、运动水平上由低到高的过程。

首先,在教授新动作时,教师的讲解和示范的速度可以稍微慢一些,学生应集中精神去领会,从而学习速度能够稍快一点。对学生所学的错误动作应该及时给予纠正,遵循由慢到快的原则。

其次,在这一过程中,由于接受能力的不一致,在掌握技术熟练程度上肯定会出现不同层次,有的学生学得快而有的学生学得慢。体育教师应该根据不同接受层面的学生,在指导次数和时间上给予合理分配,力求每个学生都能熟练地掌握技术。

实践性体现在体育课中,就是所有教学内容都要求学生亲自去操作,包括体育老师要用身体施教,学生要认真观察老师的动作,在实践中去掌握动作要领。如果老师只讲解不示范,学生对动作只有抽象概念,无法真正领会其动作要领,学生光看不练,就无法熟练掌握技术动作。所以,体育教学的实践性贵在教师亲身施教和学生实践练习,而由于学生的年龄、性别、接受能力不同,实践课的教案不能千篇一律,而应针对不同层次的学生分别拟定。

(二)课外体育活动

1. 学生课外体育活动

各种课外体育活动的开展是校园体育文化的重要组成部分,它与体育课有明显的区别。体育课是以传授理论知识为主,而课外体育活动以实践运动为主,主要目的是消除学生大脑疲劳、促进师生身体健康,养成良好的健身习惯。

长期以来,许多中小学校的课间活动仅仅是做操,并且每天做的是同样的一套操。这种形式单一、例行公事的活动,相信广大同学早已厌倦。学校应该尝试打破传统课间操的形式,结合本校实际情况,开辟出符合自己学校特点的课外体育活动。

一些敢于创新的学校就在课间活动中安排了多种项目,如舞蹈、健美操、武术、游戏等,还在游戏参与人数上动了脑筋,以班、组、个人为单位,在规定的课外体育活动环境中,留给学生空间,让他们去创新,让他们去发挥自己的特长与爱好,值得其他学校去借鉴和学习。

2. 教师课外体育活动

学校教师在校园体育中也是一个重要角色。无论是实施全民健身计划要求,还是营造校园体育文化的氛围,学校教师的课外体育活动的开展都是十分必要的。体育教师平常在大部分时间都在进行日常的备课、上课,也要进行脑力劳动,很少有属于自己锻炼身体的机会,在工作中常常感到身倦体乏,结果不仅影响教学质量,还不利于身体健康,容易生病。另外,教师们在同一间办公室里工作,但由于工作上精力所限,平时很少有时间进行沟通与交流。

根据这些问题,教师体育活动的开展可以从两个方面进行。

一方面,学校要组织老师们进行舒缓压力的体育活动,如登山运动、春游等,让教师将工作压力抛在脑后,在身体得到锻炼的同时,也消除了教师的精神疲劳。另外,举行一些体育竞赛,如举行教师田径运动会、教师篮球联赛、拔河等。教师们为了争夺好的名次自然会自觉地每天进行体育锻炼,在身体得到了锻炼的同时也提高了技术水平。

另一方面,组织师生之间的对抗赛。平时教师都是以严肃面貌出现在讲台上,导致学生对老师产生畏惧感,产生想接近老师又不敢接近的矛盾心理。而通过比赛,学生和老师之间成为同一层面的比赛群体,公平竞争,在沟通交流中,师生间消除了陌生感,建立起浓厚的师生情。而对一些年纪大的教师,可举行一些强度小、舒筋活血的体育活动,如太极、秧歌、舞蹈操等。

(三)运动队训练

1.学校运动队

各类学校一般都会成立自己的校体育运动队,体育运动队在整个校园体育文化构建途径中占有重要的地位。运动队训练能够进一步提高学生的运动水平,培养一批运动健将,树立学校体育的精神风貌,体现出全校体育运动水平。因为一个学校的体育教学水平、技术含量大多集中体现在学校训练队上,通过训练队这一窗口,可以看到学校体育的最高水平。运动队的队员们在运动场上刻苦训练、激情奔跑、不怕苦不怕累的精神和他们健硕的肌肉、健壮的身体成为其他同学关注的焦点,引发同学们对体育的兴趣,推动他们积极参加体育锻炼,也促进了学校体育事业的全面发展。校运动队代表学校去参加各种比赛也是对外展现学校良好风貌,展现本校体育运动水平的一个重要途径。通过比赛不断总结、探讨,加以完善本校的体育文化构建,培养出更多的优秀运动员,为校园体育文化做出应有的贡献。有特色的运动队常常成为凝聚本校学生积极进取的一块磁石,是学校对外宣传与交流的一个窗口。如男子足球队、篮球队,女子艺术体操队等往往都吸引着众多目光。同时,运动队外出打比赛也加强了与其他学校的联系与交流。

2.各院、班运动队

在中小学一般只有校运动队,而我国高校在校运动队的基础上还进一步扩展到以学院为单位,组织院运动队。校运动队一般会外出参加学校与学校之间的竞赛,而校园体育文化大都在校内展开,除主场作战外,在校学生是很难观看到他们的比赛的。真正对学生具有吸引力的还是校内的一些比赛,如全校运动会、学院运动会等。在校运会比赛中,往往是学院之间的对垒,学生为运动员加油呐喊,体现出很强的凝聚力。院内班级联赛,班里的运动员为班级的荣誉全力以赴,班里的学生为运动员的荣誉喝彩,细心照顾受伤的队员,体现的是班级的凝聚力。

另外,各院运动队与学校运动队是一个并集,很多运动员往往既是院运动队的中流砥柱,也是校运动队的得力干将。当有校内比赛或班级比赛时,校运动队队员就代表自己所在院或班级比赛,之前校运动会时的队友在现在就成了竞争对手。同时,院队还相当于校队的预备队,当校队某些队员因伤无法参赛时,院队中优秀的队员就可以顶替上来,有些运动员往往就是从入选院队开始起步,之后才入选校队。而且,与校运动队相比,院队的选材空间更大,有更多机会挖掘新生力量。院队的起点低,水平也比校队要低一些,学生更容易加入队伍,一些初始能力没那么强而又具备潜力的队员通过在院队的训练,逐渐地将自身的潜力挖掘出来。班级运动队属于基层的运动队,它除了为院队做后备以外,更大的作用是带动全班的同学投入体育锻炼,对班级体育锻炼风气的形成起到了带头的作用。

(四)体育竞赛

1.校内体育竞赛

校内体育竞赛按组织的等级可分为校级体育竞赛、院级或年级体育竞赛、班级体育竞赛。内容除了每年一次的校田径运动会和教职工健身运动会以外,每年还定期开展校篮球联赛、校足球联赛等。此外,以学院或班级为单位,还可以组织参与人数更多的拔河比赛、趣味运动接力赛等小型竞赛。相对校际的体育竞赛,它具有更强的灵活性、普及性,适宜所有人群。竞技水平要求不高这一特点鼓励了更多学生参与比赛,为校园体育文化营造出一股强大的凝聚力。

校内体育竞赛在发展学生个性、培养学生能力、陶冶学生情操及创造学校的体育氛围方面有其独特的不可替代的作用。本着全民参与的原则,校内体育竞赛要面向全体同学,开展多元化的体育竞赛,在比赛项目的设置以及组织形式、比赛规则、比赛时间等方面应该考虑广大同学自身情况科学合理地制定。

2.校际体育竞赛

校际体育竞赛与校内体育竞赛不同,它是以加强校际的交流、提高学校形象为主要动机,同时也是学校与社会进行深入交流与合作的契机。在世界范围内,最高级别的赛事是世界大学生运动会和世界中学生运动会,这种学校间的交流与对抗已引申成为全世界的范畴,通过比赛学生向世界展现了青春的活力。

纵观世界体坛,有些职业运动员中不少都是在大学生中产生的。在中国,校际体育竞赛已经具有商业和社会的属性。如著名的大学篮球CUBA联赛,它已经把校园体育文化外延到社会上,开始并不断有赞助商关注他们,这是校园体育文化构建的一大突破。同时,各承办CUBA联赛的学校借此主题,策划了校内丰富多彩的文艺、体育文化活动,比如寝室篮球赛、

CUBA 主题词征集活动、体育摄影大赛、赛后讨论活动等,为学校的素质教育提供了一个新的渠道。

(五)日常体育教育

日常体育教育是校园体育文化构建的重要途径。日常体育教育可以定期利用校内的一切资源进行日常宣传。教室内的黑板报、校园内的橱窗宣传栏都要利用起来,也可以通过校广播站、校园网站进行媒体宣传。内容可以是专题文章,也可以是知识普及,包括一些体育竞赛规则、常见的运动损伤和简单的治疗等,还可以是体坛动态和热点新闻,比如深受广大学生支持的一些体育赛事的报道,中超及亚冠联赛、欧洲五大联赛及欧冠联赛、足球世界杯和欧洲杯、NBA、CBA 等赛事,还要报道学校近期组织的体育活动。这些都是为了让体育知识和世界体育融入学生的生活,让广大师生了解体育、喜欢体育,从而积极地参加体育锻炼。因此,在丰富学生课余生活的同时也营造了校园体育文化的氛围。

从教学手段来看,日常体育教育也相当重要。首先,受教学的局限性影响,日常体育教育可以补充课堂上没讲到的知识,因为日常体育教育是每天更新的,其宣传的内容都是现今最新的信息,比如当前国际重大比赛的现场直播和结果,全新的科研成果和最新最科学的技术动作等等,这些都是教材上没有的,只有通过日常体育教育的宣传,才能让学生更为彻底地了解体育文化。

(六)体育文化节

校园体育文化节是传播校园体育文化价值观念的方式之一,它把体育当作一种节日来进行,可以有效激发学生的体育兴趣。体育文化节主要是集中一周的课外活动时间,面向全体学生组织、开展各种活动,其宗旨是为学生感受快乐运动提供机会,提供展示个人才华的舞台,发展学生的个性。它以体育活动为主要内容与形式,为广大师生提供了展现自身风采的机会,以公平竞争、团结协作、拼搏进取为宗旨,以"健康、快乐、文明"为目标,培养师生的体育道德风尚。体育文化节也是构建校园体育文化的主要形式之一。如今体育文化节在每个学校都有举办,已成为校园体育文化突出的一个方面。体育文化节形式多样,不拘泥于惯常的运动项目,一些趣味运动也可以进行,如拔河、10 人 11 足、踢毽子、长绳接龙、摸石子过河、袋鼠跳等趣味性项目,这些项目参加的人数多,竞争激烈,场下拉拉队不遗余力的助威,情感投入的热烈场面最能使场上的运动员有激情、有战斗力,这对展示个人能力,培养集体荣誉感、责任感起到了重要的作用。

体育文化节在举办时间上一般没有硬性要求,但各学校一般都选择在喜庆祥和的日子来举办,比如庆"五一""十一""迎新年"等体育文化节,开展篮球、乒乓球、羽毛球、踢毽、跳绳等比赛,分教职工、学生两组进行师生竞赛,这样既充实了师生的课余生活,又增强了师生的集体荣誉感、竞争意识。

不仅仅在节假日可以举办体育文化节,在国际大型体育比赛之际也可适当开展体育文化活动,如足球世界杯、奥运会,美国 NBA 总决赛进行期间,就是举办体育文化节的大好时机,让他们在实践中去体会体育的喜怒哀乐,丰富学生的情感,培养学生的集体主义精神,丰富学校的体育活动。

五、校园体育文化构建的途径

(一)物质文化环境构建

学校的物质文化构建是整个校园体育文化构建的基础。新时期学校体育教育有着新需求,随着学校办学规模的扩大和实力的提高,校园体育功能的多元化趋势已经初步显现。体育功能的多元化必然要求学校体育馆、设施、器材的配备适应体育功能的多元化。现代体育运动设施功能的开发利用以及层次的不断提高,给使用、管理、维护带来了新的问题,因此,应该加强体育设施的管理、利用和维护,使其能更大程度地发挥这些硬件设施的效益及功能。

1.充分整合校园体育物质资源

整合校内体育物质资源,将资源进行合理分配。学校已具备的器材和场馆是现有的资源,包括可利用和废弃的所有资源。对于可用的理所当然应该利用起来;但对废弃的器材和场馆要及时清理,以便今后的管理;而还具有利用价值的,应对其进行资源整合,把节省下来的资金投入其他的体育构建上。一些场馆年久失修,无法承担比赛任务,可以作为运动员日常训练基地,从而达到资源有效合理配置的效果。

随着现代社会的不断进步,体育课上的相关练习对器材的需求也越来越高,现有的设施已经不能满足教学需求。对于这个情况学校要高度重视,加大资金的投入,最大限度地满足教学需求和学生的锻炼需求。另外,对学校体育场地和器材的管理也是非常重要的,它可以降低损坏和延长体育场馆、器材的使用寿命,从而减少维修的费用。

2.教育学生爱护、合理使用体育设施

学校的体育器材、场地设施是学校的公共财产,学校和老师有必要教育学生合理利用这些体育设施,不能肆意破坏。同时,要为学生自主锻炼提供安全和科学的保障。例如,在每个体育设施旁设立铭牌,内容包括活动项目名称、活动方法、发展身体哪方面的素质和机能、活动中的注意事项、一般评价标准及活动示意图等,让学生有目的地进行健身活动,提高体育文化素养。

3.合理规划体育设施空间

校园里的体育建筑、雕塑、场地的设计均彰显了本校的校园体育文化。这些设施是体育意识文化的载体,凝聚和展示着体育运动的知识、思想和智慧,代表着本校师生的情操、意志、价值观等多种文化物质,这些物质对人起着一种潜移默化的陶冶作用。因此,校园体育文化物质的构建要充分利用学校的空间,合理地布局体育场地,因地制宜地开展体育文化活动,构建场馆,添置设备。体育场馆内的所有设备和器械都要进行合理配置,并保持清洁整齐。如室外的田径场、足球场、篮球场、网球场,体育馆内的游泳池、乒乓球馆、排球场、羽毛球场、健身房、舞蹈室等,还有体育展览室、体育宣传橱窗、校园体育网站等,使得学校体育文化环境达到使用功能和审美需求的和谐统一。

(二)体育队伍构建

1.加强体育教师的能力培养

学校体育教师队伍的构建,对校园体育文化氛围的创设起着决定性的作用。体育教师与其他教师一样,也要传道授业,解答同学的疑惑,肩负着传播体育知识、选拔并培养优秀运动员、发展全校体育运动的神圣使命。教师们的工作能对学生产生体育兴趣,对培养他们的体育观、体育精神、体育意识有直接的影响。体育工作也是脑力劳动和体力劳动相结合的工作,由此决定了体育教师工作的双重性。由此可见,体育老师既要完成学校安排的体育课时,也要组织学生进行课外的体育活动,还要配合学校进行体育器材的选购和管理,又要进行学校体育的科学研究,提高学校体育的发展水平,具有着繁多的工作内容。

这就要求体育教师具有高尚的思想品质、爱岗敬业的精神,热爱学生、热爱体育事业;对于具体能力来讲,要求体育教师具有运动能力、教学能力、

教育活动的组织能力、科研能力,体育教师还要不断加强学习,可以通过自学,开展教研活动、科学研究活动、外出进修培训等。所有的工作需要他们付出身体和脑力上的双重精力,因此每个学校往往都十分注重体育教师的意见和声音。在工作量安排、福利保障、优秀教师职称的评选方面都对体育部给予优待,这样才会让体育教师感到所有付出都得到了收获。

2. 突出学生的主体性

优秀体育学生干部是校园体育文化构建的重要组成部分,他们是教师的得力助手,能帮助教师顺利展开工作。因此,在运动会或其他体育竞赛举办期间,各班、年级及时成立宣传报道小组,在运动会筹备期间就将学生组织起来,安排相应人员购买比赛服装,检查比赛场地,编排入场式和口号,让高年级同学制作宣传班牌来展现本班特色,组织同学为运动会服务和担任裁判工作等。

这样学生们不但了解了运动会的完整过程,还培养了组织能力和承担责任的能力。另外,学生是校园体育活动的参与者,也是校园体育文化氛围的制造者与感受者,只有他们最了解学校体育文化氛围是否浓厚,同时也最清楚学校如何形成好的文化氛围,对什么样的体育活动最感兴趣。因此,体育教师通过对学生的了解来组织体育活动,或是由学生自己来组织体育活动能够贴近学生的锻炼需求。

3. 提高体育领导者的管理能力

健康的校园体育文化构建除了具有雄厚的师资队伍、活跃的学生体育骨干之外,拥有一支优秀的管理领导队伍也是非常关键的。因为学校的体育教师大部分都各司其职,而真正的校园体育文化构建的决策权在管理领导队伍当中,教师和学生只能提出建议和构建规划。确切地说,校园体育文化构建的方向和思路实质上是受领导队伍影响的。因此,学校的体育文化构建需要提高体育领导者的管理和领导能力。在关键时刻充分群思广义聆听大家意见,对学校体育文化发展具有充分的预测能力,在问题出现之前能未雨绸缪,在整个的校园体育文化构建过程中充当一个导航的角色。

(三)举办体育知识讲座与竞赛

校园体育文化构建离不开体育基本知识和技能的运用,体育知识和技能是体育健康发展的保障。组织体育知识讲座和竞赛是获取知识和技能的重要通道。学校老师可以自行组织知识技能讲座,内容不应太过拘束,可以是体育与健康、科学与体育、运动与损伤及简单治疗等方面的。学校方面还可以邀请相关行业的专家或知名体育运动员开设讲座,促进学生形成体育运动意识。知识的获得是一个累积的过程,因此体育知识讲座在一个学期内要多次举行,内容不能过于单一,要涵盖多种知识。开展体育知识竞赛也是学生获得体育知识和技能的有效方法。竞赛方法可以设计得灵活些,可以是笔试形式,也可以像是综艺性的进行口头抢答。笔试参加人数多,答题面广,可以提高学生对体育文化知识的了解,抢答的方式更具吸引力,可以提高学生的反应能力和竞争意识。

(四)体育特色文化构建

中国是个幅员辽阔的多民族国家,在广阔的土地中具有地域性与民族性的特点,造成了不同地区的人们有着不同的体育观念和兴趣爱好。因此,在校园体育文化构建过程中在遵守国家法规的前提下,又要根据不同区域师生的体育观、兴趣爱好和体育构建的物质条件进行特色化构建。如我国学校可分为城市学校和农村学校,两者之间存在物质条件的差异,但也各具优势,如在偏远的中小城市或农村,虽然基础设施比较落后,无法组织丰富多彩的体育活动,但具有城市学校无可比拟的大好自然风光,可以围绕特有的山川、湖泊、森林等举行各种户外锻炼,如登山比赛、划龙舟比赛、远足拉练等。而处在大城市的学校,具有雄厚的经济基础,有大量的体育信息依据,那么它们的校园体育文化构建可以依靠学校具有的体育设施组织具有时代性、科学性的体育文化活动,举行各种体育知识讲座来提高学生的体育意识。

另外,每个学校都应该有自己的校园体育传统。学校应该结合该区域的体育文化背景,找出自己最重视的体育项目,并培养学生参与进来。如某学校的篮球项目是强项,那么该校学生大多愿意接近篮球,在校园体育文化构建中应该加强建设本校的重点项目,使其成为本校的象征。如果所处地区有很浓厚的文化背景,如曾培养过某个项目的全国冠军、世界冠军,就要加强这种文化的传承,学校充分重视,随之学生对此项目产生兴趣。这样围绕其背景进行校园体育文化构建,突出传统体育文化的构建,可以弘扬地区体育文化传统,也能提高学生参加体育活动的积极性。

(五)培养学生校园体育意识

加强校园体育意识文化的培养是校园体育文化构建的根源,而具体如何去培养体现在以下三个部分。

1.提高领导对校园体育的认识

现代社会中某些学校的领导太过重视校运动队的比赛成绩,宁愿花费大量资金用在运动训练上,也不愿把钱花在学校体育文化的基础构建上。也有一些学校的运动会太过墨守常规,只设立一些司空见惯的项目,没有本校特色。这样就限制住了广大师生的参赛热情和比赛欲望,长此以往,校运会实际就成为一种选拔体育人才的一种方式,参赛者和观看者的兴趣会相应降低。因此,校领导和相关部门要树立正确的体育文化价值观,应充分认识到校园体育文化的作用,不要只把运动成绩作为衡量该学校体育工作开展情况的唯一标准。

2.提高体育教师的体育意识

体育教师是校园体育文化的传播者和指导者,在校园体育文化构建中起主导作用。而教师对校园体育文化的认识程度偏低,恐怕会影响他们在校园体育文化构建中的主导作用。目前,一些体育老师刚刚参加工作,教学经验浅薄;有的体育教师为了节省工作,简化校运会流程,压缩校运会的比赛规模;有的体育教师仅仅培养优秀体育运动员,对其他普通学生缺乏关心,上室外体育课时简单叙述完上课内容,布置任务后就回到办公室休息;而更为恶劣的是有些文化课老师为了本科目的学习,强行挤占体育课的时间进行文化课补课。

这种种的案例说明教师对校园体育文化的认识程度不高,缺乏一种构建校园体育文化的责任感。因此,提高体育教师对校园体育文化的认识,首先要端正体育教师的教学态度,增强体育教师对校园体育文化构建的责任感和使命感,学校要制定条例规范教师体育工作的进行。教师的职责是善于创新,勇于实践,全面实施素质教育,做到人人都参加,师生齐上阵,不放弃每一个学生。

3.提高学生的体育意识

校园体育意识文化集中反映了学生的体育精神、道德观念等。我们在校园体育意识文化构建中,应充分发挥宣传工具的作用。如利用校广播、体育宣传栏来宣传体育知识以及我国体育健儿为国争光的事迹,宣传学校体育健儿参加各级比赛的拼搏精神,展示学校运动健儿参加各种比赛的精彩图片,设立优秀运动员光荣榜等,激发学生爱国爱校的热情和自豪感。而对体育知识的传播,可以制作学校体育网页,开展体育知识讲座和竞赛,培养体育骨干,同时还可利用手抄报、班级黑板报等进行宣传,以激发学生的体育热情。

另外,学生对体育的兴趣是提高其体育意识的重要因素,而让学生对体育产生兴趣的最佳方法就是参加体育竞赛,但参加竞赛的人数毕竟是有限的,不能让全体学生通过体育竞赛来提高其对体育的兴趣。因此,有必要提高学生观摩比赛的能力。如今,每当重大体育赛事举行时,部分学生总会守候在电视或电脑前为自己喜欢的球队呐喊助威,根据比赛情节的发展也展现出学生们的直观态度,而在观看比赛的学生当中,有些人很可能很少参与到该项目运动当中来。要提高学生欣赏比赛的能力,就要通过教师课堂的传授或是专题的讲座、同学间的交流,让他们了解这些体育项目的基本规则、技术特点、项目的发展历史、曾经在该项目获得辉煌成绩的运动员,以此提高学生对体育的兴趣。

(六)体育竞赛文化构建

1.改革传统的田径运动会

学生的体育竞赛是校园体育文化的一个重要方面,它丰富了学生的课外体育活动。当前,大部分中小学校运会名称比较惯常,设项也大都是以田径为主的竞技体育项目。校运会所设项目比较单一,强调竞技性,娱乐性、健身性较差,因而看的人多参与的人少就成了一个惯例,这很不利于学生体育情感的培养,校园体育文化氛围的形成也就无从谈起。

校运会必须改革,只有改革才能使校运会变得热闹、精彩。而改革的首要任务就是丰富竞赛内容。除了跑步、投掷、跳跃等传统田径项目,大部分的球类运动很受广大学生的欢迎,还应多组织一些健康娱乐的项目,如加入民族传统体育项目等。另外,校园体育竞赛不应局限于由学校组织,应该鼓励学生自发组织体育竞赛。

2.加强体育竞赛管理

(1)校内竞赛的管理

首先,不管是由校方组织还是由学生自发组织,要求校内体育竞赛长期开展,这样才有利于体育竞赛氛围的形成。其次,组织校内体育竞赛要讲究可行性,这里的可行性指场地设备、学生爱好、季节变化等。一次竞赛活动不是凭空组织的,如果场地不具备,或是学生不喜欢该比赛,或者比赛不适合该季节举行,那么体育竞赛就失去了它的合理性。最后,加强对体育竞赛的宣传,这是一个非常重要的环节。通常学生都处于学习状态,对学校体育竞赛关注甚少,因此虽然运动竞赛和校运动会在每年都会举办,但不一定每次都可以激发学生的兴趣。加强宣传,宣传的内容可以是竞赛主题、竞赛时间还有相关的互动活动等,增强学生对竞赛的认识,吸引他们关注并参与。

（2）校际竞赛的管理

校际比赛重在交流,强调友谊第一比赛第二,而有些学校非要争强好胜,就不惜背后搞小动作、弄虚作假。如在一些级别较高的运动会上,有的学校在一些项目上缺乏竞争力,就不惜高价请来优秀运动员为其参赛;或为了自身利益,参与默契球、假球。更有甚者,安排体育教练撺掇运动员服用兴奋剂。这样既违背了体育竞赛的初衷,也破坏了学校在社会中的形象。比赛的组织者、竞赛组委会一定要加大对运动员的审核力度,严厉打击徇私舞弊行为,给竞赛一个公平、公正的环境。

（七）校外体育文化构建

校园体育文化氛围的创设,学校体育是主体,社会是外部环境,家庭是基础。研究证明,学生对体育的爱好很大程度上受其父母的影响。而校园体育文化的形成也总是在不知不觉中受到家庭和社会的影响。因此,只有把三者结合起来,建立一个立体化网络,才能更好地为校园体育文化构建服务。

1.家庭体育文化构建

（1）家庭有培养学生体育爱好的条件。家庭不仅是学生的第一个教育环境,也是伴随学校教育的另外一个教育环境。在入学前,学生在家庭的教育环境中成长,学生入学以后还是家庭的成员,仍然没有脱离家庭的教育环境。家庭生活的一点一滴对学生的个性发展、兴趣爱好的形成起着关键性作用,其对体育兴趣的培养也不例外。

首先,家庭要拥有体育锻炼的物质基础,如电脑、电视、报刊,这些是体育信息资源的主要来源。其次,要添置各种运球器械,如篮球、排球、足球、羽毛球拍、象棋、围棋、轮滑、滑板、滑雪板等。当然,根据每个家庭的自身经济条件、体育兴趣爱好,每个家庭运动设施的数量和种类肯定都不相同。最后,父母是家庭体育运动的启蒙者,孩子在入学之前,父母是孩子的老师,和校园体育文化一样,父母在家庭体育文化构建中起到主导作用。在学校,经历过父母熏陶,训练过相关体育项目的学生就比没有接触过体育的学生更容易掌握运动技术,并且能够很好地掌握运动技巧。家庭体育文化对校园体育文化构建起到了基础性作用。

（2）加强家庭体育文化意识培养。有的家长只重视孩子的文化课学习成绩,对于学校体育活动毫不在意,这对学生的健康成长是非常不利的,对于这些家长,要加强家庭体育文化意识培养。首先,要在家庭确立"健康第一"的思想,这与学校体育教育实现对学生运动参与、运动技能、身体健康、心理健康的"健康第一"指导思想是统一的。其次,学校与家长要进行适当的沟通与交流。学校可以用问卷调查的形式了解孩子在家的锻炼情况,根据调查结果向家长推荐一些体育锻炼的方式,同时组织家长观看学校的体育活动,邀请家长参加学校组织的交流活动,学校与家长保持积极的交流,鼓励家长为学校体育文化构建出谋划策,建立学生家庭体育活动档案,督促学生长期有规律地进行体育锻炼。

(3)创设家庭体育文化氛围。现在很多家长给孩子买了很多运动器材,却不重视孩子是如何使用这些器材进行锻炼的。失去了家长的配合和协助,孩子往往也会失去对体育锻炼的兴趣。因此,为了给孩子树立良好的榜样,同时也为了自身的身体健康,首先家长应该积极参加体育锻炼,营造家庭体育文化氛围。其次,家长要和孩子一起进行体育锻炼。一个浓厚的家庭体育文化氛围不仅有利于家庭的和睦交流,也有利于学生对体育爱好的形成。

2.社区体育文化构建

广义上的社区是指"进行一定的社会活动,具有某种互动关系和共同文化维系力的人类群体及其活动区域"。随着社会的不断进步,居民对健康要求不断提高,过去"单位"的许多功能逐渐被社区所取代,社区内的各类体育活动越来越普遍,社区体育文化成为社区文化不可缺少的一部分。学生不仅是家庭成员,也是社区成员,他们无时无刻不在受社区体育的熏陶,成为社区体育文化构建中的一员,而且社区体育文化对学生体育锻炼兴趣及习惯的形成和校园体育文化构建都起到了重要的作用。

(1)社区要给学生们充分的锻炼空间。首先,现代社区拥有各式各样的体育活动内容,为学生参加社区体育活动创造了空间,丰富了学生锻炼的内容。一些经济条件好、体育氛围比较浓厚的社区,在寒暑假期间往往会组织学生进行运动项目的比赛,给孩子们一个良好的锻炼机会。其次,学生在社区体育活动中培养了交际能力。在学校进行体育活动,学生面对的都是同学和老师,而在社区,人际关系变得复杂,有中年人、老人,而且他们从事不同的职业,有不同的社会背景,在这样的环境下进行交流无疑给学生增加了社会交流的机会。最后,社区体育缺乏理论指导,擅长某些体育项目的学生常常可以在社区体育活动中充当教练的角色,指导居民进行体育锻炼,这对学生的组织指导能力、胆量和自身体育技术的巩固无疑是难得的锻炼机会。

(2)通过社区促进校园体育文化构建。首先,每个社区都有一定的体育活动环境,既包括自然环境,如森林、湖泊等,也包括社区的体育场馆和运动设施。学校在举办体育活动时,可以利用社区的这些条件,从而使学校的体育文化构建外延到社区中去,扩大了学生的活动空间。其次,不同社区的体育活动都各具特色,使得不同社区的学生所积累的活动经验也各具特色。另外,同一社区居住的学生往往来自不同学校,当他们在社区一起玩耍的时候,相互交流各自学校的体育活动内容;同校的学生往往也来自不同社区,当他们聚在一起的时候,把各自获取的体育锻炼经验带入学校,也就扩大了校园体育文化构建的资源。最后,随着现代体育消费观念的变化,许多学生都参加了社区的各种俱乐部和比赛,校园体育文化构建的主体也开始外延到了社区。因此,一方面应该鼓励学生参加社区体育,并给予相应的政策支持;另一方面,可以凭借学校拥有的体育设施把社区体育活动请进校园,成为营造校园体育文化氛围的一部分,同时也促进全民健身的普及与实施。

参考文献

[1]易剑东.体育文化学[M].北京:北京体育大学出版社,2006.

[2]赵锡凌.体育文化研究[M].哈尔滨:东北林业大学出版社,2008.

[3]梁漱溟.中国文化要义[M].上海:上海人民出版社,2011.

[4]刘忆湘.体育与文化[M].武汉:武汉理工大学出版社,2010.

[5]于可红,谢翔,夏思永.体育文化[M].桂林:广西师范大学出版社,2005.

[6]邓雷,魏金彪,陈清.体育文化研究[M].北京:中国商务出版社,2007.

[7]"提升我国体育文化软实力核心问题研究"课题组.中国体育文化软实力及其提升[M].北京:科学出版社,2015.

[8]杨戗,姜付高.中西方体育文化比较[M].北京:社会科学文献出版社,2008.

[9]高琦.中西方体育文化的互补与融合[J].安顺学院学报,2011(02).

[10]邱江涛,熊焰.竞技体育文化特征探析[J].吉林师范大学学报(自然科学版),2004(03).

[11]张恳,李龙.我国现代竞技体育文化的特征[J].体育学刊,2010(08).

[12]李秀.中国传统体育文化与西方竞技体育文化的对比研究[J].职业圈,2007(07).

[13]任海.奥林匹克运动[M].北京:人民体育出版社,2005.

[14]熊晓正.奥林匹克知识读本[M].北京:人民日报出版社,2007.

[15]何振梁.奥林匹克运动的普遍价值与多元文化世界[J].体育文化导刊,2002(06).

[16]王祖爵.奥林匹克文化[M].北京:中国水利水电出版社,2005.

[17]孔繁敏.奥林匹克文化研究[M].北京:人民体育出版社,2005.

[18]孙耀,江茹莉,余志琪.奥林匹克文化解析[M].北京:中国商务出版社,2008.

[19]石爱桥.民族传统体育概论[M].北京:人民体育出版社,2014.

[20]周之华.中华民族传统体育文化概论[M].北京:北京体育大学出版社,2016.

[21]佟贵锋,杨树叶.民族传统体育与文化[M].大连:大连理工大学出版社,2015.

[22]李武绪.民族传统体育文化创新研究[M].北京:光明日报出版社,2015.

[23]王岗,王铁新.民族传统体育发展的文化审视[M].北京:北京体育大学出版社,2005.

[24]邱丕相.民族传统体育概论[M].北京:高等教育出版社,2008.

[25]张选惠.民族传统体育概论[M].北京:人民体育出版社,2005.

[26]李泰舞,吴小茂.休闲体育理论与实践[M].哈尔滨:哈尔滨地图出版社,2007.

[27]李相如,凌平,卢锋.休闲体育概论[M].北京:高等教育出版社,2011.

[28]张群力,唐建忠,吴智林.户外休闲体育研究[M].哈尔滨:东北林业大学出版社,2007.

[29]钱利安.休闲体育理论与实践调查研究[M].杭州:浙江大学出版社,2008.

[30]周兵.休闲体育[M].桂林:广西师范大学出版社,2005.

[31]章罗庚.校园体育文化导论[M].长沙:湖南大学出版社,2009.

[32]姜志明,樊欣.大学校园体育文化研究[M].北京:中国林业出版社,2010.